JN085549

地方自治法の基本

高橋明男・佐藤英世
編

法律文化社

は し が き

　本書は、地方自治法に関する基本書・教科書として編まれたものである。本書の由来は、高田敏・村上武則編『ファンダメンタル地方自治法』（法律文化社刊）を引き継いで、同書の執筆を分担した編者 2 人が、高田敏先生と村上武則先生のご快諾を得て、新しい世代の地方自治法テキストとして企画を進めたことに始まる。同時に、編者が共に共著者に加わっている北村和生・佐伯彰洋・佐藤英世・高橋明男著『行政法の基本―重要判例からのアプローチ―』（法律文化社刊）が行政法に関する基本書として版を重ねていることから、共著者の北村教授と佐伯教授からご承諾を得て、地方自治法に関する姉妹書と位置づけることを意図した。

　前書『ファンダメンタル地方自治法』の後継書としての性格は、本書の各項目の執筆を前書を執筆分担された方に引き続き引き受けていただいた場合があることに表れている。もっとも、前書の出版からかなりの時間が経過していること、前書の構成をそのまま引き継ぐのではなく、新しい構成を立てたことから、本書の執筆にあたっては、各項目について知見を有する方にも、新たに執筆を引き受けていただいている。

　本書は、地方自治法の基本書・教科書として、憲法・地方自治法をはじめとした地方自治に関連する諸制度、判例、理論の最新動向に目配りを行っていることは当然であるが、類書と比較して次のような特色を有している。

　①　姉妹書として位置づける『行政法の基本』と同じく、窓見出しを付けて内容を把握しやすくするとともに、重要な関連判例を囲み判例として主要な事実と判旨を取り上げ、関連するトピックの解説をコラムで付加することにより、本文の記述を多角的に補う工夫をしている。

　②　現行の地方自治制度の解説にとどまらず、わが国の地方自治の歴史とともに、わが国が明治以来、範としてきた諸外国（イギリス、アメリカ、ドイツ、

フランス）における地方自治の制度の歴史と現在について独立の章を設けて詳述して、わが国の制度を比較制度的に位置づける工夫をしている。

③　地方自治法及び関連する法制度の解説にとどまらず、特に地方公共団体の組織と地方自治の多様な担い手、地方公共団体における権能の所在、権限の基礎付け、住民参加、権限の執行、実効性確保、不服審査、地方税財政、住民監査請求・住民訴訟、情報公開と情報の管理、個人情報保護等の地方自治過程について、憲法・行政法の一般理論をあわせて参照することにより詳述している。

本書においては、各執筆者により、基本的な事項に関する制度と判例学説の解説を踏まえつつ、重要な論点について理論的・制度設計的に多面的な検討がなされており、地方自治法の基本的な仕組みを理解し、そこにおける課題を考えるうえで、有益な内容となっている。本書が、大学で地方自治法を学ぼうとする人、地方自治に関わる現場から改めて地方自治の法的仕組みを学ぼうとする人、地方自治に関する法的課題を追求しようとする人等、地方自治に関心をもつ人にとって良き学びの書となることを期待している。

本書の企画が立てられてから出版に至るまで、相当の年月を要したため、分担執筆をしていただいた方には執筆内容の度重なる見直しをしていただくことになった。分担執筆者の方にはそのご寛容とご協力に、改めてお礼申し上げる。また、本書の執筆者の一人である関西大学の荒木修教授には、校正段階において本書全体にわたって種々有益なご指摘をいただいた。この場をかりて謝意を表したい。最後に、本書の企画段階から、法律文化社編集部の小西英央氏には、大変なお世話をいただいた。小西氏ならびに法律文化社に対し、辛抱強く原稿が仕上がるのを待っていただいたことに感謝申し上げる。

　2021年11月　秋の深まりの中で

高 橋 明 男

佐 藤 英 世

目　　次

Ⅰ　地方自治の意義と地方自治史

Ⅱ　地方自治の担い手

目　次

コラム目次

囲み判例一覧

＊「百選」の後に記した番号は、『行政判例百選Ⅰ（第7版）』・『同Ⅱ（第7版）』ならびに『地方自治判例百選（第4版）』の掲載番号を示している。

凡　例

1　法令名略語（廃止法令を含む）

一般法人	一般社団法人及び一般財団法人に関する法律
会社	会社法
介保	介護保険法
ガス事業	ガス事業法
合併特例	市町村の合併の特例に関する法律
義務教育教科書無償措置	義務教育諸学校の教科用図書の無償措置に関する法律
教育委員会	（旧）教育委員会法
行審	行政不服審査法
行政情報公開	行政機関の保有する情報の公開に関する法律
行組	国家行政組織法
行訴	行政事件訴訟法
行手	行政手続法
漁業	漁業法
国地方協議	国と地方の協議の場に関する法律
警	警察法
憲	日本国憲法
建基	建築基準法
公益法人	公益社団法人及び公益財団法人の認定等に関する法律
公害補償	公害健康被害の補償等に関する法律
公選	公職選挙法
公文書館	公文書館法
公文書管理	公文書等の管理に関する法律
国公	国家公務員法
国賠	国家賠償法
国保	国民健康保険法
国立公文書館	国立公文書館法
個人情報	個人情報の保護に関する法律
裁	裁判所法
財	財政法
市場化テスト	競争の導入による公共サービスの改革に関する法律
市町村建設促進	（旧）市町村建設促進法

児福	児童福祉法
住基	住民基本台帳法
収用	土地収用法
消組	消防組織法
消防	消防法
情報審	情報公開・個人情報保護審査会設置法
水産資源	水産資源保護法
水道	水道法
生活保護	生活保護法
代執	行政代執行法
大防	大気汚染防止法
地教行	地方教育行政の組織及び運営に関する法律
地公	地方公務員法
地公企	地方公営企業法
地公労	地方公営企業等の労働関係に関する法律
地財	地方財政法
地自	地方自治法
地自令	地方自治法施行令
地税	地方税法
地方交付税	地方交付税法
地方分権改革推進	（旧）地方分権改革推進法
町村合併促進	（旧）町村合併促進法
著作	著作権法
道運	道路運送法
道交	道路交通法
特措	新型インフルエンザ等対策特別措置法
特別区設置	大都市地域における特別区の設置に関する法律
独行情報公開	独立行政法人等の保有する情報の公開に関する法律
都計	都市計画法
内閣府	内閣府設置法
任期付法	地方公共団体の一般職の任期付職員の採用に関する法律
認定子ども園	就学前の子どもに関する教育、保育等の総合的な提供の推進に関する法律
農委	農業委員会等に関する法律
PFI	民間資金等の活用による公共施設等の整備等の促進に関する法律
風営	風俗営業等の規制及び業務の適正化等に関する法律
弁護	弁護士法
補助金	補助金等に係る予算の執行の適正化に関する法律

マイナンバー	行政手続における特定の個人を識別するための番号の利用等に関する法律
民訴	民事訴訟法
明治憲法	（旧）大日本帝国憲法
労組	労働組合法

2　判例集関係略語

刑集	最高裁判所刑事判例集
集民（刑）	最高裁判所裁判集民事（刑事）
判時	判例時報
判タ	判例タイムズ
民集	最高裁判所民事判例集
自治百選	地方自治判例百選（第4版）
行政百選Ⅰ	行政判例百選Ⅰ（第7版）
行政百選Ⅱ	行政判例百選Ⅱ（第7版）

3　参考・引用文献略語

宇賀○頁	宇賀克也『自治体行政手続の改革』（ぎょうせい、1996年）
宇賀Ⅰ○頁	宇賀克也『行政法概説Ⅰ（第7版）』（有斐閣、2020年）
宇賀Ⅱ○頁	宇賀克也『行政法概説Ⅱ（第7版）』（有斐閣、2021年）
宇賀Ⅲ○頁	宇賀克也『行政法概説Ⅲ（第5版）』（有斐閣、2019年）
宇賀自治○頁	宇賀克也『地方自治法概説（第9版）』（有斐閣、2021年）
木佐・逢坂○頁	木佐茂男・逢坂誠二編『わたしたちのまちの憲法』（日本経済評論社、2003年）
北村・佐伯・佐藤・高橋○頁	北村和生・佐伯彰洋・佐藤英世・高橋明男『行政法の基本（第7版）』（法律文化社、2019年）
小早川○頁	小早川光郎編『行政手続法逐条研究』（有斐閣、1996年）
塩野Ⅰ○頁	塩野宏『行政法Ⅰ（第6版）』（有斐閣、2015年）
塩野Ⅱ○頁	塩野宏『行政法Ⅱ（第6版）』（有斐閣、2019年）
塩野Ⅲ○頁	塩野宏『行政法Ⅲ（第5版）』（有斐閣、2021年）
高田・村上○頁	高田敏・村上武則編『ファンダメンタル地方自治法（第2版）』（法律文化社、2009年）
注釈○頁	『注釈地方自治法1〜3（全訂）』（第一法規、2014年）
人見・須藤○頁	人見剛・須藤陽子編『ホーンブック地方自治法（第3版）』（北樹出版、2016年）
松本○頁	松本英昭『新版　逐条地方自治法（第9次改訂版）』（学陽書房、2017年）

I

地方自治の意義と地方自治史

1 地方自治とは——自律的なつながりとしての地方自治

地方自治は自治の1つである。自治には、私的自治、大学の
自治、労働組合、宗教団体や業界団体といった団体の自治も
ある。地方自治は、なぜ、地方行政あるいは地方管理ではなく、自治と呼ばれ
るのだろうか。自治という言葉について考えてみよう。自治という言葉は、英
語では autonomy（自律）と self-governance（自己統治）の両方に対応する。
autonomy は古代ギリシャ語の αύτονομος（autonomos）に由来し、自己（self）
を意味する auto と法（laws）を意味する nomos が組み合わされたもので、「固
有の法を有する」ことを意味するとされる。つまり、自律は自己決定・自己実
現の表現であり、自己統治と同義となる。

自律は、個人の内面を出発点とする自己実現の過程であるが、他者との関係
の中で拡張しうる。個人を超えたレベルにおいて個人が自己実現を追求する中
で、個人では実現できない事柄を可能にするために個人はつながりを構築す
る。その最小のものは2人の個人が作るつながりであるが、個人は家族のつな
がり、契約上のつながり（私的自治）、サークルやコミュニティのつながり、
様々な団体（会社、職能団体、NPO その他の結社）のつながり（団体の自治）、地
方公共団体のつながり（地方自治）、国のつながり（国家「主権」）、国際機関の
つながり、超国家的なつながりなど多層的多元的なつながりに参加し、つなが
り相互間にもつながり（自律的なつながりのネットワーク）が存在する。

そのようなつながりが出発点としての個人の自律の拡張として正統化される
ためには、つながるという行為が自律的に行われるだけでなく、自己統治を貫
徹するために、つながりに加わる者がつながりの内容の形成に関与できなけれ
ばならない。すなわち、つながりの内容形成が当事者の合意によることが求め
られる。そして、つながりの内容が構成員個人の自由を規制するとき、このつ
ながりは統治とそれに対する防御の要素を含むと同時に、構成員の自己統治を
貫徹するために構成員による自治という民主主義の要素と結合しなければなら

ない。その際、対内的な意味において統治のルールが構成員の自由の防御の
ルールを含んで定められ、構成員の関与のルールが定められなければならな
い。こうして、自律に基づく自治は民主主義的な要素と自由主義ないし権利保
護的な要素による正統化を得る。

　ある自律的なつながりがその目的達成を単独では完結しないで、それを他の
つながりにより補完されコントロールされるとき、前者のつながりにおける自
律は完全なものではなくなり、両者のつながりの形成には、補完しコントロー
ルするという統治の意味とそれに対する防御の意味が加わる。ここに、補完さ
れコントロールされるつながりの対外的な意味における団体自治の要素が生
じ、団体自治を保障するルールが両方のつながりにおいて定められなければな
らず、補完されコントロールされるつながりの側の自己統治を貫徹するため
に、つながりの構成員が両者のつながりの内容形成に関与するルールが定めら
れなければならない。

　このように、個人の内面における自律から出発する自治は、それが個人の自
律の拡張であるためには、自律に基づくつながりが拡がり多層化するに従っ
て、それぞれの段階において、参加する構成員による自治という民主主義及び
権利保護の要素と対外的団体自治の要素を求め、その制度化を要請する。そし
て、そのような要素が制度化される限り、拡がり多層化したつながりも、究極
的には参加者個人の自律に還元される正統性の連鎖（民主主義的正統性の連鎖と
対比されうる）により正統化されうる。

**地方自治という
つながりと地方自治法**　地方自治というつながりは、ある地域のすべての
住民の自己実現に資するべく、住民全体に関わる
事柄を管理するために属地的排他的に形成される点に特徴があり、個人が自律
的に参加することにより形成されるのではなく、個人は属する地域を選択する
自由はもっていても、どの属地的なつながりにも属さない自由はもっていな
い。言い換えれば、個人はいずれかの属地的なつながりに属することを強制さ
れる。属地的なつながりは、地方公共団体、国家、国際組織という層をなして
存在し、それぞれ狭域のつながり（団体）と広域のつながり（団体）の間に統
治と統治に対する防御からなる団体自治の要素と狭域のつながり（団体）の構

成員の広域のつながりへの参加の要素が存在する。参加することを強制される地方自治が究極的に自律により正統化されるためには、前提として住民自ら属する団体を選択する自由（移住移転の自由）が認められることと、さらに（狭域及び広域の）地域の管理作用に対して構成員たる住民が民主主義的に関与でき自らの利益を防御できること、つまり住民自治と、団体が自らの事柄を自律的に自主法に基づいて管理でき、広域の団体の管理作用に対して団体が防御できること、つまり対外的な団体自治が求められる。

　地方自治は一国内で成立するから、住民自治と団体自治が国法に定められることが必要であるが、同時に、自治に関して団体固有の自主法（自己統治の法）を定める自由が認められなければならない。住民自治と団体自治を共に含む地方自治が憲法により保障され、団体の自治に関する自主法を定める自由が認められる場合に、地方自治は自治という言葉に適合した自律に基づく正統性を得る。

　こうして、地方自治が自治と呼ばれるゆえんから原理的に考えると、個人の自律を出発点とする自律的なつながりの連鎖として地方自治を再構成することができる。その場合、住民の自治への参加と団体の自主法に基づく統治とそれに対する個人の防御、広域の団体による管理とそれに対する狭域の団体の防御が制度化されることが要請され、そのような制度を形作る法が地方自治法であるということができよう。

2　地方自治の憲法上の保障

1　憲法と地方自治

　日本国憲法では、第8章（憲92～95条）で「地方自治」を定めている。明治憲法では、地方自治に関する特別な規定はなく、法律上のものでしかなかった。欧州の影響（特にプロイセン憲法）を受けて制定された明治憲法であるが、欧州憲法の多くが地方自治に関する定めを置いていたのに対して、地方自治の規定は全く欠けていた。第二次世界大戦後に制定された日本国憲法の下で、地方自治が定められることになった。

　憲法92条は、地方自治の基本原則を定め、地方公共団体の組織及び運営に関する事項が、地方自治の本旨に基づいて法律で定められるべきとしている。すなわち国会制定法である法律で具体化することが要請されている。また、地方自治法2条11項・12項でも「地方自治の本旨」という用語が用いられている。「地方自治の本旨」とは何かについては、憲法自身では明示されてはいないが、客観的な地方自治の観念を前提とするとともに、93条及び94条において、それをある程度まで具体化していると考えられる（高田・村上10頁）。

　憲法93条は、議事機関としての議会と執行機関としての長が地方公共団体に置かれること、議会の議員、長及びその他の吏員が住民に直接公選されることを定めている。

　憲法94条は、地方公共団体の権能の範囲と種類を定めている。地方公共団体は、財産を管理し権力的及び非権力的な事務を処理すること、それらは条例制定権及び行政権の行使としてなされるとされている。

　憲法95条では、1つの地方公共団体だけに適用される特別法を国会が制定する場合には当該地方公共団体の住民投票で過半数の同意を要すると定めている。

このように日本国憲法第8章で定められている「地方自治」とは、どのような意味を有するのか、どのような内容なのであろうか。以下、学説で議論されている点を踏まえて紹介検討していきたい。

2　地方自治に関する2つの原則

日本国憲法92条では、「地方公共団体の組織及び運営に関する事項は、地方自治の本旨に基づいて、法律でこれを定める」となっている。明治憲法では、このような定めはない。この規定は、まず地方自治の基本原則を「地方自治の本旨」と表して地方公共団体の組織・運営に関する事項がその原則に拠って定められるべきことを意味する。次に、それを定める手続・形式は法律に拠るべきことを定めている。したがって、まず地方自治の基本原則が地方自治の本旨であるということからすると、地方自治の基本原則とは何なのであるのかが明らかにされなければならない。次に法律に拠るとは、法治主義（法律による行政の原理）に関わる問題である。

(1)　地方自治の本旨

地方自治の基本原則は、地方公共団体で生活する住民（構成員）が自らに関わる問題を自ら話し合い決定し決定したことを実施していくという住民自治（構成員自治・対内的自治）とその話し合いや決定・実施に際して外部（特に国家・中央政府など）から干渉を受けないという団体自治（対外的自治）を意味している。

住民自治　住民自治は、地方の事務処理を中央政府の指揮監督によるのではなく、当該の住民の意思と責任の下に実施するという原則である（宇賀自治2頁）。

憲法93条1項は、地方公共団体における議会制度を定め、同2項は議員が住民の直接選挙によって選ばれるという公選制を定めている。これによって、地方レベルの議会制民主主義が確立されている。選挙権・被選挙権は、地方自治法11条、17条から19条等、公職選挙法で規定されている。

憲法93条2項は、また首長の直接公選制も定めており「法律の定めるその他

の吏員」も住民の直接公選制であると定めている。その他の吏員の選挙は、現在は存在していないが1948年の教育委員会法の制定から1956年の地方教育行政の組織及び運営に関する法律による廃止までは教育委員会の委員は公選制の下にあった。法律（地方自治法）上の制度であるが、首長・議員の公選制及び主な役職員のリコール制、条例制定・改廃の請求、事務監査請求などの直接請求、また住民監査請求・住民訴訟のような争訟手続など住民参政制度は、地方公共団体の独自の住民の意思反映のための民主主義制度である。

　このように、主に憲法に基づいて直接民主制度及び間接民主、代表民主制度が地方レベルで導入されている。明治憲法の下では、例えば府県知事は中央政府によって官吏として任命されていたというところに象徴されるように民主主義的な制度ではなかった。

　団体自治　団体自治は、国家の中に国家から独立した団体が存在し、この団体がその事務を自己の意思と責任において処理する（宇賀自治3頁）ことをいう。

　明治憲法下では、市町村は典型的な自治体であったが、それは住民へのサービスを行う事業団体にとどまっていた（人見・須藤21頁）。それに対して日本国憲法下の自治体（地方公共団体）は、統治する団体であり地方政府と呼ばれる存在である。憲法94条は、地方公共団体の財産管理（自治財産権）、事務処理、行政執行の権能（自治行政権）を定め、法律の範囲内で条例制定権という形で立法の権能を規定している（自治立法権）。地方公共団体の条例制定権は、確かに法律の範囲内でという縛りがかかっているが、決して国家の上意下達だけを意味するのではなく地方公共団体が独自に条例を制定して行う地方の行政も広範に存在するといえる。このように、主に憲法94条に基づき地方公共団体の団体自治が保障されている。

(2)　**法治主義**（法律による行政の原理）

　憲法92条は、地方公共団体の組織・運営に関する事項は法律で定める旨を規定している。この条文は、法治主義（法律による行政の原理）に関わるものである。この法律は、憲法93条の「地方自治の本旨」に基づいて制定されなければならない。そうでなければ、その法律は憲法違反で無効となる（同98条）。

形式的法治主義　この点、明治憲法下での法律による行政の原理は、行政を統制する法律が議会で制定されたものでさえあればよく、その法律の制定手続の適正さや内容の合理性・適正さなどは問題とされない形式的法治主義が妥当していた。つまり、行政の活動は、議会で制定された法律に合致してさえすれば問題ないとされていた。法律の中身は、問われなかったのである。また、明治憲法下では、法律とは別個に天皇が発する緊急勅令や独立命令による行政活動を認めていた。さらに行政救済制度は、不完全な行政裁判所があるだけであった。国家無答責という原理が妥当していた。

実質的法治主義　それに対して、日本国憲法の下では、行政を統制する法律自身が憲法、特に人権保障規定に違反してはならないとする点、行政が法律に違反してはならないだけでなく、憲法、特に憲法原則にも違反してはならないとする点で形式的法治主義ではなく、実質的法治主義といわれる（北村・佐伯・佐藤・高橋17頁）。

　行政権は、憲法によって初めてその存立が認められ行政権は憲法から離れた自由な活動はできない（同65条）。行政の権限行使には、法律の根拠ないし羈束が必要であり、その権限行使のあり方も法的に統制されなければならない（同41条以下）。その法律とこれに基づく行政活動は、国民の基本的人権を保障するためにあるのであり、内容的にも手続的にも憲法によって拘束されている（同10〜40条・97〜99条）。

　このような人権保障を担保するために行政救済法制度がある。特に、裁判所による救済が中心となっている。国家賠償法制度（同17条）、行政事件訴訟法等である（同32条・76〜82条・98条）。

3　地方自治権

　地方自治権は、地方自治の本旨である団体自治の側面に関わる。すなわち、中央政府・国家から独立した地方公共団体の自主性・自律性は、「自治権」として表される。この地方公共団体の自治権は、国家の統治権に対してどの程度保障されるのか、その保障は何を根拠にしているのかをめぐって議論がされて

いる。その主要な見解は、固有権説、伝来説、制度的保障説、新固有権説（憲法伝来説）（人見・須藤16頁）である。

固有権説　明治憲法の下で「固有事務」をめぐって固有権説と伝来説との間で議論がされた。固有権説によると、地方公共団体の自治権は国家によって付与されたものではなく地方公共団体が本来有している前国家的権利であるとされる。したがって、国家の立法であってもみだりに制限することができない基本的人権と同じように地方公共団体固有の権利であるとされる。この説は、フランスにおける自然法的思想に源を有するものと、専ら歴史的、社会学的団体論的に説かれたものとがあるとされている（松本4頁）。明治憲法には、地方自治の規定がなかったため、少数説ではあったが、固有権説は地方公共団体の自治を拡大するための重要な実践的意義を有していた（宇賀自治5頁）。

　日本国憲法では、初期には自然法思想を基礎としているという理解から憲法92条の「地方自治の本旨」について固有権説が唱えられていた。しかし、自然法を法源として認めるかという問題のほかに、固有権思想自体は、人権とは異なり、欧米で根付いているわけではない（宇賀自治5頁）。そのため、法実証主義の伸張とともに固有権説は支持を失っていった。

伝来説　これに対して、伝来説では、地方公共団体の自治は国家から付与されたものであり前国家的な権利ではないとされる。すなわち、近代国家では、国家の統治権はすべて国に統合され、地方公共団体の自治権は、国の統治権から派生するものでありそれに由来するものであるとされる。この説は、固有権説の批判として主としてドイツにおいて論じられたものである（松本4頁）。

　明治憲法下では、地方自治は憲法で定められておらず法律によって認められたものであり、伝来説に基づいて、法律によって自治権を拡張または制限することも可能であった。それに対して、日本国憲法では地方自治が憲法92条以下で定められている。ただし、この定めをどのように解釈するかは議論の余地がある。一方で、これを宣言的規定と解して、明治憲法時代と同様、地方公共団体の自治権は、国家の立法行為を待って初めて創設的に与えられたものと解釈

することも可能である。他方、地方公共団体の自治権は国家から伝来したものであるが、憲法によって直接に、つまり通常の法律を媒介することなく、自治権が与えられている、という解釈も可能である（塩野Ⅲ141頁）。

　前者の解釈の下で、国家は地方自治の廃止も含めて地方公共団体の自治権の範囲を立法政策によって自由に決定することができるとする見解も、戦後唱えられたことがあった（宇賀自治6頁）。しかし、このような見解では、憲法に地方自治が定められた意味がなくなってしまうといえる。したがって、後者の解釈に依拠しながら憲法自体に自治権の根拠があるという説が妥当である。

　制度的保障説　　ドイツの理論に依拠した制度的保障説が戦後有力に主張されている。この説は、憲法が地方自治という制度を保障していると解する。すなわち、地方公共団体の自治権は、国家の制定法としての憲法により保障されたものであり、個々の地方公共団体の自治権ではなく、国家の制度としての地方自治という制度が保障されていると説く。したがって、地方公共団体の自治権は前国家的な固有権ではないということになる。そのため、憲法改正で地方自治制度を廃止することも可能だということになる。しかし、制度としての地方自治は、国家の立法によっていかようにも変更することはできず、法律で地方自治の本質的内容を否定することは違憲となり許されないと説かれている。

　この説には、次の2つの重要な機能がある（宇賀自治7頁、塩野Ⅲ143頁）。まず、権限付与機能である。すなわち、個別の法律の授権がなくても地方公共団体が具体的な権能を行使することが憲法上認められる場合があるということである。次に、防御的機能である。すなわち、制度的保障が与えられている部分については、法律によってもこれを侵害できないこととする機能である。

　最判1995（平7）・2・28【自治百選14】は、日本国憲法の地方自治に関する規定は、住民の日常生活に密接に関連を有する公共的事務は、その地方の住民の意思に基づきその区域の地方公共団体が処理するという政治的形態を憲法上の制度として保障しようとする趣旨に出たものと解されると判示している（同旨、判例1）。

新固有権説　　最近では、制度的保障説とともに新固有権説（憲法伝来説）と呼ばれている学説も唱えられている。

　地方公共団体の自治権は、自然法思想から導き出されるのではなく基本的人権の保障や国民主権原理に根拠づけられるとする説である。すなわち、基本的人権の保障は、個人の自己決定権の保障を意味するが、それと同様、地方公共団体も、団体基本権を保障されているとみるべきであり、また、地方公共団体のほうが国家よりも国民主権原理の実現に適している（宇賀自治5頁）というのが固有の団体自治権の根拠とされる。この自治権は、憲法の地方自治保障を前提にして、国家の統治権から派生するものではなく、地方公共団体の固有の権利として保障されていると解される。この説は、固有権説を新たに再構成したものであり固有権説の復権ともいえる。

　ただし、自治権が国家の制定法である憲法に由来する権利という意味では伝来説といわざるを得ない。その意味では、憲法伝来説とも呼ばれている。しかし、国家の立法によって変更できない保障領域が、憲法で定められている基本的人権の保障と国民主権原理によって確定されるとすることから、制度的保障説よりも、一層地方自治（自治権）の制限には厳格にならざるを得ないといえよう。特に、この点に関して制度的保障説との違いは、憲法改正権の限界の問題においてみられよう。すなわち、制度的保障説の場合は、憲法における地方自治制の改正に対して歯止めをかけることができにくいのに対して、新固有権説（憲法伝来説）は自治権に関して憲法改正権の限界を提示可能であろう（高田・村上17頁）。

　このように近代国家における地方公共団体の自治権の理論的根拠をめぐる議論は、明治憲法時代から続いている。この議論に関しては、日本国憲法の下で憲法に地方自治の章が設けられたことに鑑みれば、憲法上の制度であるということが重要なファクターであろう。自治権の根拠を論じる際に、単なる制度的保障というよりも、憲法に定められた制度であるという点が重要視されねばならない。その観点からは、自治権の根拠に関しては憲法の基本原則である基本的人権の保障や国民主権原理に基づき地方自治を再構成する憲法伝来説が妥当であるといえるのではなかろうか。

3 日本の地方自治史

1 第二次世界大戦終了までの歴史

地方制度は、国家の国民統治機構の中軸をなし、国家による国民統治のあり様を端的に示す。以下、このような視点から、明治（大日本帝国）憲法上の保障もなく、地方自治とは名ばかりの戦前日本の地方「自治」制度の歴史を概観する。

(1) 明治地方「自治」制度の準備・形成

廃藩置県と大区・小区制　明治政府の最重要課題は、欧米列強と対等な近代国家を創設することにあった。この課題に応えるべく、政府は中央権力機構の整備と併行して、地方統治機構の全国的統一と中央集権的整備を、1871（明治4）年の廃藩置県を契機に進めていった。廃藩置県までは、ほとんど制度的改革が行われなかった町村であったが、新しい地方長官（知府事・知県事）の赴任と戸籍法、そして従来、各地方にあった大庄屋・大年寄が管理支配した大・小の区画に設けられた大区・小区制の実施で変革を迫られた。

1871（明治4）年の「戸籍法」で、戸籍編製事務を行うための新たな区が設けられ、戸籍吏として正副戸長が置かれた。戸長の業務は、戸籍の作成・管理等であったが、次第に一般行政事務にも拡大し、旧村役人と戸長との間で権限の競合が生じた。このため政府は、1872（明治5）年、旧来の町村の庄屋・名主・年寄等の役職者を廃して戸長と改称し、一般に大区・小区などの行政区画を設け、大区には区長らを、小区には戸長ら（大部分は官選）を置き、新たな町村統治体制を整備した。

しかし、江戸時代以来の各地域運営の多様性や各府県地方長官の統治の独自性により、大区・小区制では、行政吏たる戸長が町村に置かれ町村が行政上の単位として認められる府県と、戸長が区に置かれ町村に行政吏が置かれず町村

が行政上の単位として認められない府県が存在するなど、全国的に統一された
ものではなかった。

内務省設置と
自由民権運動

1873（明治6）年には、政府は地方行政・警察・殖産興業
等を所管する内務省を設置し、中央政府（内務省）→地方
長官（府県）→区・戸長（大区・小区制・区制）を通じ、旧来の町村の伝統的・自
治的組織や伝統的法制・自治的慣行などを改革する政策・法を展開していった。

1874（明治7）年以降、こうした統治機構の整備や諸政策に対し、士族反乱
や農民一揆に加えて、国会開設・地租軽減・不平等条約改正・地方自治確立を
掲げる地方豪農層を中心とする自由民権運動が全国に拡大していった。この事
態に直面した政府は、新たな対応の必要に迫られた。

三新法体制

内務卿・大久保利通は、1878（明治11）年に「地方之体制等
改正之儀上申」を上申し、新たな地方制度整備の必要性を主
張した。これを受け政府は、同年、郡区町村編制法・府県会規則・地方税規則
の3つの法律を公布した。これら3つの新法でなる地方制度を一般に三新法体
制と呼ぶ。三新法の趣旨は、郡（区）規模の名望家を郡（区）長として選任し、
府知事・県令の下部統治機構内に組み入れ、彼らの支配力・郷土連帯感を利用
して、各町村に公選で置かれた戸長（町村名望家）との結合を図ることにより、
町村統治を円滑に行おうとするところにあった。

制度的には、大区・小区を廃して従前の郡（区）・町村に復し、郡（区）に郡
（区）長、町村に戸長を設け、町村に一定の「自治」性を認めて戸長公選制を
採用した。また民権運動からの民会開設要求への対応策として、府県や（区）
町村に公選議会設置を認める一方、内務卿・地方長官らの公選議会に対する強
大な権限を規定した。さらに府県会議員の選挙・被選挙資格を一部の名望家・
富裕層に与えることにより、彼らに府県政参加を認め、統治機構内に組み込も
うと企図した。加えて、従来の混乱した府県税・民費といった諸税を地方税
（府県税）に統合し（区）町村限の費用を（区）町村人民の協議に任せて協議費
として府県地方税から分離するなど、府県財政の公財政化を図った。

1880（明治13）年には、政府は区町村会法を制定し、（区）町村会の機能を区
町村の公共事業及び協議費の支出・徴収方法の議定を行うことに限定した。区

13

町村会の規則は区町村の便宜に任せられたが、制定には地方長官の裁定を必要とした。また（区）町村会の違法については、地方長官と郡（区）長が（区）町村会の中止・解散権を有し、郡（区）長が（区）町村会の評決を不適当と判断したとき、その施行を停止して地方長官の指揮を請うことができるなど、（区）町村会に対する地方長官らの規制が強化されたのである。

自由民権運動と松方デフレ政策　　三新法の施行にもかかわらず、自由民権運動は多くは江戸時代以来の富裕な村役人層で、時には一揆や維新変革に携わったりもした豪農層の指導による組織化が進められ、府県会・町村会においても激化していった。1881（明治14）年、政府は府県会規則を改正し、府知事・県令に議案単独施行権を付与して行政権優位を確保し、府知事・県令と府県会との間で法律の解釈・権限についての争いが起きた際における政府の裁定権を構築した。

　また1882（明治15）年、府県会の建議に対する制限や国事犯の被選挙資格剥奪範囲の拡大などの改正を行った。さらに民権派が激しく攻撃した北海道開拓使官有物の払下げを中止し、政府内民権派の大隈重信を政府から追放した「明治14年の政変」後、大蔵卿・松方正義がとったデフレ政策（松方デフレ政策）や軍備拡張のための大増税は、自由民権運動を指導した豪農層の中に寄生地主に転化する者、没落する者を生み出した。松方デフレ政策は、豪農層を階層分化させ、民権運動の基盤を切り崩す治安政策的意義も有したのである。

明治17年改正　　さらに政府は、郡（区）町村レベルの改革も実施した。1884（明治17）年、政府は、①戸長官選制、②戸長役場管轄区域の拡大、③町村会法改正を行った。①・②では、戸長管轄区域の財政力の向上を図り、戸長給与を改善し、国家行政の遂行者たる官選戸長としての地位を向上させ、彼ら地方名望家層の統治機構への積極的な取り込みを図った。③では、官選の府知事・県令に町村会規則の制定権を付与するなど、町村会に対する府知事・県令→郡（区）長→戸長などの地方官僚統制の強化を図った。

(2)　明治地方「自治」制度の成立

市制・町村制　　政府は、新たな市制・町村制施行の前提として、大規模な町村合併を行った。この結果、町村数は合併前の約7万

1000から合併後の約１万6000に減少し、新たな行政末端機構としての町村が創出された。

　1888（明治21）年、市制・町村制が公布された（翌年施行）。市・町村は、現実にすべての国民生活の場であり、その制度は、地方統治における最末端の基礎行政単位として、市・町村住民（＝国民）を規制・掌握し、国民統合の際の中軸となる重要な統治機構であるという意味で、重要である（山中永之佑『帝国日本の統治法』（大阪大学出版会、2021年）８-９頁）。本来、国民の権利・義務に密接不離の関係にある地方制度は、帝国議会での審議を経るべきであるが、帝国議会の開設により、政党勢力が地方に浸透することを予防し、確実な地方支配を構築するため、政府は、1889（明治22）年の憲法制定、1890（明治23）年の国会開設を前に地方制度を制定したのである。

　市制・町村制の意義を説明した「市制町村制理由」では、「自治」制の制定理由を、国政事務を地方団体に分任し、それに地方人民を参与させ「人民ノ本務」を尽くさせる点に求めている。つまり「市制町村制理由」にいう地方「自治」の本旨とは、中央政府の行政事務とその経費負担を地方に転嫁し、市町村支配を地方名望家層に委任することによって、彼らを体制内に組み入れ、中央政府による地方統治の下部機構として組み込むことに重点が置かれたものであった。その意味では、法制度上、言葉の本来の意味がもつような地方自治の考え方は、政府には基本的になかったのではなかろうか（山中・前掲910頁）。

　市制では、市の執行機関として市長・助役（有給吏員）・名誉職参事会員で構成される市参事会が、議事機関として市会が設置された。市長は、市会が３名の候補者を推薦し、内務大臣が１名を上奏・裁可し決定された。助役は市会の選挙を経て、府県知事が認可した。町村制では、町村の執行機関として町村長・助役（名誉職）が、議事機関・議決機関として町村会が設けられた。町村長・助役は町村会の選挙を経て、府県知事が認可した。

　市町村会議員の選挙・被選挙権は、地租もしくは直接国税２円以上の納税者に限られ、納税額が市町村公民中の最多額納税者の３分の１より多額であれば、その市町村の住民でなくても選挙権者となれた。さらに、少数の多額納税者が多数の少額納税者と同数の議員を選挙できる等級選挙制（市会は三級、町村

は二級）が採用されるなど、地主＝地方名望家支配を保障する仕組みがとられた。

市制特例　1889（明治22）年、「市制中東京市京都市大阪市ニ特例ヲ設クルノ件」によって、東京・京都・大阪の主要三市に市制特例が実施された。市制特例は、三市を府の直轄とし、市長・助役及び収入役その他の附属吏員も置かず、府知事が市長、書記官が助役の職務を代行し、府庁の官吏がその職務を行うものであった。執行機関たる市参事会も、内務官僚たる市長＝府知事、助役＝書記官の統制下に置かれた。市制特例は、施行直後から撤廃運動が展開されたが、日清戦争後に特例廃止要求が高まり、1898（明治31）年に廃止された。

府県制・郡制　1890（明治23）年、「府県制」・「郡制」が制定された。府県制では、府県の条例制定権は認められず、府県会議員も、市部では市会議員及び市参事会員、郡部では郡会議員及び郡参事会員の選挙で選出する複選制が採用され、被選挙権は直接国税10円以上の納税者に付与された。

　府県会は、歳入出予算、府県税の賦課徴収、府県有不動産の売買・交換・譲渡・譲受のほか財産管理、営造物維持等の議決権限を有した。しかし、府県会・府県参事会が必要経費を否決し、または十分な経費を議定しない場合、知事は内務大臣に具状しその指揮を求め原案を執行できた。また府県会が招集に応じず、または府県会不成立の場合、知事は内務大臣の指揮を請い専決処分をすることが可能であった。加えて、内務大臣は府県予算削除・減殺権などをもっていた。

　郡制では、郡の執行機関は郡長（官選）、議決機関は郡会・郡参事会とされ、郡行政は第一次的に府県知事の、第二次的に内務大臣の監督を受け、郡長は町村行政を第一次的に監督した。郡会議員は、4分の3が郡内の町村会選挙（複選制）で、4分の1が郡内で町村税賦課を受ける地価1万円以上の土地を所有する大地主の互選で選出された。この方法は、中小地主の意見が郡会の主流を占めることを牽制し、大地主による郡支配の固定化を企図したものであった。なお郡制では郡の財源を郡内町村が分賦金として負う構造がとられた。こうし

た郡の財政構造は、いわゆる大正デモクラシー期における郡制・郡役所（郡長）廃止を積極化させる要因ともなった。しかし郡の統廃合をめぐる紛糾等から、全国的な府県制・郡制施行は1899（明治32）年の府県制・郡制全面改正までできなかった。

(3)　明治地方「自治」制度の変容

市制・町村制改正　1911（明治44）年、市制・町村制が全面改正された。これは、日露戦後の社会経済構造の変化に対応するための統治機構の再編を意味した。

　市では、執行機関が独任制の市長に改められた。市町権限が拡大、強化され、市参事会は諮問機関となった。町村でも、町村長権限が拡大、強化され、特に、地方「名望」家支配体制の再編、強化が行われた。また、上位機関による委任事務執行の規定が設けられるなど、市町村長に対する内務省―府県知事らの指導、監督権限も拡大、強化された。この市制・町村制の全面改正により、市町村長を通じた市町村住民に対する官僚制支配と国民統合の強化が図られたのである。

　加えて、1910（明治43）年の韓国併合により、植民地帝国として成立した日本近代国家（戦前日本国家）における地方＝国民統治機構の基本的構造の成立としてもつ意義も大きい。これ以降、敗戦まで、戦前日本における市・町村の地方制度は、その時々の政策課題に応じた法・政策によって補完されながらも、1911（明治44）年市制・町村制それ自体の全部改正は行われていない（山中・前掲19－57頁）。

「大正デモクラシー」と地方自治要求運動　第一次世界大戦後、資本主義の発展に伴い、資本家階級が国家権力内部でその勢力を拡大しつつあった。その一方、地方では労働運動・農民運動の活発化と階級対立の激化がみられた。こうした労・農運動が「大正デモクラシー」運動の基盤となって、地方自治や普通選挙制（普選）の実現、郡制・郡役所廃止や府県知事公選の要求、国税地租・営業税の地方団体への委譲（両税委譲）要求へと発展していった。

普選の実現　すでに政府は、普選要求運動に対し、1919（大正8）年の衆議院議員選挙法改正で納税資格を引き下げ（直接国税3円以

上）、1921（大正10）年の市制・町村制改正で、市町村の公民権を直接市町村税納入者に拡大し、等級選挙制の緩和（町村で原則廃止、市で三級選挙制から二級選挙制に）を実施していた。この結果、農村部では「普選状況」に近い政治状況が生まれ、下層民（無産階級）の市町村会への進出が進んでいった。1922（大正11）年には、府県制改正で、直接国税を納める農村自作・自小作農や都市中小商工業者も府県「自治」に参画する途が開かれた。さらに1925（大正14）年、衆議院議員選挙法改正によって、普選が治安維持法などの一連の弾圧法を伴いながら実現された。1926（大正15）年には、府県制及び市制・町村制の改正で地方レベルでの普選も実現され、市制で残されていた等級選挙制も廃止となった。

郡制・郡役所廃止　1921（大正10）年、「郡制廃止ニ関スル法律」の成立で郡制が廃止された。郡は単なる行政区画となり、地方制度は府県―市町村という構造となった。また、1926（大正15）年の地方官官制改正により、郡長＝郡役所も廃止され、郡は地理上の名称にすぎなくなった。郡役所廃止は、地方財政緊縮という経済的理由に加え、町村長らの郡役所廃止要求を受け入れたものであったが、政府は、地方における摩擦軽減を図る一方、郡長が担ってきた町村監督権限を府県知事と町村長に分任し、市町村（長）に対する府県知事の直接的な指導、監督体制の整備、強化を企図したのである。

両税委譲要求とその挫折　第一次世界大戦後に顕在化していた地方財政の窮乏克服と地方団体の財源強化、及び国民負担の軽減を目的に、国税の地租・営業収益税（旧営業税）を地方に委譲しようとする両税委譲案が、1920（大正9）年の臨時財政経済調査会の税制改革案として登場した。しかし、不況対策や軍備拡張のための国家財源の確保という要請、両税委譲がかえって都市・農村間の財政的・経済的格差を助長するなどの理由から、両税委譲案は実現せずに挫折した。1926（大正15）年と1929（昭和4）年に、府県・市町村間の税目移動などの地方税制改革は行われたが、地方税制の抜本的改革は、1940（昭和15）年の中央―地方を通ずる税制改革と地方分与税制度の導入まで先延ばしにされたのである。

(4)　明治地方「自治」制度の崩壊

昭和4年の地方制度改正　1925（大正14）年の衆議院議員選挙法改正と1926（大正15）年の地方制度改正による普選の採用は、労働者・農民の代表が帝国議会・地方議会に進出する契機となった。初の普選となる1928（昭和3）年の衆議院議員選挙では、治安維持法（1925年制定）を中軸とする治安立法による過酷な選挙干渉にもかかわらず無産政党が帝国議会で議席を得た。また、昭和初年の府県会・市町村会議員選挙（初の地方議会の普選）でも、労・農代表が進出した。普選の採用は、労働者・農民の権利意識向上、労働・小作争議の活発化を惹起し、労農運動は1920年代後半の金融恐慌・世界恐慌を受け激化した。恐慌で地方財政の窮乏が進むと、統治体制は一層動揺していった。

　政府は、1928（昭和3）年の治安維持法改正（刑罰に死刑または無期懲役追加）や特高警察の全国的配備を中軸とする各種の弾圧立法を用意する一方、1929（昭和4）年に府県制・市制・町村制を改正した。同改正では、府県の条例・規則制定権を認め、内務大臣の府県予算削除・減殺権の削除、市町村吏員に対する国政事務の委任制限（団体自治権拡充）や府県・市町村会議員の発案権の承認、府県知事・市町村長の原案執行権の範囲縮小（議決機関の権限拡充）など自治権拡充の様相をとってはいるものの、一方で、府県知事・市町村長等の権限強化が図られるなど、中央集権的な地方統治体制が再編、強化された。この再編、強化は、統治機構のファシズム化への地ならしの主要な一環でもあった（山中・前掲493－508頁）。

地方財政調整制度の構想・制度化　政府は、地方財政問題への対応も迫られた。両税委譲の挫折後、政府は1936（昭和11）年、臨時町村財政補給金規則を制定し、応急的な地方財政調整制度を制度化して、拡充していった。1940（昭和15）年には地方分与税法が制定され、財源を再分配して都市―農村間の財政調整を行う、恒久的な中央集権的地方財政システムを構築した。これは現在の地方交付税交付金制度の源流といわれている。さらに、この地方分与税法とともに地方税法が制定され、中央―地方を通ずる抜本的な税制改正が行われた。これら一連の税制改正で、府県―市町村の税制統一と体系的な地方税財政制度が構築された。この制度はアジア太平洋戦争遂行のための総力戦

体制構築に向けた税財政面での対応策であり、府県・市町村に戦時行政を分担・遂行させるための財源配分システムとして機能した。

| 昭和戦前期の
地方制度改正 | |

　　　　　　　　　　1941（昭和16）年にアジア太平洋戦争が勃発すると、生産の増強・食糧の増量・徴用強化及び兵事行政の事務的拡大など、戦時行政への対応を可能とする地方制度の構築が政府の最重要課題となった。

　1942（昭和17）年、全国町村長会で「町村決戦態勢確立実行方策要綱」が作成された。これは、町村行政組織を一本化し、戦時町村行政の責任者たる町村長の権力的・強権的支配を強化し、総力戦体制下における国家的使命を遂行し得る町村の体制整備を目標としたものであった。同年には、戦時行政事務を遂行する市町村を監督する目的で地方事務所が郡単位で開設され、府県の出先機関として市町村を統制した。翌1943（昭和18）年には、府県行政の枠組みを超えた広域行政への要請から、全国を8地方に分類し、地方行政官庁間の連絡・調整を図る地方行政協議会も開設された。1945（昭和20）年には、地方行政協議会に代え地方総監府が設けられたが、組織的整備をみずに敗戦を迎えた。

　また1943（昭和18）年には、臨戦態勢に即応可能な首都制度としての東京都制の制定と府県制・市制・町村制改正など、地方制度が全面的に改正された（山中・前掲519頁）。後者では、府県会・市町村会の職務権限縮小、府県知事権限の拡大、強化、市町村長選任方法の改正（市長は天皇裁可、町村長は府県知事の認可が必要）が行われ、市町村（長）に対する国・府県等による行政事務の委任が、法律・勅令でなく行政命令でも可能となった。また、市町村行政の「補助機構」として町内会・部落会が地方制度上法認され、国策（戦時行政）遂行上不可欠な大政翼賛運動の実践単位たる「地域的団体」と位置づけられ、市町村内各種団体に対する市町村長監督権も拡大、強化され、市町村は国政の単なる執行機関となっていった。

　こうして市町村は膨大な国政委任事務の負担とそれに要する財源の極度の国家依存を余儀なくされ、それまでも名ばかりであった地方「自治」制度は、法制的にも、完全に崩壊したのである。

2　第二次世界大戦終了以降の展開

　日本は、1945（昭和20）年8月14日、日本への降伏要求であるポツダム宣言を受諾し、それが翌15日に国民に発表された。そして、同年9月2日の調印・即時発効に至り第二次世界大戦（太平洋戦争）が終結した。

　1946（昭和21）年11月3日に日本国憲法が、その翌年の4月17日に地方自治法が、それぞれ公布され、両者ともに1947（昭和22）年5月3日に施行された。これにより、戦後の日本の地方自治の展開が始まることになる。とりわけ、日本国憲法に、明治憲法にはなかった「地方自治」の章が置かれたことにより、その後の地方自治の展開・発展が決定づけられることとなる。

(1)　戦後地方自治制度の成立

　戦後最初の地方制度改革　日本国憲法・地方自治法の施行前の1946（昭和21）年に、戦後最初の地方制度の改革が行われた。東京都制、府県制、市制、町村制が改正され、住民の選挙権・被選挙権が拡充され、都道長官・府県知事・市町村長の公選制が実現した。また、直接請求制度、選挙管理委員会・監査委員の制度が創設され、議会の権限も強化されるとともに、長には議会の解散権が与えられることとなった。さらに、府県制は道府県制に改称されたが、知事は、公選とされながらも、官吏としての身分を有しており矛盾を抱える内容であった（高田・村上49頁）。

　地方自治法の成立　地方自治法の制定により、東京都制、道府県制、市制・町村制が廃止され、都道府県と市町村を普通地方公共団体として位置づけ、知事以下の都道府県職員の身分も官吏から地方公務員に変わった。選挙管理委員会と監査委員が行政委員会として位置づけられ、特別な法律で指定される人口50万人以上の大都市に都道府県と市の権能をもたせる特別市制度も創設された。また、地方自治法100条の調査権について、出頭、記録の提出、証言の拒否についての罰則が設けられ、議会の調査権が強化された。さらに、1948（昭和23）年の地方自治法改正により、住民監査請求と納税者訴訟（後の住民訴訟）の制度も導入された。

　他方で、戦前からあった国と市町村長との間の機関委任事務制度が、都道府県知事が国の地方機関として処理してきた事務にも適用され、機関委任事務が一般的に規定されることになった（旧地自150条）。また、法の制定当初は、内務大臣は都道府県知事が、都道府県知事は市町村長が、それぞれ著しく不適任であると認めるときは、法律の定める弾劾裁判所にその罷免を訴追することができた（同146条）。しかし、弾劾裁判所を規定する法律は制定されず、1948（昭和23）年に、これに代わるものとして機関委任事務の管理執行を担保するために職務執行命令制度が設けられた。また、専ら政令で定める機関委任事務に従事する都道府県の職員の一部に国家公務員の身分を与える地方事務官制度が設けられた。地方事務官に対して都道府県知事の指揮監督権が及ぶが、その選任権は国にあった。これらは、国と地方との事務配分、さらに財源配分にも関わる重大な問題である。しかし、これらの制度は、地方自治を阻害するものとして批判されながらも、結局、地方分権改革まで存続することになる。

⑵　占領下の地方自治制度（1945〜1952年）

　戦後直後の1945（昭和20）年に始まる占領期は、1952（昭和27）年4月28日のサンフランシスコ平和条約の発効による日本の独立の回復まで続くことになる。この時期は、警察、消防、教育、財政などの分野において地方自治に関係する重要な改革が行われている。

ⓐ：警察・消防の改革

警察改革　　1947（昭和22）年には、GHQ の主導の下で、それまでの中央集権的な警察組織を民主的なものに改めるべく、警察法が制定された。これにより、警察組織は、国家地方警察と自治体警察（市町村警察）に分かれた。自治体警察が警察組織の基本であり、すべての市及び人口5000人以上の町村に置かれ、その他の地域は国家地方警察が管轄することとされた。国家地方警察は、さらに基本的に国家地方警察本部と都道府県国家地方警察本部により構成される。また、内閣総理大臣、都道府県知事、市町村長の所轄の下に独立して職権を行使する、国家公安委員会、都道府県公安委員会、市町村公安委員会がそれぞれ設置され、警察組織の民主的運営が図られた。

**市町村警察から
都道府県警察へ**
　その後、1954（昭和29）年には、警察法が全面的に改正され（以下「新警察法」）、国家地方警察と自治体警察が廃止され、都道府県警察に一元化された。また、国には警察庁が置かれることになった。都道府県警察の警視正以上の階級の警察官（地方警務官）は国家公務員であり（警56条1項）、道府県警察本部長はじめこれら警察幹部の任免は国家公安委員会が都道府県公安委員会の同意を得て行う（同50条1項）。都警察（警視庁。同47条1項）の長である警視総監も同様であるが、さらに内閣総理大臣の承認も得る必要がある（同49条1項）。このように国は都道府県警察の幹部の人事権（任免権）を有しており、中央集権的要素が色濃く残る警察組織が創られることとなり、現在に至っている。

　新警察法をめぐっては、国会での議決手続に瑕疵があり、また憲法92条の地方自治の本旨に反し無効であり、警察予算について大阪府議会の議決に基づき知事がする公金支出も違法であるとして、その差止めを求める住民訴訟（旧地自243条の2第4項。現242条の2第1項）が提起された。最高裁まで争われたが、結局、違法性はないとして住民の上告は棄却されている（最大判1962（昭37）・3・7【自治百選107】）。

消防改革
　わが国の消防は、明治以来、警察機構の中に位置づけられていたが、地方自治法が施行されたのに伴い、1947（昭和22）年に消防組織法が制定された。これにより、市町村長が消防の組織と運営の管理に当たることになり、自治体消防に移行することとなった。そして、自治体の消防機関として、消防本部・消防署等と、一般人により構成される消防団が整備されていくことになる。

b：教育制度改革

　この時期には、教育制度の大幅な改革も行われた。ここでも、中央集権的、官僚主義的教育行政から教育行政の民主化、地方分権化、自主性の確保という改革の3原則が掲げられ、1947（昭和22）年に教育基本法と学校教育法が制定され、その翌年には、教育委員会法が制定された。

**教育委員会の
設置**
　教育委員会は、都道府県・市町村に置かれる地方公共団体の長から独立した合議制の機関（行政委員会）である（教育

委員会３条１項・７条１項）。また、その委員は住民（有権者）による公選とされ（同７条２項・９条）、小中学校の教職員の人事権（同49条５～６号）、予算案・条例案の長への提出権（同56条・61条４号）など強い権限を有していた。しかし、長と教育委員会との対立や委員会内部での党派的対立を理由に、1956（昭和31）年には、教育委員会法に代わって「地方教育行政の組織及び運営に関する法律」が制定された。同法により、教育委員の公選制は廃止され、長の任命制になるともに、予算案や条例案の提出権も廃止されることとなった（なお、29条参照）。これは、結局、教育行政に関する権限の長への集中を意味するものであり、教育委員会の形骸化が指摘される一因ともなった。

c：税・財政改革

1948（昭和23）年に、地方財政の運営、国の財政と地方財政の関係等に関する基本原則を定めた地方財政法が制定された。

シャウプ勧告　税・財政改革について、最も重要なことは、1949（昭和24）年にシャウプを団長とする使節団が来日し、日本税制改革報告書を公表したことである。この報告書は、そのまま日本政府に対する勧告（いわゆる「シャウプ勧告」）となった。

この勧告は、その後の日本の税・財政改革に大きな影響を与えることとなる。勧告では、新たな地方税制度の導入、地方公共団体間の財政均衡のために国が必要額を交付する制度の創設を求めた。これに基づき、1950（昭和25）年に地方税法と地方財政平衡交付金法が制定された。

シャウプ３原則　シャウプ勧告では、特にわが国における事務配分についてとるべき措置を示している（付録AのD節「職務の分掌」）。いわゆる「シャウプ３原則」である。すなわち、①国、都道府県、市町村の３段階の行政の事務は明確に区別して、一段階の行政機関には１つの特定の事務が専ら割り当てられるべきである、②それぞれの事務は、それを能率的に遂行するために、その規模、能力及び財源によって準備の整っているいずれかの段階の行政に割り当てられる、③地方自治のためにそれぞれの事務は適当な最低段階の行政に与えられることになるが、市町村が遂行できる事務は都道府県または国に与えられないという意味で、市町村に第１の優先権が与えられる（い

わゆる「市町村優先の原則」)、ということである。

　　　　　　　　また、この勧告では、事務配分を詳細に研究し、上記3原則
神戸勧告　　　に基づき国に事務配分に関する勧告をする委員会の設置を求
めた(上記付録AのD節「職務の分掌」)。これを受けて、総理府(現内閣府)に当
時の京都大学教授である神戸正雄氏を議長とする地方行政調査委員会議が設置
された。同会議は、1950(昭和25)年12月に行政事務再配分に関する勧告(い
わゆる「神戸勧告」)を行った。

　神戸勧告では、国と地方との関係について、国が行う地方公共団体への関与
のうち、権力的な監督は原則として廃止し、監査・勧告は法律の根拠がなけれ
ば行うことができないものとすること、国は地方公共団体において有効に処理
できない事務だけを行うこと、地方公共団体またはその住民にのみに関係する
事務については、国は原則として関与すべきではなく、法律によって基準を定
めまたは処理を義務づけることはもとより、非権力的な関与もすることもでき
ないものとするべきであること、地方公共団体の事務で国家的影響のあると認
められる事務については、法令では必要な最低限度の水準を定める程度にとど
めるべきであること、法律上国に配分された事務については、国が処理すべき
であり、地方公共団体に委任することは極力避けるべきであること、事務再配
分の受け皿として町村合併をすることなどである。

　これらの勧告は、町村合併などを除き、国の強い抵抗などにより、ほとんど
実施されなかったといわれている(高田・村上53頁以下参照)。

ｄ：町村合併の推進

　神戸勧告を契機として、1953(昭和28)年に町村合併促進法が制定された。

　この法律は1956(昭和31)年9月30日までの3年間の時限立法である。同法
は、町村合併によりその組織及び運営を合理的かつ能率的にし、住民の福祉を
増進するように規模の適正化を図ることを積極的に促進することを目的として
いる(町村合併促進1条)。

　　　　　　　　この合併では、町村が概ね8000人以上の住民を有すること
昭和の大合併　　を標準として行われた(同3条)。この人口8000人という数
は、新制中学校を独立して維持経営できる能力として想定されたものである。

そして、町村合併を促進するために、議員の定数・任期に関する特例、地方財政法上の地方債に関する特例、地方税法・地方財政平衡交付金法に関する特例などをはじめ各種優遇措置が講じられた（同9〜20条）。同法の制定により、同法の施行時1953（昭和28）年10月に9868あった市町村は、同法の失効する1956（昭和31）年9月には3975に減少した。いわゆる昭和の大合併の始まりである。その後、合併の推進は、1956（昭和31）6月に施行された新市町村建設促進法に引き継がれ、同法の合併推進に関する規定が失効する1961（昭和36）年6月まで続いた。市町村数は3472になり、合併前の約3分の1まで減ることになる。一般に、1953（昭和28）年10月から1961（昭和36）年6月までが、昭和の大合併の期間と解されている。

(3)　**地方自治制度の見直しと再編**（1952年8月〜1979年）

`1952年改正以降`　日本が独立を回復して間もない、1952（昭和27）年8月の地方自治法改正により、地方公共団体に処理が義務づけられている事務や機関委任事務が別表に記載されることとなった。また、町村合併が進む中で市町村の廃置分合・境界変更について知事に勧告権限が与えられ、主務大臣、知事等に技術的な助言、勧告など非権力的な関与が認められた。さらに、地方公共団体の協議会など簡易な共同事務処理方式が導入された。前述のように警察法の全部改正により都道府県警察に移行したのもこの年である。その2年後の1954（昭和29）年の地方自治法の改正では、市の人口要件が5万人以上に引き上げられた。

`1956年改正以降`　1956（昭和31）年地方自治法改正では、都道府県と市町村の地位や権能が明確にされている。地方公共団体の組織に関して、議会定例会の開催回数、常任委員会数、都道府県の局部数の制限などが細かく定められた。内閣総理大臣、知事による地方公共団体の適正な事務処理の確保措置に関する規定も設けられた。さらに、府県と市との対立を生ぜしめた特別市制度は一度も利用されることなく廃止された。これに代わり、指定都市制度が設けられた。この年には、教育委員の公選制も廃止されている。1963（昭和38）年改正では、地方開発事業団が創設され、地方財務制度全般が見直された。1974（昭和49）年に至り、1952（昭和27）年に廃止された特別区の

区長の公選制が復活するとともに、都の事務の一部が特別区に委譲された。この改正では、一部事務組合の変形ともいえる複合的一部事務組合が設けられている。

地方の時代　中央集権化が強まる一方で、1960年代から革新自治体が登場するようになる。革新系の政党の支持を受けて当選した革新首長は、高度成長に伴い深刻な被害をもたらした公害問題や社会福祉問題に積極的に取り組み、保育所等の増設、老人医療の無償化、法律よりも厳しい公害防止条例（いわゆる上乗せ・横出し条例）の制定、乱開発を防止するための宅地開発指導要綱の制定など地方公共団体独自の施策を実施するようになる。1978（昭和53）年には、長洲一二神奈川県知事は、地方公共団体のこのような状況を「地方の時代」と表現した（高田・村上61頁参照）。

財政の悪化　1970年代になると、1973年のオイル・ショックを機に高度成長は終焉し、地域開発の公共事業費、社会保障費等の増大により、財政赤字が国・地方とともに大きな問題になり、それへの対応が喫緊の課題になっていく。

(4)　地方分権の展開（1980〜1999年）

行財政改革の提言　行財政改革だけでなく、地方分権にも大きく貢献したのは、総理府（現内閣府）に設置された臨時行政調査会（以下「臨調」）とその後に内閣総理大臣の私的諮問機関として設置された臨時行政改革推進審議会（以下「行革審」）である。

　1981（昭和56）年に発足した第2次臨調（土光敏夫会長）は、「増税なき財政再建」のスローガンの下で、補助金や社会保障の削減、公務員定数削減、事務の民間委託・民営化、必置規制の緩和、国から地方への権限移譲、機関委任事務の整理合理化を提言した。これを受けて1983（昭和58）年には行政事務の簡素合理化及び整理に関する法律が制定された。同法では、府省ごとにそれぞれ所管する法律の改正により行政事務の整理合理化が行われた。

　第2次臨調の提言を受けて1983（昭和58）年に設置された第1次行革審は、機関委任事務の整理合理化を答申し、1986（昭和61）年に地方公共団体の執行機関が国の機関として行う事務の整理及び合理化に関する法律が制定された。

しかし、同法は、社会福祉領域の機関委任事務を地方公共団体の団体事務とするものにすぎなかった（高田・村上60頁）。

1991年改正　これらの提言等を受けて、1991（平成3）年の法改正が行われた。改正前の職務執行命令制度では、都道府県知事の機関委任事務の管理執行の違法や怠慢がある場合に、職務執行命令訴訟を経て最終的に内閣総理大臣が知事を罷免することができた。しかし、罷免は公選である知事の身分を奪う措置であり適切ではない等の理由で廃止された。また、公の施設に関する管理委託制度の委託先が公共団体や公共的団体だけでなく、地方公共団体が出資している法人で政令で定めるものに拡大され、公の施設の利用に係る料金を管理受託者が収入として収受することができることとなった（旧地自244条の2）。さらに、監査委員の改革も行われ、監査委員の数が2人以上の地方公共団体では、その1人以上は選任前5年間において当該地方公共団体の職員でなかったものでなければならないこと（同196条）、監査結果に関する報告または意見の決定は監査委員の合議によること（同75条等）などが定められた。地方議会についても、議会が、条例で議会運営委員会を設置できること（同109条の2）、執行機関の権限に属する一定の機関委任事務について検閲・検査し、監査委員に監査を求めることができること（同98条）などの改革が行われた。

1992年以降の改正　その後も、1993（平成5）年の地方自治法改正では、地方公共団体の長と議会議長の連合組織である地方6団体（全国知事会、全国市長会、全国町村会、全国都道府県議会議長会、全国市議会議長会、全国町村議会議長会）に国に対する意見具申権が付与された。翌年の改正では、地方分権の受け皿となるべく都市制度として中核市制度及び地方公共団体の組合として広域連合制度が新たに設けられた。また、1997（平成9）年の改正では、監査機能を強化するために、契約により外部の監査人（弁護士、公認会計士、税理士等）に監査を委託する外部監査制度が導入された。さらに、翌年の改正では都の特別区が市町村と同じく「基礎的な地方公共団体」として位置づけられることとなった。

(5)　地方分権改革の進展

　地方分権改革は、第1次と第2次の2つの時期に分けることができる。概括的にいえば、第1次地方分権改革では、国と地方との新たな関係を構築し、地方分権の基礎を形成するための改革であり、第2次のそれは国と地方との新たな関係を前提とし、個別具体的な改革を実現するものと評価することができる。

　第1次と第2次の間には、いわゆる三位一体の改革も行われており、それについても言及することとする。

🅰：第1次地方分権改革（1995（平成7）年から1999（平成11）年まで）

　1993（平成5）年6月の衆参両院での「地方分権の推進に関する決議」、同年10月の第3次行革審の「最終答申」、翌年12月の「地方分権の推進に関する大綱方針」（閣議決定）などにより、地方分権改革に向けた準備は整えられた。

地方分権推進法　そして、ついに1995（平成7）年5月に地方分権推進法が成立した（同年7月施行）。この法律は5年間の限時法であったが、2000（平成12）年の改正で1年延長されている。同法は、地方分権の推進が、「国及び地方公共団体が分担すべき役割を明確にし、地方公共団体の自主性及び自立性を高め、個性豊かで活力に満ちた地域社会」を実現することを基本理念として掲げた。そして、この基本理念に基づき法制上、財政上の措置を含めた「地方分権推進計画」を作成することを義務づけている。また、総理府に内閣総理大臣の諮問機関として第三者機関である地方分権推進委員会を設置し、同委員会が推進計画の作成にあたって具体的な指針を内閣に勧告するほか、計画の進捗状況を監視し、必要な意見を内閣に提出することができることとされた。同委員会は、第1次（1996（平成8）年12月）から第5次（1998（平成10）年11月）にわたる勧告を行った。これら勧告を受けて、1998（平成10）年10月に地方分権推進計画が、翌年3月に第2次地方分権推進計画が、それぞれ閣議決定された。

　なお、1952（昭和27）年に設置された、内閣総理大臣の諮問に応じ、地方制度に関する重要事項を調査審議する地方制度調査会も、地方分権推進に関する答申を行っており重要な役割を担っている。

地方分権推進委員会の勧告等を受けて、1999（平成11）年
地方分権一括法
7月に「地方分権の推進を図るための関係法律の整備等
に関する法律」（地方分権一括法）が制定され、475件の法律が改正された。こ
れにより、地方自治法が大幅に改正された。改正内容は以下の5つに大別でき
る。ただし、改正内容の詳細については、本書の各項目で言及されることにな
るため、その概要を示すにとどめることとする。

① **機関委任事務の廃止と自治事務及び法定受託事務の創設**　①機関委任事
務制度を廃止するため、関連規定を削除・改正、②地方公共団体の役割と国の
配慮に関する規定の創設、②自治事務及び法定受託事務の定義の創設、③条例
制定権、議会の検査・調査、監査委員の監査等の規定の整備、④手数料の条例
化、国の財源措置義務規定の整備。

② **地方公共団体に対する国または都道府県の関与のルール**　①関与の基本
原則（関与の法定主義、関与の必要最小限の原則）、②関与の基本類型の設定、③
地方自治法に基づき行うことができる関与についての規定の整備、④法定受託
事務に係る処理基準の設定、⑤関与の手続ルールの整備。

③ **国・都道府県の関与についての係争処理制度の創設**　①国地方係争処理
制度の創設、②自治紛争調停制度を拡充し、自治紛争処理制度として再構成、
③関与に関する訴訟制度の創設。

④ **都道府県と市町村の新しい関係**　①都道府県の処理する事務を再構成、
②条例による事務処理の特例制度の創設。

⑤ **地方行政体制の整備**　①議員定数制度の見直し、②議案提出要件及び修
正動議の発議要件の緩和、③中核市の要件緩和、④特例市制度の創設。

地方分権の推進とともに、市町村の合併も強力に推進され
平成の大合併
ることとなった。1965（昭和40）年に制定された市町村の
合併の特例に関する法律（「旧合併特例法」）が1995（平成7）年に改正され、市
町村合併の「円滑化」から市町村合併の「推進」に変更され、地方交付税の合
併算定替（合併後10年間は、合併前の市町村ごとに算定した普通交付税の総額を配分
すること）の期間が延長され、3万市特例（合併する場合には、市となる人口の要
件を5万人から3万人に緩和する特例）が設けられるなどの優遇措置が設けられ

た。さらに、地方分権の担い手である基礎的な地方公共団体にふさわしい行財政基盤などを確立し、市町村合併を強力に推進するため、1999（平成11）年の改正で、合併特例債による財政支援措置が加えられた。合併特例債とは、合併市町村の市町村建設計画に基づく事業などの経費について、合併年度とその後10年度に限って財源にできる地方債であり、その7割は実質的に国の負担となる。旧合併特例法は2005（平成17）年3月31日に失効したが、2004（平成16）年に「市町村の合併の特例等に関する法律」（「新合併特例法」）が制定された（2005年4月1日施行）。新合併特例法は、2010（平成22）年3月31日までの限時法で、合併特例債の廃止など一部の優遇措置はなくなったものの、国や都道府県の関与（合併のあっせんや合併協議会設置の勧告など）の下で、さらに合併が推進された。総務省によれば、1999（平成11）年から2010（平成22）年3月末までが平成の大合併の期間とされている。1999（平成11）年3月31日に3232あった市町村は、2010（平成22）年3月31日に1727に減少した。新合併特例法の失効に合わせて、2010（平成22）年4月1日に改正された現行の「市町村の合併の特例に関する法律」では、名称変更のほか、同法の目的が「合併の推進」から「合併の円滑化」に再び変更され、国や都道府県の関与も廃止された。2021（令和3）年10月1日現在の市町村数は、1718である。

b：三位一体の改革（2001（平成13）年から2005（平成17）年）

　地方財政の三位一体改革とは、国庫補助負担金の改革、国から地方への税源移譲、地方交付税の改革を一体で行い、国と地方の税財政関係を抜本的に改革することをいう。

骨太の方針　第1次地方分権改革により、行政面での地方分権は進展したものの、財政面での改革は課題として残されていた。特に1990年代に入りバブル経済の崩壊などにより経済不況が深刻化し、国と地方の財政悪化、国と地方の財政関係の不均衡など財政再建が喫緊の課題となった。そのような経済状況の中、2001（平成13）年4月に発足した小泉純一郎内閣は、「聖域なき構造改革」を掲げ、国と地方の財政関係の改革を行った。改革の基本方針については、同年1月に内閣府に設置された経済財政諮問会議を中心に議論され、「経済財政運営と構造改革に関する基本方針」、いわゆる「骨太

の方針」が閣議決定され、以後毎年それが示されるようなり、この方針に沿って財政改革が行われるようになる。そして、2002（平成14）年の骨太の方針で、補助金の縮減、税源移譲、地方交付税改革を一体で検討すべき旨が明記されることになった。これ以降、国と地方の財政関係の改革は一般に「三位一体の改革」と呼ばれるようになる。これとは別に、国と地方公共団体との役割分担に応じた事務及び事業のあり方ならびに税財源の配分のあり方、地方公共団体の行財政改革の推進等行政体制の整備その他の地方制度に関する重要事項で緊急に検討すべきものを調査審議するために、2001（平成13）年7月に地方分権改革推進会議（2004（平成16）年7月までの3年間）が内閣府に設置された。この会議も、事務・事業のあり方に関する意見や三位一体の改革についての意見を表明している。

ⓒ：第2次地方分権改革（2006（平成18）年以降）

地方分権改革推進法

　地方分権推進法等に基づいて行われた地方分権の推進の成果を踏まえ、さらに地方分権改革を総合的かつ計画的に推進するために、2006（平成18）年12月、地方分権改革推進法が制定された（翌年4月1日施行。3年間の限時法であり、2010（平成22）年4月1日失効）。この法律に定める地方分権改革の推進に関する基本的事項について調査審議し、地方分権改革推進計画の作成のための具体的な指針を内閣総理大臣に勧告する機関として、内閣府に地方分権改革推進委員会が設置された（地方分権改革推進10条）。また、委員会とは別に、地方分権改革の推進に関する施策の総合的な策定及び実施を進めるため、2007（平成19）年5月、内閣に内閣総理大臣を本部長とし、全閣僚が参加する地方分権改革推進本部を設置することが閣議決定された。

地方分権改革推進委員会の勧告

　地方分権改革推進委員会は、第1次（2008（平成20）年5月）から第4次（2009（平成21）年11月）にわたり勧告を行っている。これら勧告を受けて、内閣は、2009（平成21）年12月に、地方分権改革推進計画を閣議決定している。また、同月、地域のことは地域に住む住民が決める「地域主権」を早期に確立する観点から、「地域主権」に資する改革に関する施策を検討し、実施するとともに、地方分権改革推

進委員会の勧告を踏まえた施策を実施するため、内閣府に一定の大臣と有識者で構成される地域主権戦略会議が設置された。翌年6月には、地域主権戦略大綱が閣議決定されている。

新地方分権一括法　地方分権改革推進委員会の勧告を受けて、2011（平成23）年5月2日に、「国と地方の協議の場に関する法律」と「地域の自主性及び自立性を高めるための改革の推進を図るための関係法律の整備に関する法律」が公布された。前者により、地方自治に影響を及ぼす国の政策の企画及び立案ならびに実施について、関係各大臣と地方6団体の各代表者との協議の場が設けられることになった（国地方協議1条・2条）。後者は、「第1次地方分権一括法」または単に「第1次一括法」と呼ばれるが、1999（平成11）年の地方分権一括法と区別する意味で、ここでは「新地方分権一括法」という。1999（平成11）年の地方分権一括法では、475の法律が一括して改正されたが、新地方分権一括法では、改正の準備が整ったものから順に改正するという手法がとられており、現在「第11次地方分権一括法」まで制定されている。

第1次から第11次一括法　第1次では42法律（2011（平成23）年4月）、第2次（2011（平成23）年8月）では188法律、第3次（2013（平成25）年6月）では74法律、第4次（2014（平成26）年6月）では63法律、第5次（2015（平成27）年6月）で19法律、第6次（2016年（平成28）年5月）では15法律、第7次（2017（平成29）年4月）では10法律、第8次（2018（平成30）年6月）では15法律、第9次（2019（令和元）年6月）では13法律、第10次（2020（令和2）年6月）では10法律、第11次（2021（令和3）年5月）では9法律が、それぞれ一括して改正されている。改正の内容は、施設・公物設置管理の基準の条例への委任、認可制から届出制への変更や協議の廃止など協議、同意、許可、認可、承認の見直し、国から地方公共団体または都道府県から市町村への権限の委譲などである。

　なお、2013（平成25）年3月には閣議決定により、民主党政権下に設置された地域主権戦略会議は廃止され、地方分権改革の推進に関する施策の総合的な策定及び実施を進めるため、内閣総理大臣を本部長とし全閣僚を構成員とする

地方分権推進本部が設置されている。

委員会勧告方式から
提案募集方式へ　2014（平成26）年 4 月30日には、地方分権改革推進委
員会の勧告事項について一通り検討したことから、
地方分権改革推進本部が「地方分権改革に関する提案募集の実施方針」を決定
し、委員会勧告方式に替えて、個々の地方公共団体から地方分権改革に関する
提案を募集し、それについて検討を行う「提案募集方式」がとられることと
なった。2014（平成26）年から毎年、「地方からの提案等に関する対応方針」
（閣議決定）を経て法律の整備が行われている。

地方自治法の改正　最後に、1999（平成11）年の地方分権一括法による地方
自治法改正後の改正の動向をみてみることとする。以
下の改正の多くは、本書の各項目で詳しく説明されることになるため、その概
略のみを記すこととする。

① **2002（平成14）年改正**　①解散・解職の直接請求の署名収集要件の緩和
等、②住民訴訟の 1 号請求と 4 号請求の要件等の変更、③中核市の指定要件の
緩和、④議員派遣についてその根拠・手続の明確化。

② **2003（平成15）年改正**　①指定管理者制度の導入、②都道府県の局部数の
法定制度の廃止。

③ **2004（平成16）年改正**　①地域自治区の創設、②都道府県の自主的合併手
続等の整備、③議会の定例会の招集回数の自由化、④条例による事務処理特例
の拡充、⑤長期継続契約の対象範囲の拡大、支出命令の簡素化。

④ **2006（平成18）年改正**　①出納長・収入役の廃止、市町村の助役を副市町
村長へ、②監査委員定数の増加の自由化、③地方 6 団体への情報提供制度の導
入、④長の補助機関を意味する吏員という名称を廃止し、職員に統一、⑤クレ
ジットカード納付、行政財産の貸付範囲の拡大等、⑥臨時会の招集請求権を議
長へ付与、委員会の議案提出権の創設等、⑦中核市要件の緩和。

⑤ **2011（平成23）年改正**　①議員定数の法定上限の撤廃、②議決事件の範囲
の拡大、③行政機関等の共同設置の対象の拡大、④全部事務組合等の廃止、⑤
地方分権改革推進計画に基づく義務付けの廃止、⑥請求代表者の資格制限の創
設等。

⑥ **2012（平成24）年改正**　①条例による通年会期の選択制度の導入、②臨時会の招集権を議長へ付与、③議会運営に係る法定事項の条例委任等、④議会の調査に係る出頭等の請求要件の明確化、⑤政務調査費制度の改正、⑥議会と長との関係について再議制度、専決処分制度の見直し等、⑦解散・解職の直接請求の必要な署名数要件の緩和、⑧国等による違法確認訴訟制度の創設、⑨一部事務組合等からの脱退手続の簡素化等。

⑦ **2014（平成26）年改正**　①指定都市における区の分掌事務に係る条例制定、総合区制度の創設、指定都市都道府県調整会議の設置、②中核市制度と特例市制度の統合、③新たな広域連携として連携協約、事務の代替執行の制度の創設、④認可地縁団体が所有する不動産に係る登記の特例。

⑧ **2017（平成29）年改正**　①内部統制に関する方針の策定等、②監査制度の充実強化、③決算不認定の場合における長から議会への報告規定の整備、④地方公共団体の長等の損害賠償責任の見直し等。

⑨ **2021（令和３）年改正**　①地縁による団体の認可要件の緩和。

（2021（令和３）年10月１日現在。総務省ホームページ参照）

4 主要国の地方自治史

1 イギリスの地方自治の展開

連合王国の概要　イギリスの場合一口にその名称を用いるとしても、それがどの場所を指しているのか、若干注意が必要である。すなわち、イングランド（England）のみを指しているのか、グレート・ブリテン（大ブリテン島（Great Britain）のイングランド、ウェールズ（Wales）、スコットランド（Scotland））を指しているのか、北アイルランド（Northern Ireland）を含めた（グレート・ブリテン及び北アイルランド連合王国 United Kingdom of Great Britain and Northern Ireland）を指しているのかである。最後の範囲をもってイギリスとする場合は上記の4つの地域（本節ではこれらを地域と呼ぶこととする）によって構成されていることを指す。本節では、イギリスという場合は、最後の意味で用いる。

　歴史的に様々な経緯により、「連合王国」を形成しているイギリスであるが、特筆すべき点は、20世紀末、ブレア政権において、スコットランド、ウェールズ、北アイルランドの各地域へ様々な権限移譲が行われたということであろう。権限の移譲について、スコットランドにおいては1998年スコットランド法（Scotland Act、法律につき注釈（explanation notes）も含め legislation.gov.uk web サイト http://www.legislation.gov.uk/ 利用（以下同じ、検索日2021年8月2日））において、議会及び行政（executive）機能（法第1章・第2章：以下、本節で紹介する法律の規定は現時点で規定の廃止、改正がなされているものがあるが、便宜上、制定時の規定をそのまま示すことがある。その後2012年スコットランド法において政府 "government" の語に改正）が設置され、域内首相（First Minister）及び各大臣を置いている（法44条以下）。またウェールズについても1998年ウェールズ政府法（Government of Wales Act）によりウェールズ議会（Assembly）の設置（法1条・

2条）が、その後の2006年ウェールズ政府法で政府機能が置かれ、域内首相及び各大臣を置いている（法第2章）。北アイルランドも1998年北アイルランド法（Northern Ireland Act）において議会（Assembly）の設置（法5条）及び行政機能が設置され、他の地域同様に域内首相及び各大臣を置いている（同第3章、参照、内貴滋『英国地方自治の素顔と日本』（ぎょうせい、2016年）35－36頁、42－43頁、49－50頁、一般財団法人自治体国際化協会『英国の地方自治（概要版）―2019年改訂版―』（2020年）第7章第1節、同webサイト http://www.clair.or.jp/j/forum/pub/docs/2019_london.pdf（2021年8月2日閲覧））。

地方自治に関する根拠規定　　そもそもイギリスは、日本のように成文憲法を置いていない。地方自治に関する事項を含め議会制定法が重要な役割を果たしている。ただ、日本のように地方自治法のような法典をもたず、地方自治体に対する様々な権限の授権、その他については、議会が法律を制定するか、あるいは改正、廃止する必要がある。

権限踰越　　上記のとおり、地方自治体の権能は制定法において規定されることを基本とする。では地方自治体が法律において授権された権限を逸脱した場合はどうなるのだろうか。この場合、地方自治体における当該行為は違法となるとされ、権限踰越の法理（ultra vires）と呼ばれている（例えば参照、自治体国際化協会・前掲8－9頁）。ときに訴えをもって裁判所は地方自治体の活動が制定法の規定する権限を逸脱していないか審査をし、しばしば権限踰越の判断を示している。一方、近年イングランドを中心に、2000年地方行政法（Local Government Act）は、分野を限定して地方自治体に権限を与えており（法第1章）、2011年地方主義法（Localism Act）では「一般に個人がなしうる、あらゆることをする権限を有する」（法1条1項・8条1項・239条）と規定して地方自治体に一定の権限を与えることとしている（内貴・前掲21－22頁、320頁、自治体国際化協会・前掲9頁）。他にも、様々なレベルの地方自治体に対してまた、後述するように、ロンドンや各地域に設置された連合行政府に対して、法令をもって様々な権限を与えている。

地方自治体の構成の展開　　歴史的にみると、イギリスにおいては地方自治に関する一元的な法制度が整っていなかったため、各々の「行政の単

位」において様々な行政の活動が行われているという状態であったとされる（例えば参照、高田・村上34頁）。中世以降、広域の行政活動を行うカウンティ（county）と呼ばれる地域の単位などが存在し、治安判事と呼ばれる職が、司法及び行政における権限を行使し、他にも国王の勅許状により存在したバラ（borough）が置かれていた（例えば参照、高田・村上32－33頁）。その他、行政活動を担うための組織として、道路管理、貧民の救済などの目的でそれぞれに個別の法律が制定され、それぞれ個別の機関が各々の活動を行っていた。これらについてはその後、例えば、救貧に関する行政機能が1929年地方行政法（Local Government Act）において原則、カウンティなどの地方自治体に移転した（法1条）ように、様々な組織が担ってきた行政活動は、法律に基づいて地方自治体が担うこととなった（例えば参照、高田・村上34－35頁、山下茂『英国の地方自治』（第一法規、2015年）155頁）。以下ではイングランドを中心に、近年における地方自治体の構成の変遷について大まかにみていく。

　まず、それまで統一されていなかった地域の行政の単位が整理されたのが1888年地方行政法であった。各行政上の区画においてカウンティ・カウンシル（county council, 県もしくは州に相当、カウンシルは参事会あるいは議会などと訳されるが本節では以下基本的にカウンティと示す）が設置され、カウンティが「行政及び財政上の管理を委ねられる」とともに、その組織は「議長（chairman）、参事会員（aldermen）、議員（councilors）から構成される」とされた（法1条）。また、同法によりカウンティの様々な行政活動の権限についても規定された（同3条以下）。ほかにも地方自治体としてバラの設置（同31条）、大都市圏（metropolitan）であるロンドンの周辺自治体を含めて新たにロンドン・カウンティ・カウンシル（London County Council）の設置（同40条）を規定している。また、ロンドン内に存在するシティ（City of London, 同41条）の権能についてもこの法で規定されることとなった。次に、1894年地方行政法においては、パリッシュ（parish, 教区）の構成及びそれらの権能について規定された（法第1章）。また、カウンティの他にディストリクト（district）・カウンシルという地域の単位が設置された（同第2章、以上、参照、山下・前掲107－112頁）。

　その後、上記自治体の単位につき第二次世界大戦後における構成の変遷をみ

ていくと、まず、首都であるロンドンについての改革がみられた。1963年ロンドン行政法（London Government Act）により、新たに（法付則1にて規定される）32のロンドン・バラ（12のインナー（inner）バラ及び20の周縁（outer）バラで構成）及びシティなどから構成された、大ロンドン・カウンシル（Greater London Council=GLC）が設置され（法1条・2条）、これが道路交通、住宅供給など様々な行政活動を担うこととなった（同第2章以下、山下・前掲212-213頁）。

　また、ロンドン以外における地方自治体の構造は、1972年地方行政法によって整理され、イングランドにおいては、GLCを除き、地方自治体の構成単位がカウンティ（県機能）及びディストリクト（市町村機能）とされ、1974年4月より施行された（法1条1項）。さらにカウンティはメトロポリタン（大都市圏）・カウンティ（例えば、Great Manchester, Merseyside, South Yorkshireなどが挙げられる、同付則1第1章）及びノンメトロポリタン（非大都市圏、同付則1第2章）・カウンティで構成され（同1条2項）、それぞれディストリクト（同1条3項及び4項）及びパリッシュ（同1条6項）を置く形で整理された（参照、山下・前掲12-14頁）。

　その後、サッチャー政権における改革の一環により1985年地方行政法において設置からわずか十数年でGLC及びメトロポリタン・カウンティは廃止され、それらが担ってきた様々な権能（例えば、条文の順に都市計画、道路交通、ごみ処理など）を当該地域におけるロンドン・バラ、メトロポリタン・ディストリクト及び諸団体に移管することを規定した（前文、法1条及び法第2章以下、参照、内貴・前掲111頁）。しかし、さらにわずか十数年後、保守党から労働党への政権交代とともに、ブレア政権では再び1999年大ロンドン府法（Greater London Authority Act）において大ロンドン府を設置した。その構成は1999年法注釈によると、1963年法同様ロンドン・バラ及びシティなどから構成され（注釈5）、経緯として、政府によるロンドンへの市長と議会の設置を問うレファレンダムを実施、賛成が多数であったため「ロンドンのガバナンスに関する政府の政策を実施するため」の本法律が制定された旨説明されている（注釈6）。大ロンドン府は法人であり、議会（Assembly）が設置され、市長（Mayor）及び議員は投票で選ぶこととなっている（法1～4条、参照、内貴・前掲112-114

頁、自治体国際化協会・前掲14頁）。

　上記を経て、イギリス政府によれば、今日におけるイングランドの地方自治
体の構成については以下のように整理される。ロンドンにおいては、大ロンド
ン府が置かれロンドン・バラ・カウンシル及び「シティ」という県、市町村の
機能をもって構成される。ロンドン以外では、大都市圏ではメトロポリタン・
ディストリクトが１層構造（県及び市町村の機能）をなし、それ以外ではカウン
ティ（県の機能）及びディストリクト（市町村の機能）という２層構造あるいは
ユニタリー（unitary）という１層構造を有する地方自治体が混在する。またパ
リッシュを有する地方自治体もある（GOV.UK web サイト https://www.gov.uk/
guidance/local-government-structure-and-elections#structure（2021年８月２日閲覧）、
例えば参照、自治体国際化協会・前掲10‒11頁）。このように、イギリスの地方自治
体の構成及び権限は、近年、数回の変更を経て現在に至っている。

　その他、地方自治体による連合行政府（combined authorities）の存在が挙げ
られるので紹介する。2009年地域民主主義、経済発展、構造法（Local
Democracy, Economic Development and Construction Act）に基づき、一定の条件
の下に地方自治体が合同するなどして連合行政府（例えば、2021年時点で Greater
Manchester Combined Authority など複数が挙げられる）を構成することが国務大
臣による規範の制定をもって認められることとなった（法103条）。ここでは、
運輸（同104条）、「一般的な地方機関の機能」（同105条（条文順））、などの役割を
担う。また、2016年都市及び地方行政権限移譲法（Cities and Local Government
Devolution Act）では、2009年法に基づき設置された連合行政府における機能の
追加（例えば、府の長を有権者が選出することなどを挿入する規定（法２条１項、2009
年法107A 条に組みこまれた））の制定など（同６条は上記105条を挿入する規定）が
行われた（内貴・前掲146‒148頁、自治体国際化協会・前掲82‒83頁）。

議会と行政　2000年地方行政法において新たに地方自治体の議会及び行政
　　　　　　　機能についての構造が変更されることとなった。その目的に
つき同法の注釈によれば、イングランドに「意思決定とそれらの決定の監督を
分けることとなる新たな意思決定の枠組みを導入する」とした（注釈26）。長
年、各地方自治体では意思決定に際し、「議会（council）の業務は委員会制

(committee system) の下で実行されて」おり、これを「自治体の政策の枠組み
や予算は行政からの提案に従って、全員（参加：筆者注）の議会によって同意
され」、「行政は同意された政策の枠組みを実行することで任務を負」うとし
て、政府は改革に舵を切った（注釈29-30）。具体的に、イングランドの自治体
行政制度は以下のうちの１つの制度を採用することとされた（法９ｃ条、2011年
地方主義法付則２において改正され挿入された）。それは、①公選された自治体の
長（mayor）が行政執行のため複数の議員を任命するという構成である「長及
び内閣（cabinet executive）」型（同条２項）、②議員がリーダーを選出しリーダー
が行政執行のため複数の議員を任命するという構成である「リーダー及び内
閣」型（同条３項）である。また、2011年地方主義法により（法21条）、付則２
において、統治の方法として、選択肢の１つに再び委員会制度を置くことを可
能とした（2000年法９Ｂ条に挿入、参照、内貴・前掲160-166頁、自治体国際化協会・
前掲22-26頁）。

コラム①　シティ（The City of London）

　現在、ロンドンの自治体は、本節のとおり、大ロンドン府において32のバラと
「シティ」などから構成されている。では、「シティ」とはどのような自治体なのだ
ろうか。ロンドンの中心部に位置し、セントポール大聖堂などの名所を有し、イン
グランド銀行や様々な金融機関（わが国の金融機関の支店もある）などが所在する
世界屈指の金融街として名高い「シティ」は、中世をその起源とし、現在に至って
いる自治体である。シティ・オブ・ロンドンのウェブサイト内の複数のページ及び
参考文献を総合して以下に述べると、「シティ」の居住者は約8000人であるが、「シ
ティ」を所在地とする会社に勤務する労働者が約50万人通勤してくるという。

　また、「シティ」の組織をみてみると、評議会（＝ The Court of Common
Council）があり、議員は「シティ」の25の区割りから選挙により４年に一度選ば
れ、また区を代表する参事会員（alderman）が６年に一度選ばれる。この参事会
員の中から Lord Mayor（長、ロンドン市長とは異なる）及び長の業務を支援する
シェリフ（sheriff）が１年ごとに選ばれる。その他、「シティ」を管轄する独自の警
察組織もある（the City of London web サイト https://www.cityoflondon.gov.
uk/（2021年８月３日閲覧、トップページより各頁を辿った）、自治体国際化協会・
前掲20頁）。このように「シティ」は大ロンドン府の中で特別に自治化された区域
となっている。

| 地方自治体における活動 |

最後に地方自治体は住民に対して、どのようなサービスを提供しているのかを示しておきたい。これは地方自治体の種類により異なる。イギリス政府のウェブサイトによると、イングランドのカウンティは、「教育、運輸、計画、火災及び公共の安全、図書館、廃棄物管理、（筆者注：事業者の）取引基準（trading standards）」に責任を負い、ディストリクトは「ごみ収集、リサイクル、地方税の徴収、住宅供給、計画申請」などに責任を負う。また、ユニタリーなどは上記、カウンティやディストリクトの両方で挙げた業務を行っている（ロンドン及び大都市圏においては連合行政府が、例えば「火災、警察、公共輸送のような数種の業務」を行う場合がある）。パリッシュなどは、「様々な地域における問題」をサポートする役割がある（GOV.UKweb サイト〈https://www.gov.uk/understand-how-your-council-works〉（2021年8月2日閲覧））。

なお、2016年のイギリス（連合王国）における EU 離脱をめぐる国民投票を受けて、イギリスは EU からの離脱を決定し、2020年、イギリスは EU から離脱した。このことについて、それぞれの地域レベルの問題、また各々の地方自治体レベルの問題についてどのような影響を及ぼすのかについては、今後も動向を見守る必要があるだろう。他にもスコットランドのイギリスからの独立問題についても注目しておく必要があろう。

2　アメリカの地方自治の展開

⑴　現在の地方自治

連邦制をとるアメリカ合衆国（United States of America、以下「アメリカ」という。）において、地方自治にいう地方とは、連邦に対する州（state）ではなく、州に対するカウンティ（county）、ならびに、一般にはカウンティ内部に存在するタウンまたはタウンシップ（town, township）及び市町村（municipality）を指す。州内の区域は、原則として、いずれかのカウンティに属する。市町村は、法人創設手続に基づき設立された地方自治団体であり、市（city）、バラ（borough）、村（village）がある（現在のカウンティ及びその下部組織を、以下「地方

自治団体」という）。

　アメリカを構成する50の州は、それぞれが1つの国家（state）である。各州は、各州の主権に基づいて、独自に、憲法、議会、行政、裁判所、財源及び軍隊を有している。そして、地方自治については、各州は、州憲法及び州法の下、それぞれ独自に地方自治の制度を整備している。連邦憲法は、地方自治について何も述べていない。また、地方自治の制度体系を定める連邦法も存在しない。各州の憲法及び法律にのみ従うアメリカの地方自治制度は、したがって、州ごとに多様性を示すことになる。アメリカの地方自治の制度及び変遷を俯瞰しそれを要約することは困難である。

　しかし、アメリカの地方自治と他国のそれとを比較するとき、アメリカには1つの傾向があることがわかる。それは、地域共同体の強力な内部自治（住民自治）と対外的な政治的独立の伝統である。

(2)　地方自治制度の原型

　アメリカの国家建設は、住民による地域共同体の創設から始まった。アメリカ東海岸の北部に位置するイギリス植民地（ニュー・イングランド地方）においては、"タウン"と称される地域共同体が、自然に発生した社会的結合としていくつも形成された。このタウンにおいて、アメリカの地方自治の原型は形成された。

強力な内部自治
――直接民主制
　タウンにおいて、その住民は自ら、道路を保全し、広場を整備し、教会や学校を建設し、住民の名簿を作成・記録し、税の種類・額の決定及びその徴収を行い、治安を維持し、防災を行った。これらの職務は、住民の生活にとって不可欠な公共的な職務であった。生活に必要なこれら公共の職務は、タウン内の広場で、全住民の参加によって開催されるタウンミーティング（市民総会）において、発議され、修正され、廃止された。住民の生活のすべては、1つのタウンの中で完結したのであった。

　このタウンミーティングでは、公共の職務を担うための公職を設置し、住民を公職に任命した。これらの公職の数は、例えば、独立後の1820年頃には約20であった。課税額査定者、タウン書記、収入役、貧民監督員、道路保安員、教区委員、防火指導監督員、収穫物の警護員、度量衡検査員等である。タウンの

43

住民は、これらの公職に任命された場合には就任を拒否することができない。拒否した場合には罰金が科された。これら公職に固定給はなく、その業績に応じて報酬を受けるのみであった。理事という公職もあったが、理事は、他の公職を監督する権限を有しておらず、タウンミーティングを招集し議長を務めるにとどまった。これら公職の間には、上下の関係も相互協力の関係も存在しなかった。したがって、複数の公職を束ね命令する中心は存在しなかったのである。タウンの公職のあり方は、八ヶ岳のように複数の頂をもつ、機能ごとに分立したものであったということができる。

　さらに、タウンミーティングでは、タウンの内部で紛争が生じた際に、紛争を裁定する司法権も行使していた。

　タウンに議会は存在しなかった。タウン全体の事項に関する意思決定機関は、住民全員が参加するタウンミーティングであり、代議員によって構成される議会ではなかった。タウンでは、「代表」は受け入れられていなかったのである。

　このようなタウンは、イギリスによる植民地支配の時代から独立を果たした直後にかけて、形成された。タウンミーティングにおいては、直接民主制の形式で、行政作用と裁判作用を行っていたのであった。アメリカ建国の初めに、タウンは、直接民主制に基礎づけられた自己統治する共同体として、強力な住民自治をすでに確立していたのである。

政治的独立 ——ボトムアップ型の権限委譲

タウンはまた、対外的な政治的独立も維持していた。タウンが外部からの介入を認めるのは、他のタウンと協調し統一を図るべき事項についてのみであり、タウン固有の問題については自らのみが対処した。このようなタウンの政治的独立は、タウンの創設時から存在していた。

　イギリス植民地時代、イギリス国王は、特許状（charter）をもって、植民地に存在するタウンに対して法人格を付与しその自治権を承認した。独立後は、州立法部がイギリス国王の主権を継承したと解された。タウンは州に服属し、州憲法や州法は、タウンに対して、強制力をもって命ずることができた。

　しかし、タウンの建設が、植民地時代であってもイギリス本国の知らぬ間に

なされ、それを追認する形で、イギリス国王が特許状を付与するケースさえ少なからず存在した（コネチカット等）。また、国王や独立後の州立法部がタウンに対して命ずる事項は、前述のように他のタウンと協調し統一を図るべき事項についてのみであり、しかもそれは原則的な事項に限られた。例えば、州立法部は、税の徴収や学校建設等の決定を行うが、その実施にあたっては、タウンが、「その固有の権限を改めて行使」したのであった。1つのタウンに固有の事項について、州はタウンに介入することはなく、タウンも州の介入を許さなかった。このタウンの権限は、後に、ポリス・パワー（公衆衛生、安全、一般の福祉等の保護・促進を目的とした地方政府の規制権限）を基礎づけるものとなる。

　州とタウンとのこのような関係は、カウンティとタウンとの関係にも、後に看取されることとなった。独立直後のカウンティは、州憲法により州の出先機関として位置づけられ、その公職は州知事による任命制であった。しかし、州の権力が徐々に増大してきたことへの抵抗として生じた「草の根民主主義」（ジャクソニアン・デモクラシー（1824～1854年））の時代に、公選制に変更された。後に、カウンティは法人化も認められ、タウンの自治を補完する機関としても位置づけられることになった。

　タウンの対外的な政治的独立は、その上位にある政府へのボトムアップ型の権限移譲をもたらす。いわば基礎的自治体としてのタウンは、その権限の一部をカウンティに委譲し、カウンティはその権限の一部を州に委譲し、さらに州はその権限の一部を連邦に委譲したのである。アメリカにおいて、「連邦政府は最後に現れた」。そして、上位の政府は、下位の政府を補完するにすぎないものとなる。

アメリカ地方自治の原型

　タウンの強力な内部自治は、タウンミーティングといった直接民主制から導かれた。この背景には、全住民が平等であるという思想、そして、この住民の各人が主権者であるという人民主権原理が存在した。タウンの政治的独立も、その背景には、平等思想と人民主権原理の援用とが存在した。団体としてのタウンは法人であり、この法人は、（自然人と同様に）平等に、主権を有する独立の主体として捉えられる。そしてこれら法人に、人民主権原理が援用されたのである。

　ニュー・イングランド地方のタウンで形成された強力な内部自治と政治的独立とは、アメリカ地方自治制度の原型となった。この原型は、徐々に周囲の地域共同体へと広がっていき、ついにはアメリカ全体に浸透した。

　アメリカ東海岸の南部に位置するイギリス植民地においては、上述のようなタウンは形成されず、イギリスの都市 “バラ”（borough. イギリス国王により特許状を付与された地方自治団体であり、委員会行政を行うもの）の制度を承継していた。しかし、このバラの制度が植民地に移植されると、アメリカはその中に、独自に人民主権と民主主義の精神を埋め込んでいき、バラは、イギリスのものとは異なる地域共同体として立法権及び行政権を独自に保有するものとなっていった。植民地時代に形成された地方自治の制度は、アメリカの独立という国家体制の変動を経てもなお原型として生き続け、アメリカの精神・伝統となっているのである。

　これが実現した要因としては、主に次の3点を指摘することができる。第1に、アメリカが「近代国家の政治制度と理念とをヨーロッパから受けつぎながら、過去の束縛から自由であるという歴史的条件」を有していたこと、第2に、「『フロンティア』の存在によって象徴されたような、広大な国土に恵まれているという地理的条件」を有していたこと（井出嘉憲「アメリカにおける地方自治の実態」東京都議会議会局法制部『英米における現代の地方政治』（東京都議会議会局法制部、1967年）4頁）、そして第3に、19世紀半ばまで、農業社会であったアメリカに存在した、直接民主制を実現可能とする人口規模が小さな農村の存在である。

(3)　間接民主主義——原型の修正①

　植民地時代からアメリカ建国の初期に形成されたアメリカ地方自治の原型は、しかし、その後、時代の要請とともに修正されていくこととなる。

**社会構造の変化
——工業化と都市化**　19世紀後半のアメリカでは、フロンティアが消滅し、また、農業社会から工業社会へと産業構造が変化した。西部開拓と新州の設立、南北戦争とそれに伴う奴隷制の廃止、東欧・南欧・中国等からの新移民の増加、長距離鉄道の建設、炭鉱・鉄鋼・製鉄業の発展等である。その結果、人口の偏在が生じた。おびただしい数の農村の地域共

同体は人口の流出に伴い形骸化し、工業都市は人口の増大に伴い大都市化した。

① **地方自治団体の巨大化**　　工業化そしてそれに伴う都市化は、職業の専門分化を促し、相互の依存性を増大させる。また、都市の発達は、貧困や犯罪も生じさせた。その結果、都市生活者にとって不可欠な公共の職務の種類は増大し、それを担当する公職も増加した。工業化と都市化に伴う分業体制は、人々が居住する地方自治団体が提供する多種多様な行政への依存を高めることとなった。その結果、大都市地域においては、巨大な地方自治団体が出現し、行政事務と公職は増加し、政府活動は肥大化かつ複雑化したのであった。

② **特別地方自治団体の設置**　　人の移動は、農村の過疎化、そして農村を基盤とした地方自治団体の弱体化をもたらした。農村での生活者もまた、行政への依存度を高めたのであった。その解決策の1つは、特別地方自治団体（special district）の設置であった。特別地方自治団体は、地方自治団体の境界を超えて、これら団体間の共通の行政目的、例えば、学校、砂防、灌漑、消防、道路、水道、病院等の事業提供を目的として設置された。特別地方自治団体の構成員は、地方自治団体ではなく住民である。また、特別地方自治団体の創設は、州立法部の同意を要する。

　特別地方自治団体は、①新たに要請される行政事務を現在の地方自治団体の境界を超えて提供でき、②機能ごとに提供される行政であるため、既存の地方自治団体の権限に抵触せず、③機能ごとの自治単位であるため、独立の財政となる。

　しかし、特別地方自治団体の権限は、具体的に特定された行政目的に限定されるため、大都市に固有の問題を根本的に解決するものではなかった。

③ **州の規制権限強化の要請**　　工業化は、私企業の権力（事実上の権力）の強大化を招き、その結果この事実上の権力を統制する必要が生じた。また、鉄道の発達により、人やモノが市町村やカウンティ等の地方自治団体の境界を超えて移動するようになったため、そこで生じる問題も、団体の境界を超えて統一的に解決すべきものとなった。その結果、州の規制権限の強化、それに伴う州レベルの中央集権を要請したのである。

地方自治団体である都市の人口は増大し、ここで

**地方自治団体における
間接民主制の導入**

はもはや、直接民主制を採用することが不可能と
なった。そのため、間接民主制（代表民主制）すなわち議会制を導入せざるを
得なくなったのである。とはいえ、現在に至るまで、地方自治団体の議会の議
員定数は、諸外国と比較して少数（現在、市議会の議席平均は5議席、最多のシカ
ゴ市であっても50議席）である。

**直接民主制の
維持または補完**

上述のように、アメリカの地方自治においても間接民主
制が導入された。それにもかかわらず、直接民主制を尊
重する伝統が消滅することはなく、直接民主制の制度が整備されていった。

　アメリカの地方自治制度において、住民は、公職に対してその選出時のみ拘
束するだけでない。住民が当該公職を解職請求する制度（recall）が存在する。
また、住民が地方自治の制度選択、政策決定に関して発議権（initiative）を有
する制度もある。さらに、政策決定や法律制定に関して、その最終決定は、議
会の議決ではなく、有権者住民の投票によるとする住民投票制度（referendum）
もある。これら3つの制度は、直接民主制に基づくものである。アメリカの地
方自治においては、間接民主制が導入された現在にあっても、その内部には直
接民主制が維持されている。

　また、納税者訴訟（tax payers' law suit）の制度も存する（*e.g.,* General
Municipal Law §51（Prosecution of officers for illegal act）（1872 N.Y.）, Ayers v.
Lawrence, 59 N. Y. 192（1874））。納税者訴訟は、地方自治団体の納税者の利益保
護を目的として、納税者であれば何人であっても、すなわち、個別の権利利益
の侵害がなくとも、公職による地方自治団体の財務会計上の違法行為に対し
て、訴訟を提起する権利を定めた制度である。この制度は、地方自治団体の財
政を住民が直接監視する機能を有している。

(4)　州立法部による介入──原型の修正②

**地方自治団体への州立法部による介入と
これへの対抗（home rule）**

工業化と都市化という社会構造の
変化が、19世紀末以降、州レベル
の中央集権化を招いたことは前述の通りである。この中央集権化に伴って、州
立法部は地方自治団体の自治活動に対する介入を強めていった。例えば、州立

法部は、特定の市にのみ適用される特別法を制定することによって、市の下級職員の俸給表を州法によって定めたり、市の公職を住民による公選制から州立法部による任命制に代えたりしたのであった。

　このような介入に対して、地方自治団体の住民は、自らが自治活動に関するルール（自治憲章（home rule charter））を制定するという自治権の保障を州立法部に要求した（ホームルール運動）。その後、各州は、州法及び／または州憲法に基づいて、地方自治団体の自治憲章制定権を認めた。現在では、37州が州憲法上、34州が州法上、自治憲章制定権を認めている。州憲法及び／または州法は、自治憲章で定めるべき基本的事項を一般的に規定し、地方自治団体は、自治憲章の具体的な内容を住民投票による承認を経て決定する。

自治権──州が創設した権限か地方自治団体の固有権か
　自治憲章の制定権等、州憲法及び／または州法が地方自治団体に保障した自治権は、州が創設した権限（authority and right）なのか、あるいは地方自治団体の固有権なのかが議論となった。

　自治権は州が創設した権限であるとの見解は、アイオワ州の Dillon 判事が判示した Dillon Rule であり、地方自治団体の権限は州立法部から導かれるというものである（Clinton v. CRMR Railroad（24 Iowa 455; 1868））。したがって、Dillon Rule に拠れば、地方自治団体の自治権は、州立法部によって制限されうる。

　他方、自治権は地方自治団体に固有の権利であるとの見解はミシガン州の Cooley 判事が判示した Cooley Doctrine であり、地方自治団体の自治権は自然権であり、州立法部であってもそれを奪うことはできないというものである。(People v. Hurlbut, 24 Mich. 44（Mich. 1871））。したがって、Cooley Doctrine に拠れば、地方自治団体の自治権はその固有の自然権であり、この自然権を構成する核心部分については州立法部はこれを制限できないと考えられる。

　地方自治団体の自治権の性質（及び地方自治団体の法的地位）をめぐるこの論争について、合衆国最高裁判所は、「地方自治団体は『州の創造物（the creature of the state)』である」と述べ Dillon Rule を採用した（Hunter v. Pittsburgh, 207 U.S. 161（1907）; City of Trenton v. State of New Jersey, 262 U.S. 182

(1923))。これらの判決によって、地方自治団体の固有の自治権という Cooley Doctrine は否定されたのである。

(5)　地方自治の精神

　19世紀末に生じた州レベルの中央集権化、そして、その後の世界恐慌（1929年）を契機とした連邦レベルの中央集権化は、地方自治制度の原型を修正したままにしている。法的にも、地方自治団体の法的地位及び自治権の性質は、前述のように決着がついている。しかし、なおも、イギリス植民地時代のタウンの中に芽生えた地方自治の原型は、その後現在に至るまで、その底流となってアメリカの地方自治の中に生きている。「多くの本質的な統治の機能（essential governmental functions）は、各州及びその下部に属している」（BERNARD SCHWARTZ, ADMINISTRATIVE LAW 3 (1976))。

　アメリカの地方自治の課題は、行政の効率性と民主主義的な人民統制との調和であった。中央集権は、この課題に答えようとするものであり、地方自治と対立しつつも同時に、地方自治を基礎とした、地方から州へ、すなわち「上位への権限の一部委譲」という「権力の再編成」形式の1つにすぎないと考えられた。

　アメリカにおいては、平等、人民主権、民主主義といった理念を実現する試みをもって、初めに地方自治団体が「建国」された。アメリカは、地方自治から始まる建国の過程を、「人が直接に見ることのできた唯一の国」なのである（A. トクヴィル（松本礼二訳）『アメリカのデモクラシー　第1巻（上）』（岩波文庫、2005年）48頁、なお本節の叙述につき同46－156頁）。

3　ドイツの地方自治の展開

(1)　現在ドイツの地方自治制度

連邦制国家における地方自治　ドイツの地方自治の歴史を紐解く前に、現在の制度を概観することから始めよう。ドイツ連邦共和国は、16の州（Land）から構成される連邦制国家である。州は、この国の憲法に当たる「基本法」に別段の定めがない限り、国家の権能を行使しその任務を遂行す

る（基本法30条）ため、独自の憲法、議会、政府、裁判所、財源をもつ。地方
自治体は州に属し、地方自治の制度や構造も州の憲法・法律で定められる（基
本法70条1項）ことから、州によって多様である。ただし基本法28条は地方自
治に関する基本原理を示しており、各自治体は、住民が普通・直接・自由・平
等・秘密選挙で選出した議会をもち、自治権を有すると規定している。

　ドイツの地方自治の第1の特徴は、連邦と州が協働する「協調的連邦制」の
下で運営されていることである。州は連邦とともに立法権をもち、州政府代表
が連邦参議院議員を務めることで連邦の立法・行政にも参画し、その連邦法の
執行や地方自治などの行政は州が担う。しかし昨今では、連邦と州の権限が錯
綜し複雑化する、財政の脆弱な州への補助や全国均質の制度・サービスの提供
要請などを契機に州に対する連邦の関与・干渉が強化されるといった問題も指
摘されている。第2の特徴は、行政権を掌握する国家の統治機構の下部組織と
して地方団体が機能するという「大陸型」の系譜に連なるということである。
この中央集権的側面は、競合的立法権の範囲が広いのに対し州の専属立法権の
範囲は狭いことなどを背景に、州に連邦のコントロールが及びやすい点、ま
た、自治体の行政が連邦ならびに州の内務省の統括下にある点に表れている。

**各自治体の役割と
団体自治**　州は、教育・文化、警察などと同様に地方自治に関し
ても専属的立法権をもち、自治体行政を監督する立場
にある。したがって一般的には州—郡—市町村、または州—郡格市（＝特別市）
という構造が成立している（ただし、都市州であるベルリン、ハンブルク、ブレー
メンは州—区という別様の構造をとる）。自治体は、EUの掲げる「補完性の原
理」に基づき（基本法23条）、事務や立法、財政、組織編制、人事などあらゆる
面で自治権を有し、住民に最も身近なレベルでの意思決定と政治を実現する。
まず、市町村は住民に最も身近な事務を担当し、事務処理のために連合を形成
することもある。次に、郡は市町村の行政を補完する機能を果たすと同時に、
それ自体が固有の行政を担う自治体であるという点で日本とは異なる。また郡
格市とは、単独での事務処理が可能な比較的大きな都市であり、郡と市町村の
機能を備えている。各自治体は自治的な事務と連邦・州の委任事務を担当し、
委任事務については上級官庁の監督が及ぶことになる。

| 住民自治の実現 |

自治体は、民主的な選挙で住民から選ばれた議会と、住民の直接選挙で選ばれた首長及び参事会を有している。各州の歴史的背景に基づき、議会と首長・参事会との関係、権限、組織のあり方にはいくつかの類型が存する。また、地方議員と一部の首長には名誉職制が採用されている。昨今は歳費支給の動きもみられるものの、住民自らが公職を担い政治に参画する・責任をもつという理念に支えられた名誉職制はこの国の歴史に根付き、地方行政が過度に複雑化・専門化することに歯止めをかけてきた。加えて1990年代以降、住民投票や住民請求の制度が整備・拡充された。投票結果に拘束力をもたせる、市民を発議権者とする、投票対象には（一部の自治体を除き）ネガティブ・リスト方式を採用するなど、住民投票は直接選挙、名誉職制とともに、住民自治の実現に不可欠な制度となっている。

(2)　中・近世ドイツと領邦国家体制

| 神聖ローマ帝国と
領邦国家体制 |

このようにドイツの地方自治制度は歴史に拠るところが大きい。この国における国家と地方の相互関係を読み解くためには、中世までその歴史を遡らなければならない。

　中世ドイツには神聖ローマ帝国が存在していたが、中央集権的とは程遠い「領邦国家体制」の上に成り立っていた。17世紀の法学者プーフェンドルフは帝国のこの変則的な構造を「怪物」と呼び、19世紀初めの解体直前の姿は哲学者ヘーゲルの目には「もはや国ではない」と映った。

　13世紀までの神聖ローマ皇帝は、イタリア平定に力を注ぐあまりドイツ統治を疎かにすることも多かった。その結果、ドイツ各地に誕生した有力諸侯たちは皇帝から様々な権力を手に入れ、自らの政治的支配権が及ぶ領邦＝ラント（Land）を形成していった。彼らは1220／1231年に貨幣鋳造権や裁判権、関税徴収権、築城権などを獲得したのを皮切りに、1555年には領邦教会制（「その地の宗教は統治権者の宗教により決定される」）を手にし、ついに1648年のウエストファリア条約によって領邦を国家として認めさせるに至ったのである。

　ブレーメンやハンブルクなどの自由帝国都市を筆頭に、都市もまた、自由と自治を認められた特権的共同体として地域権力の一翼を担った。中世の都市は、土地所有という要件を満たし公職就任の義務を負う「市民」から構成され

る市参事会を中心に運営され、裁判権や警察権を有するなど、強い自治的団体として機能した。都市において重要な役割を果たしたのがギルドやツンフトと呼ばれる同職団体であり、彼らの経済的・政治的な力が都市の自治を支えたのである。それに対し農村では、領主が封建的な諸権利を行使して領民たちを経済的、政治的、そして人格的に支配する光景が広がっていた。

　こうして神聖ローマ帝国は17世紀半ばには有名無実化し、約300の領邦、都市、農村の領主といった地域権力の分立する領邦国家体制が確立した。そしてこの体制の下、領邦君主たちは競って中央集権的な国家建設に励んだのである。現在の地方自治制度がこの領邦に起源をもつ州によって多様である理由は、以上のドイツの歴史を振り返れば、容易に理解できるだろう。

(3)　地方制度の近代化——プロイセン王国を中心に

近代化改革と
地方制度の整備
　神聖ローマ帝国は1806年、ナポレオン戦争での大敗とライン同盟諸国の脱退によって、その幕を閉じた。約40の領邦に解体されたドイツ地域の統一は、1871年のドイツ帝国の成立を待たなければならない。神聖ローマ帝国の解体以降、各国は一層独自の行政制度を展開させていくことになるが、隣国フランスとの圧倒的な国力の差を目の当たりにし、いずれの国も近代化の達成という喫緊の課題を抱えるという点では共通していた。

　以下では、後のドイツ帝国の中核をなし日本の近代化にも多大な影響を与えたプロイセン王国を例に、地方制度の整備過程をみてみよう。1807年に始まるこの国の近代化改革は、様々な分野で中央集権化を押し進めた。地方行政分野もその1つであり、自律的・自治的な地域権力を否定し、今や国家の指揮監督下でその地の行政を担う団体を設置することが目指された。この改革はまさしく近代プロイセンの地方制度の出発点をなし、その礎を築くものであった。

州　・　県
　プロイセンは8つの州（Provinz）に分けられ（1823年）、各身分の代表からなる州議会が創設された。州議会は、州に関する法案の審議権や国王への請願権をもつものの、招集権や課税権は認められず、その権限は脆弱なものであった。また、内務大臣直属の州長官が置かれたが、下級団体に対する監督は実質的に県知事が行ったため、当初は州長官と県

知事の二元性が問題となった。しかし、州議会への選挙の導入や権限の強化、州長官の地位の明確化などの諸改革を経て、州は徐々に団体としての自律性を高めていった。

　他方、純粋な行政管区として設けられた県（Regierungsbezirk）には県庁と県知事が置かれ、中央と地方とを媒介すると同時に、地方団体を監督する地方行政の要として機能した。県知事も州長官同様に国家直属の官僚であったが県知事には、より高い行政能力・専門知識を備えた者が任命された。

　郡 ― 村　郡は村や小都市などを包摂し、県の監督を受けながら警察、経済振興、道路、救貧、徴税など広範な事務を担った。郡長は地域の名望家である大土地所有者の中から任命され、住民との間に家父長的な関係を成立させながらその任に当たった。当初は地域との関係性を重視した人選であったが、次第に専門的な行政能力が求められるようになり、郡長は国家の官吏としての面を強めていった。また、身分制議会的性格の強い郡議会も置かれはしたが、郡長を補佐するという役割しか与えられなかった。

　地方行政の最末端をなす村は、農業改革によって領主支配から解放されることで創出された。しかし、この村と併存したのがなおも領主の支配の及ぶ領主管区 Gutsbezirk であり、領主管区では領主が警察権や裁判権を保持し続けたことには注意せねばならない。

　都 市　改革の先導者シュタインが最も注力したのは都市であった。近世の都市は領邦君主による絶対主義の下でかつての自治・自律性を喪失していた。しかしシュタインは、ドイツの自立には公共精神を備えた国民（＝公民）の生成が不可欠であり、そのためにはまず、最も身近な地方行政へ参加させることで人々の政治・行政能力を磨かせる必要があると考えたのである。この理念に基づき制定されたのがいわゆる「シュタイン都市条令」（1808年）であり、都市における自治の創出を目的とした点において、州や郡、村とは対照をなすものであった。

　住民は市民権をもつ市民ともたない居留民とに区分され、市民のみが政治参加権を有するとともに、公職を担う義務を負った。都市には、彼ら市民の代表機関であり市政の意思決定機関である市議会と、執行機関である市参事会が置

かれた。市参事会を構成する市長と参事会員（名誉職と有給専門職が併存）は市議会によって選出され、市参事会は市議会の議決を拒否できないといった点に、市参事会に対する市議会の優位が保証されていた。

この条令で都市の裁判権と警察権は否定された。そして教会、学校、救貧、防火、保険などの自治事務は市民が参加する行政局や行政委員会の協働の下で処理されるのに対し、警察ならびに警察と結びつく道路、建築、営業、衛生などは警察権をもつ国家からの委任事務とされた。この結果、都市行政には二元的構造が生み出され、国家が市政に干渉できる道が残されたのである。

1831年には、市参事会の拡充、県による統制の強化などを図る修正都市条令が出された。しかしこの条令の適用は一部の都市にとどまり、東部諸州では1808年のシュタイン都市条令が用いられた。

多様な地方制度の併存

以上の地方制度は、主にプロイセン東部を対象としたものであった。というのも、フランス支配の経験をもつ西部では、シュタインの理念は踏まえつつも、フランス型の集権的な制度が基盤に据えられたからである。その特徴は、農村と都市を区別しない市町村連合が形成されたこと、議会は首長の選任に関与できないこと、参事会を有さないことにあった。

村と領主管区の併存、州や都市ごとの独自性、東西の決定的な差異が原因となり、プロイセンでは均質で統一的な地方制度の整備は叶わなかったのである。

三月革命と反動の時代

1848年の三月革命はドイツの地方自治にも前進をもたらした。フランクフルト憲法184条は地方自治を基本権として保障し、プロイセン憲法も地方自治に関する規定を有し（105条）、領主の封建的支配権の廃棄にも踏み込んだ（42条）。この前進を後押ししたのが、地方自治を官僚支配への対抗手段とみなす自治論である。しかし反動勢力が勝利を収めると、フランクフルト憲法は破棄され、プロイセン憲法も53年の改正で地方自治を法律事項へとトーンダウンさせた。また領主管区に関しては、領主裁判権は廃止されたものの領主警察権は維持されたため、その解体は実現しなかった。

**ドイツ帝国の誕生と
プロイセン地方制度の完成**

1871年、22の君主国、3つの自由都市、そして1つの直轄領からなるドイツ帝国がついに誕生した。しかし連邦制という国家構造、分権主義という歴史的伝統を前にして、全国統一的な地方制度はドイツ帝国においても導入されなかった。

名実ともに帝国の覇権を握るプロイセンでは、改革が進められた。まず72年の郡条令は郡を都市と警察管区（村と領主管区から構成）からなる自治団体とし、郡に自治を認めた。他方では領主警察権が廃止され、国家による警察権の掌握が促進された。郡に続いて州、町村にも自治が認められ、町村では議会が設置され、首長や官吏が自治事務を執行する機関となったのである。

近代プロイセンの団体自治は、国家が警察行政を梃子に自治行政を監督するルートを確保し、また、委任事務を通して自治体をコントロール下に置いたことで、大きな制約を伴うものであった。そしてこのシステムの理論的支柱をなしたのが伝来説である。自治体を国家の利益のために事務処理を行う機関と解するこの自治論はドイツ公法学で通説として広く受け入れられた。

名誉職制

現在ドイツの地方自治を特色づける名誉職制もまた、この国の歴史とともに歩んできた。シュタイン都市条令を待つまでもなく、無給で公職に就くことを市民の義務としこれを通して自治を支えるという仕組みは中世都市にもみられた。プロイセンの近代自治制度の確立過程において、名誉職制は都市の議員・参事会員のみならず、州・郡・町村議会議員、州・県参事会員、村長などにも拡がった。またこの制度は、グナイスト、モッセを介し日本の地方行政に導入された点でも興味深い。だが無給での公職就任は、前述した崇高な理念の具現化という面とともに、時間的・経済的余裕のある有産者の政治参画に有利に作用するという面ももっており、その意味では住民自治の限界を示すものであった。しかしその後の参政権の拡大に伴い、名誉職も女性や大衆に開放され、より開かれた住民自治の実現に向けて歩が進められていく。

(4)　ヴァイマル共和国からナチス支配へ

**ヴァイマル期の
地方自治と制度的保障説**

1918年の十一月革命でドイツ帝国は崩壊し、構成各国でも君主政が廃止された。各国は新たに

誕生したヴァイマル共和国の下で州（Land）となり、ヴァイマル共和国は、固有の執行・立法・警察組織をもつ州から構成される連邦制をとった。

　ヴァイマル憲法は市町村ならびに市町村連合に自治の権利を保障し（127条）、また、身分や財産、性別に基づく差別を一掃した平等な参政権を地方政治においても実現した（17条）。団体法論の泰斗ギールケの弟子にして憲法起草者であるプロイスは、国と自治体を同質の自治団体（＝社団領域）とみなし自治体に固有の自治権を認めることで、多層的な民主主義の実現を希求した。だがこの自治論は、比例代表制が生み出す小政党乱立という不安定な政治情勢や度重なる経済危機によって疲弊しきった当時のドイツでは、少数説にとどまった。通説の地位に就いたのは、むしろ統一的な国家を前提として設定し、自治体をこの国家の監督下で委任事務を処理するために自治権を与えられた「制度」と捉える、カール・シュミットが先鞭をつけた、制度的保障説であった。

ナチス支配下の地方制度　1933年に誕生したヒトラー内閣は、政府に立法権を与えその内容が憲法に違反することをも認める全権委任法を制定し、ヴァイマル憲法と議会制民主主義を退場させた。ナチ党はこのときすでに、大管区＝ガウ（Gau）を頂点に据えた独自の地方組織を有しており、以降は、この党組織によって既存の自治体が侵食され、国家に都合よく再編されるという経過を辿ることとなった。

　州に関しては、ナチ党が勝利した33年の国会選挙の結果に応じて州議会の議席が再配分された（第一均制化法）。また、州首相の任免権や州議会の解散権などをもつ国家総督が新設され（第二均制化法）、たいていは大管区指導者がこの職に就いた。州の警察組織もナチ党の下に組み入れられ、国家と州の均制化が一気に押し進められた。そして34年の州議会の廃止と国家への州高権の移譲をもって、ついに州は自律性を喪失しナチ党率いる第三帝国に従属する機関と化した。

　市町村については、35年に「ドイツ市町村条令」が出されたが、この条令は皮肉にもドイツ史上初めて全市町村に妥当するという画期的なものであった。最末端に至るまで党支配を貫徹するべく管区＝クライス（Kreis）指導者が配置されたほか、市町村議会は各首長の諮問機関に格下げされる一方で、各首長に

は住民の支配・統御を容易にするための強力な権限が与えられた。首長間の連携も重視され、彼らは市町村連絡協議会に集うことで、国家の監督の下で情報交換を行ったり中央政府の指示を仰いだりした。こうして中央集権的な地方行政が構築される中で、団体自治と住民自治は姿を消すことになった。それゆえ戦後の占領政策の主眼はこの中央集権性を否定することに置かれ、ドイツは再び分権的な国家体制を選択することになったのである。

(5)　おわりに

よりよい地方自治の実現に向けて　第二次世界大戦での敗北と占領、東西ドイツへの分裂と再統一、そしてEUの拡充とその下での国家運営など、その後のドイツ史も激動に満ちている。地方自治制度は時代の情勢や要請に応じて改革が重ねられてきた一方、制度の多様性の保障、国家の監督、名誉職制など、時代を越えて引き継がれた要素も多い。

　少子高齢化・人口減少などによる社会構造の変化、脆弱な地方財政や自治体間の格差、住民の政治的関心・コミュニケーションの喚起など、程度の差こそあれ、日独に共通する課題も少なくない。より充実した団体自治とよりオープンかつ強力な住民自治の実現に向け、自治体の垣根を越えた連携・協力・ネットワークのあり方、自発的・ボランティア意識に支えられた市民活動の制度化と促進といったドイツの取組みは日本に一定の示唆を与えてくれるだろう。

4　フランスの地方自治の展開

(1)　フランスの地方制度の歴史

古法期・中間法期における地方制度　フランスでは、古法期（古代から近世絶対王政期まで）、中間法期（フランス革命高揚期からフランス革命終息まで）及び近代法期（フランス革命後から共和制確立まで）の時代に分けて、法の歴史を語ることが多い（滝沢正『フランス法（第4版）』（三省堂、2010年）17頁）。フランスにおいては、ブルボン王朝期に中央集権的な国家体制が確立されており、自然地域による区別としての旧地方（province）が形成されると同時に、現行コミューンの区域の前提となっている聖堂区（教会の小管区）も形成されている。

フランス革命高揚期において、地方制度に関して特筆すべきは、第1に、1793年6月24日の憲法条例が共和政体を定めたことであり、第2に、旧地方を全廃し、全国を人為的に画一的な面積をもつ県に分割し、フランス革命前の聖堂区（教会の小管区）を一単位として市町村（コミューン）を創設したことである（滝沢・前掲58頁、154-155頁）。第3に、フランス革命の初期において、直接選挙及び間接選挙を用いて、地方自治を徹底したことであるが、後に混乱をもたらしたことから廃止された（滝沢・前掲59頁）。フランス革命終息期において、ナポレオンにより中央集権化がより徹底された。具体的には、県を地方行政の中心に据え、県に独任制の知事を置き、県行政の実権を知事に集中させた。県知事は、第一統領の任命により国家元首の代理人として、県行政を執行する（官選知事制）。県行政には、県会及び知事の諮問機関として県参事会を設けたが、その構成員はいずれも中央政府から任命された。市町村においても、地方行政官はすべて任命制となり、中央政府の厳しい統制に服した。このように、中央集権と単一国家制は、フランスにおける地方制度の基本となる（滝沢・前掲73頁）。

近代法期（第二次世界大戦後）における地方制度　第二次世界大戦後の1946年10月27日に、第4共和国憲法が国民投票で可決された。第4共和国憲法では、県、市町村（コミューン）及び海外領土が地方自治体であると明記され、コミューン及び県の自由な運営管理の原則や大都市特例措置が定められた。さらに、1956年10月28日付デクレにより、州活動計画の単位としての22の州が創設された。同デクレにより、州庁所在地の県の地方長官が州の地方長官を兼ねることが定められた。従来、地方長官は市町村に対して後見監督を行うものとされていたが、1970年12月31日法により、地方長官の市町村に対する後見監督が緩和された（一般財団法人自治体国際化協会パリ事務所『フランスの地方自治（2017年改訂版）』（2020年）28頁。同Webサイト http:www.clair.or.jp/ で入手できる）。その後の地方分権改革については、本節4(3)で述べる。

(2)　フランスにおける地方自治体の種類

市町村（コミューン）　コミューン（commune）は「市町村」と邦訳されるが、フランスではわが国のように人口規模等による

59

市・町・村の区別がなされていないことに留意が必要である。他方では、フランスにおいても大都市に関する特例が存在している。市町村の組織としては、議決機関として市町村議会が設けられ、市町村議会議員は大選挙区での名簿投票制によって選出される（滝沢・前掲156頁）。執行機関は、市町村議会から選出される1名の市町村長及び市町村議会から選出される助役（1名から市町村の規模に応じて数名）がある。市町村長は、1831年以降は議員の中から中央政府により選任されていたが、1882年以降は議員の間の互選により選任されていることが挙げられる（自治体国際化協会・前掲41頁）。市町村議会の議員定数は、地方自治体総合法典（CGCT）により、当該市町村の人口規模に応じて定められている。市町村議会議員の任期は6年であり、全員が一斉に改選される。市町村長は、市町村議会議員選挙が行われた後、最初の会議（議長は最年長者が務める）の際、議会によってその内部から選出される。市町村長の任期は6年である（自治体国際化協会・前掲45-46頁）。こうした制度は、すべての市町村に共通する制度として一般的に適用されている。

　他方、第5共和制に入ると、1982年には、パリ、マルセイユ、リヨンの3市を対象とした大都市についての特例法が制定された。パリ、マルセイユ及びリヨンについては分区制度が設けられているが、それ以外については一般の市町村と同様の制度が適用されている。分区制度とは、パリ、マルセイユ及びリヨンに区を置き、パリとリヨンでは各区ごとに区議会が置かれ、マルセイユでは2つの区ごとに連合区を構成し、連合区ごとに区議会と区長を置く制度である（自治体国際化協会・前掲49頁、52頁）。かつて、パリにおいては、特例として、市制と県制を併存させ、両制度を可能な限り適用していた。しかし、「パリ市の地位と大都市整備に関する2017年2月28日法」により、この併存が解消され、パリ市は、市及び県の権限を有する、特別な地位を有する自治体として位置づけられた（自治体国際化協会・前掲50頁）。

県　　県は、フランス革命以降に設けられた人為的区画で、現在では本土に96県、さらに4つの海外県がある。県の規模は、一般的にわが国の県と比べて小規模である。従来の県制度は、第1に中央政府から派遣された官選知事に県行政の権限が集中していること（その一例として、県

議会の議決に対する執行力の付与など）、第2に、県が官選知事の管轄区域であり国の出先機関としての機能を有していたことを特徴としていた（滝沢・前掲153頁、157頁）。しかし、県は、一方では官選知事の管轄区域としての性格を有しながらも、1871年8月10日法により県議会制度が確立することによって、県は地方自治団体としての性格を強めた。さらに、「市町村、県及び州の権利と自由に関する1982年3月2日法律」（以下「1982年地方分権法」）により、県の執行機関は、官選知事から県議会議長に移管され、県議会議長が県の執行機関を担当することとなり、県は完全な自治体として確立された（自治体国際化協会・前掲64-65頁）。県の組織としては、議決機関として県議会が設置されており、県議会議員は小選挙区2回投票制により選出される。県議会議員の任期は6年で、3年ごとに半数が改選される。県議会議長の任期は3年である（自治体国際化協会・前掲68頁）。

州　　州は、県を数県包括した広域的な行政区画であり、その数は本土13州及び5海外州から構成されている。かつての旧地方の区分が現行の州の区分と重なる部分が多い。特別な州として、海外州、イル・ド・フランス州がある。コルシカ州は、2018年1月1日より、県と州が融合したコルス公共団体となっている（自治体国際化協会・前掲74頁）。コルス公共団体は、教育や経済開発、観光、環境等の分野において、特別な権限を有しているほか、コルス議会は首相に対し、自州に関して、法律や規則を変更したり適用するよう提案することができる（自治体国際化協会・前掲84頁）。海外州は、5つの海外県がそれぞれ1県で1つの州を構成している。海外州では、州議会が首相に対し、法律や規則を変更したり適用するように提案できる。イル・ド・フランス州には、首都圏としての広域行政を推進しなければならないという事情を考慮して、特別の財源措置が講じられている（自治体国際化協会・前掲77頁）。

　そもそも、州は、1964年3月14日デクレによって各州に国の出先機関が設置されたことにより、州知事を中心とする広域行政区域として制度化されたものであり、計画経済に基づく国土整備をはじめとした広域行政に対応するために創設された。1982年地方分権法により、州は、市町村や県と同様に、公選の議

会と首長をもつ完全な形の地方自治体となった。これにより、フランスには、市町村、県及び州という3階層の地方自治体によって構成される、地方制度が成立した（滝沢・前掲155頁、158-159頁）。

　州の議決機関は、州議会である。州議会議員は、かつては州内の議員から間接選挙で選出されていたが、1982年以降は直接選挙で選出されている。州議会議員の議員定数及び議員の任期は、選挙法典によって規定されており、任期は6年とされている。州議会議長は、県議会議長の選出方法と同様であり、州議会議員の互選によって選出される。州議会議長の任期は、議員と同じ6年である（自治体国際化協会・前掲78頁）。

　| 広域行政組織制度 |　フランスでは、小規模な市町村や小規模な県が多く、広域的な行政課題への対応がしばしば問題となる。そこで、「共和国の地方行政に関する1992年2月6日基本指針法」は、多様な形態での市町村間広域行政を奨励し、市町村共同体及び広域都市共同体の設定、市町村間広域行政県委員会の設置を定めた。

(3)　フランスにおける地方分権

　| 地方制度をめぐる理論的基盤 |　フランスにおける地方制度は、伝統的に、共和国の不可分性原理ならびにその地方自治における具体化である単一国家主義に基づく自由行政原理によって特徴づけられている。すなわち、フランスでは、一方で主権の不可分性の論理に基づいて主権主体としての「人民」の単一不可分性、ならびにそのような「人民」の政治的な具現化である「共和国」の単一不可分性の観念を成立させた。他方で、その主権行使のあり方については、「国民」の一般意思の表明としての立法権は国会が独占すべきとの観念を成立させた。こうした理論的前提の下で、地方自治体は、共和国の不可分性原理及び単一国家主義に抵触しない範囲内で、一定の自由が認められるという自由行政原理が適用されることになる（単一国家主義に基づく自由行政原理）。特に、地方公共団体は、条例を制定する場合において、法律の範囲内で制定すべきことが強く要求されることになる（法律先占論）。すなわち、フランスの地方制度においては、法律先占論の色彩が極めて濃厚であり、中央集権的な国家体制を支える理論的基盤が強固であった（フランス憲法研究会編『フ

ランス憲法判例Ⅱ』（信山社、2013年）230頁〔大津浩執筆〕）。

【1982年地方分権改革】　1982年地方分権法は、第1に、官選知事から県議会議長に県の執行権を移行し、第2に、州を地方自治体と位置づけ、公選による州議会を設置し、州議会議長を州の執行機関とし、第3に、国による事前の後見監督を廃止し、地方長官等の訴えにより行政裁判所が判示する事後的な行政監督とした。さらに、「市町村、県、州及び国の権限配分に関する1983年1月7日法及び同年7月22日法」により、国から地方自治体への大幅な権限委譲が行われるとともに、事務配分の再編成が行われた。すなわち、事務配分の再編成にあたって、事務分野ごとに一括し、その性質上最もふさわしいレベルの地方自治体がそれを所管するという原則（補完性の原則）により、州は、地域開発・国土整備に関する計画、高等学校施設の設置・管理及び文化等、県は、社会福祉、県道の整備、都市圏外通学用輸送及び中学校施設の設置管理等、市町村は、都市計画、小学校・幼稚園施設の設置・管理、都市圏内通学用輸送及び図書館等を所管することとなった（自治体国際化協会・前掲29-30頁）。

【2003年憲法改正】　フランスの地方分権改革は、2003年憲法改正により、大幅に進展することとなる。2003年憲法改正により、第1に、フランスを「分権国家」にする規定が「共和国の不可分性」をはじめとする主要な共和国原理を規定する憲法1条の末尾に追加され、第2に、地方自治体の条例制定権について憲法の明文規定が置かれ（憲法新72条3項）、第3に、地方自治体の対等性の保障に関する条文が置かれ（憲法新72条5項）、第4に、一定数の住民の請願により住民発案を地方議会の議事日程に登載する制度が設けられた（憲法新72条の1）、第5に、法律の範囲内で地方自治体に課税自主権を保障するなど財政自主権が保障され（憲法新72条の2）、最後に、州を市町村や県と並ぶ憲法上正規の地方自治体として承認し（憲法新72条1項）、地方分権の推進が図られた（自治体国際化協会・前掲30-33頁）。

　まず、フランスが「共和国の不可分性」を前提としつつ「分権国家」になれば、どのような変化が生じるのであろうか。一方では、憲法に地方分権化を規定することにより、法律によって単一不可分の共和国が連邦制へ移行すること

を否定する意味をもち共和国の不可分性を強化するが、他方では、憲法上に地方分権化を明記することにより、地方自治を一層強化し、憲法裁判所やコンセイユ・デタ（行政裁判所における最高裁判所）において地方自治の原理に抵触する法令等を違憲と判断することが期待できる（自治体国際化協会・前掲30‐31頁）。

　そもそも、2003年憲法改正前から、コンセイユ・デタでは、法律先占論を前提としつつ、条例制定権について下記の3つの判例法理が固まりつつあった。すなわち、①法律で条例に授権している内容が明確な場合は、地方自治体は政府の命令による授権を介さずに、直接条例制定権を行使できる。②法律が一般的な形で政府命令に法律の適用条件を定めるよう規定している場合は、条例では残余の部分にしか関与できない。③法律が地方自治体にも中央政府にもその執行の任務を明示的に与えなかった場合は、条例も政府命令も同じ領域に関与できるものの、常に条例は政府命令に劣位する。前掲の憲法新72条3項は、3つの判例法理を明文化したものであるという理解が通説化している（大津・前掲236頁）。

　次に、「補完性の原則」（憲法新72条2項）については、1982年地方分権法にもみられるが、この原則は1985年の欧州地方自治憲章により定式化された補完性の原則をフランス憲法に取り入れたものである（自治体国際化協会・前掲31頁）。

　財政自主権の強化について、憲法新72条の2は、第1に、法律の定める条件の下で財源を自由に用いることができること、第2に、あらゆる種類の租税について、その収入の全部または一部を受け取ることができること、第3に、税収及び固有財源が地方自治体の歳入のうちで決定的な割合を占めるべきこと、第4に、権限委譲と財源移譲は同時に行われること、最後に法律により地方自治体間の財源の均衡化が図られることを規定している（自治体国際化協会・前掲31頁）。

Ⅱ
地方自治の担い手

1　地方公共団体の意義と種類

　地方自治法上、地方自治の担い手たる地方公共団体には普通地方公共団体と
特別地方公共団体とがある（地自1条の3第1項）。これに対し、憲法上は、地
方公共団体は定義されていない。この点、市町村は住民に直近の地方公共団体
として憲法上その存在を保障されていることに疑いがない。同様に、都道府県
も長い歴史を有しており、中間組織・広域的自治団体として存在意義をもつと
する説がある。逆に、都道府県と市町村の2層制が憲法の要請であると解する
のは、制憲過程や比較法の見地からは実証性に乏しいとする説があり、これに
よると憲法改正なしに都道府県は廃止可能となる（道州制に近付く）。以下、こ
れら普通地方公共団体と特別地方公共団体の組織構造を概観する。

1　普通地方公共団体

　普通地方公共団体には、都道府県と市町村がある（同1条の3第2項）。前者
は広域的自治体、後者は基礎的自治体ともいわれる。

　| 都道府県 |　1871（明治4）年廃藩置県の後も再編が続き、3府43県及び
北海道となり（1888年）、これが現在の都道府県のおおよその
境界につながっている。

　都道府県は、市町村を包括する地方公共団体として、地域における事務及び
その他の事務で法律またはこれに基づく政令により処理することとされるもの
のうち、広域にわたるもの、市町村の連絡調整に関するもの及び規模・性質に
おいて市町村が処理することが適当でないものを処理する（同2条5項）。都を
除き道府県の間では組織上も権限上も違いは少ない。

①　**府県**　　府と県には沿革上の差異があるのみである。

②　**都**　　都は、特別区を包括する地方公共団体として、都道府県の事務（同
5項）及び特別区の連絡調整事務を処理するほか、市町村の事務（同3項）の

うち、大都市地域の行政の一体性及び統一性の確保から都による一体的処理が必要な事務を処理する（同281条の２第１項）点が特徴である。

　都には特別区の制度がある他、消防組織法が、特別区の消防は都知事が管理する旨定めている（消組27条）。一般に、消防は市町村長が管理するので（同７条）、都の特例といえる。

③　道　警察法は、（北海）道は５以内の方面に分ち、方面ごとに方面本部を置くと規定している（警51条）。

市町村　市町村は、基礎的な地方公共団体として、都道府県が処理するものを除き、地域の事務及び法律・政令で処理することとされる事務を、一般的に処理する（地自２条３項）。

　市町村も基本的な組織は同じといえるが、町村とは異なり市には特例がいくつかあって、市同士においても組織・権限上の違いがある。市町村数は1724で、市792、町743、村189（北方領土６村含む）である（2021年）。

①　市　市となるべき要件としては（同８条１項）、人口５万以上（同１号）、中心の市街地を形成する区域内の戸数が全戸数の６割以上（同２号）、商工業その他の都市的業態に従事する者及びその者と同一世帯に属する者の数が全人口の６割以上（同３号）、都道府県条例の定める都市的施設その他の都市としての要件の具備（同４号）である。町村を市としまたは市を町村とする処分は、市町村の廃置分合の規定（同７条）の例によるとされていて（同８条３項）、市町村の申請（その議会の議決を経る）に基づき、都道府県知事が当該都道府県の議会の議決を経てこれを定め、その旨を総務大臣に届け出るという手続で行われる（同７条１項・６項）。その場合、都道府県知事は、あらかじめ総務大臣に協議し、その同意を得ておかなければならない（同２項）。市が人口要件を下回っても、町村に変わる必要はない。

②　町村　町村で組織・権限上の違いはない。町となるべき要件は、都道府県条例の定める要件を具備することである（同８条２項）。村を町としまたは町を村とする処分は、市と町村の変更と同様（同３項）、町村の申請（その議会の議決を経る）に基づき、都道府県知事が当該都道府県の議会の議決を経てこれを定め、総務大臣に届け出るという手続で行われる（同７条１項・６項）。ただ

し、都道府県知事が、あらかじめ総務大臣に協議し同意を得る必要（同2項）はない。

　市と町村の違いとして、指定都市などの市の特別な制度は、町村にはみられない。また、町村総会（同94条）は町村だけの制度である。細かい違いとして、市町村議会には条例で事務局を置くことができるところ（同138条2項）、事務局を置かない市町村議会には、書記長、書記その他の職員を置くこととされている一方、町村では書記長を置かないことができる（同138条4項）。

③ **指定都市**　　政令で指定する人口50万以上（実際は概ね70万人以上）の市（指定都市）は、列記された事務のうち都道府県が処理するとされているものの全部または一部を、政令で定めるところにより、処理することができる（同252条の19第1項）。福祉、環境保全、保健衛生、都市計画、教育など都道府県の事務なみに広範である。指定都市は20市ある（大阪、名古屋、京都、横浜、神戸、北九州、札幌、川崎、福岡、広島、仙台、千葉、さいたま、静岡、堺、新潟、浜松、岡山、相模原、熊本。主に移行年順）（2021年）。

　指定都市が事務を処理するにあたって、法律または政令により知事等の処分を要し、または知事等の命令を受けるものとされている事項については、知事等の処分・命令が不要・不適用となったり、知事等の処分・命令から、各大臣の処分・命令に代わったりする（同2項）。このように、市（指定都市）であるにもかかわらず、都道府県と同じく大臣の関与を受けるなどする。

　指定都市は、市長の権限に属する事務を分掌させるため、条例で区を設け、事務所または出張所を置くものとされている（同252条の20）。区には区長（あるいは出張所の長）を置き、当該普通地方公共団体の長の補助機関である職員をもって充てる。区には特別地方公共団体たる特別区と違い法人格がない。

　指定都市は条例で、区ごとに区地域協議会を置くことができる（同7項）。この場合、地域自治区（後述）が設けられる区には、区地域協議会を設けないことができる。区地域協議会には、地域協議会（後述）の規定が準用されており、地域協議会の構成員は、区域内に住所を有する者のうちから、市町村長が選任する（任期は4年以内において条例で定める）。

　指定都市は、市長の事務のうち特定の区に関するものを総合区長に執行させ

るため、条例で、当該区に代えて総合区を設け、総合区の事務所（あるいは出張所）を置くことができる（同252条の20の２）。総合区の事務所の長として総合区長を置き、総合区長は、市長が議会の同意を得てこれを選任する（任期４年）。総合区長は、総合区の区域に係る政策及び企画を司るほか、法律・政令・条例による総合区長の事務等を執行し、事務の執行について当該指定都市を代表する。総合区長は解職請求の対象となる（同13条２項）。

　指定都市及び当該指定都市を包括する都道府県は、指定都市及び包括都道府県の事務の処理について必要な協議を行うため、指定都市都道府県調整会議を設ける（同252条の21の２）。構成は、指定都市の市長と包括都道府県の知事である。二重行政問題等に配慮するためである。

④ **中核市**　　政令で指定する人口20万以上の市（中核市）は、指定都市が処理できる事務のうち（都道府県による一体的な処理のほうが中核市による処理と比べて効率的な事務や、中核市における処理が適当でない事務を除く）、政令で定めるものを処理できる（同252条の22第１項）。指定都市ほどではないが、福祉、環境保全、保健衛生、都市計画、教職員研修に及ぶ。

　中核市の人口要件は30万であったが、特例市（人口要件20万人）の廃止に伴って、同要件が緩和された。62の中核市がある（2021年）。

　中核市がその事務を処理するにあたって、法律または政令により都道府県知事の命令を受けるものとされている事項については、知事の命令に関する法令が適用されなかったり、知事の命令から各大臣の命令に代わったりする（もっともこのような事務範囲は狭い）。このように、市（中核市）であるにもかかわらず、都道府県と同じように大臣の関与を受けるなどする（同252条の22第２項）。

　総務大臣は、中核市に指定する政令の立案をしようとするときは、関係市からの申出に基づいて行う（同252条の24第１項）。関係市はこの申出をするときは、あらかじめ、市議会の議決を経て、都道府県の同意を得なければならない（同２項）。この同意は、都道府県議会の議決を経なければならない（同３項）。

　指定都市と異なって、中核市に区の制度はない。

⑤ **施行時特例市**　　特例市制度（人口要件20万人以上）の廃止（2015年）後も、中核市等に移行しなかった市を指し、23市ある（2021年）。中核市が処理できる

事務のうち（都道府県による一体的な処理のほうが特例市による処理と比べて効率的な事務などを除く）、政令で定めるものを処理できる（旧地自252条の26の3）。中核市の事務より限定的である。

⑥ 地域自治区 市町村は、地域の住民の意見を反映させつつ、市町村長の事務を処理させるために、条例で、区域ごとに地域自治区を設けることができる（同202条の4）。同じ仕組みが合併特例法にある（合併特例23条）。合併で住民の要望が届きにくくなることへの配慮である。法人格はない。地域自治区の事務所の長は、当該普通地方公共団体の長の補助機関である職員が充てられる。

　地域自治区には、地域協議会が置かれる（地自202条の5）。その構成員は、区域内に住所を有する者のうちから市町村長が選任する。任期は、4年以内において条例で定める。地域協議会は、市町村長その他の市町村の機関により諮問されまたは必要と認める一定の事項について、審議し、意見を述べることができる（同202条の7）。住民自治への配慮である。

2　特別地方公共団体

　特別地方公共団体には、特別区、地方公共団体の組合、財産区（同1条の3第3項）及び合併特例区（合併特例27条）がある。その他の特別地方公共団体として、全部事務組合、役場事務組合及び地方開発事業団（既存のものを除く）は、2011（平成23）年廃止された。

特 別 区　都の区（23ある）を特別区という（地自281条1項）。特別区は、基礎的な地方公共団体として、都が一体的に処理するものを除き、一般的に、市町村が処理するものとされている事務を処理する（同281条の2第2項）。しかし、消防や上下水道は特別区ではなく都の事務であって、特別区の事務は市町村のそれと比べるとやや限定されている。

　2010年代の大阪都構想をきっかけにして、大都市地域における特別区の設置に関する法律が制定され（2012年）、特別区は、法的にはどの道府県でも設置可能となった。特別区の設置（関係市町村を廃止することとなる）について、関係市町村の選挙人の投票で過半数の賛成があったときは、総務大臣に特別区の設

> **判例1**　特別区長選贈収賄事件〈最大判1963（昭38）・3・27【自治百選1】〉
>
> 　憲法93条2項は、地方公共団体の長、その議会の議員について住民の直接公選を規定する。しかし、事件当時、地方自治法によると、特別区の区長は、特別区議会の選挙権を有する者の中から、特別区議会が都知事の同意を得て選任するという間接選挙制であった。本件は渋谷区の区長の選任における贈収賄の事案である。原審は、区長選任の規定が憲法に反するため、区長選任の職務権限が被告人にはないとして無罪とした。最高裁は次の理由で破棄差し戻した。
>
> 　「特別区は、その長の公選制が法律によつて認められていたとはいえ、憲法制定当時においてもまた昭和27年8月地方自治法改正当時においても、憲法93条2項の地方公共団体と認めることはできない。従つて、改正地方自治法が右公選制を廃止し、これに代えて、区長は特別区の議会の議員の選挙権を有する者で年齢25年以上のものの中から特別区の議会が都知事の同意を得て選任するという方法を採用したからといつて、それは立法政策の問題にほかならず、憲法93条2項に違反するものということはできない。」

置を申請でき（特別区設置8条）、総務大臣がこれを定める（同9条）。

　最大判区長選贈収賄事件において、憲法上の地方公共団体としての要件は、法律が地方公共団体として法定しているだけではなく、住民の共同体意識が必要とされた。そして、特別区は憲法上の地方公共団体としての要件を充たさないと結論づけられた。しかし、これだと、住民に身近な公的地域団体（特別区）が、必ずしも議会の設置や長・議員・吏員の直接選挙（憲93条2項）の要請を満たさなくてもよいことになる。つまり、同最大判は、特別区を憲法93条2項の地方公共団体と認めず、地方自治法でその公選制を廃止しても、それは立法政策の問題としたのである（1974年、区長公選制は復活）。ここに、憲法上の地方公共団体と地方自治法上のそれとの乖離が生じている。しかし、仮に今日、（特別）地方公共団体たる特別区の直接選挙が廃止されたとして、裁判所が同様に立法政策の問題として許容するならば、改めて批判を免れまい。

地方公共団体の組合　地方公共団体の組合には一部事務組合と広域連合とがある（地自284条1項）。都道府県の加入する地方公共団体の組合には都道府県に関する規定、市及び特別区の加入するもので都道府県の加入しないものには市に関する規定、その他のものには町村に関する規

定が準用される（同292条）。

① **一部事務組合**　一部事務組合は、普通地方公共団体及び特別区が、協議により規約を定めて、複数自治体間で一部の事務を共同して遂行するために設立される（同284条2項）。都道府県が加入するものは総務大臣の許可が、その他のものは都道府県知事の許可が必要である。効率的な行財政を目的に、地方公共団体が火葬場、学校、港湾、ゴミ処理、消防、水道等の事務を共同処理する場合に用いられている。全国に約1200団体ある（2019年）。

　一部事務組合の議会の議員または管理者（管理者に代えて理事会を置く一部事務組合にあっては、理事）その他の職員は、一部事務組合の構成団体の議会の議員または長その他の職員と兼ねることができる（同287条2項）。このような充て職が実際には多いといわれている。

　市町村及び特別区の事務に関し相互に関連するものを共同処理するための、複合的一部事務組合がある（同285条）。複合的一部事務組合には、規約で定めるところにより、管理者に代えて、理事で組織される理事会を置くことができる（同287条の3第2項）。理事は、一部事務組合を組織する市町村・特別区の長又は当該市町村・特別区の長がその議会の同意を得て当該市町村・特別区の職員のうちから指名する者を充てる（同3項）。例えば、千葉県市町村総合事務組合は54市町村や一部事務組合などの業務を共同処理するが、業務ごとに共同処理団体が異なっている。

　一部事務組合（複合的一部事務組合等を除く）は、規約で定めて、一部事務組合の議会を構成団体の議会をもって組織することができ、これを特例一部事務組合という（同287条の2第1項）。

② **広域連合**　普通地方公共団体及び特別区は、広域にわたる総合的な計画（広域計画）を作成し、事務の管理及び執行について広域計画の実施のために必要な連絡調整を図り、事務の一部を広域的・総合的・計画的に処理するため協議により規約を定め、広域連合を設けることができる（同284条3項）。一部事務組合の例により、総務大臣または知事の許可が必要である。住民の民主的関与と国・都道府県の事務の受け皿機能が予定されている。116団体ある（2021年）。ほとんどが市町村参加のもの（医療、介護、し尿廃棄物、火葬埋葬、消防、障

害者支援、施設管理、地域振興、税務、大学の事務など多様）であるが、府県参加の
関西広域連合（防災、観光・文化振興、産業振興などの事務）もある。

　民主的関与に関して、広域連合の議員及び長に、住民による直接または間接
選挙が規定されている。まず、広域連合の議会の議員については、広域連合の
規約で定めるところにより、広域連合内の選挙人が投票によりまたは広域連合
を組織する地方公共団体の議会において選挙する（同291条の5第1項）。また、
広域連合の長については、広域連合の規約で定めるところにより、広域連合の
選挙人が投票によりまたは広域連合を組織する地方公共団体の長が投票により
選挙する（同2項）。さらに、一部事務組合の理事会の制度は、広域連合に準用
されているが（同291条の13）、広域連合の選挙人または広域連合を組織する地
方公共団体の長の投票で選挙される（充て職なし）（同291条の5第2項・291条の
4第4項）。

　広域連合には住民の直接請求制度がある。地方自治法の直接請求の章（住民
による条例の制定及び監査の請求、ならびに解散及び解職の請求）が、広域連合の条
例の制定・改廃、広域連合の事務の執行に関する監査、広域連合の議会の解
散、広域連合の議会の議員・長その他広域連合の職員で政令で定めるものの解
職、または広域連合の規約の変更の要請の請求について準用されている（同
291条の6）。

　受け皿機能として、国は、その行政機関の長の権限に属する事務のうち広域
連合の事務に関連するものを、法律または政令により、当該広域連合が処理す
ることにする制度がある（同291条の2第1項）。同様に、都道府県の執行機関の
権限に属する事務を、広域連合が処理することにできる（同2項）。

財 産 区　財産区とは特別地方公共団体であり、市町村・特別区の一部
で財産を有しもしくは公の施設を設けているもの、または市
町村・特別区の廃置分合や境界変更の場合における財産処分の協議（地方自治
法や政令が定める）に基づき市町村・特別区の一部が財産を有しもしくは公の施
設を設けるものとなるものを指す（同294条1項）。温泉、山林、原野、宅地、
用水路、池沼、墓地などにみられる。4000近くある（2016年）。とりわけ財産区
は市町村合併に際し旧住民の権益を残すために活用されてきた。その財産また

は公の施設の管理及び処分または廃止については、地方公共団体の財産または公の施設の管理及び処分または廃止の規定による（同1項）。

　財産区の財産または公の施設に関し特に要する経費は、財産区の負担である（同2項）。財産区には議会または総会があり、議会の議員の定数、任期、選挙権、被選挙権及び選挙人名簿に関する事項または総会の組織に関する事項は、市町村または特別区の条例中に規定しなければならない（同296条1項）。財産区の議会または総会には、町村議会の規定が準用される（同3項。町村総会については、同94条・95条）。

合併特例区　　合併市町村において市町村の合併後、合併関係市町村の協議により、期間（5年以内。合併特例31条2項）を定めて、合併市町村の区域の全部または一部の区域に、一または二以上の合併関係市町村の区域であった区域をその区域として、合併特例区を設けることができる（同26条）。

　明治、昭和、平成に大合併が行われ、1888（明治21）年に約7万1000あった（市）町村は、1889（明治22）年に約1万6000に、1961（昭和36）年頃に約3500に、今日約1700に減少した。同法は平成の大合併を後押ししたが、合併特例区は現存していない（2020年）。

2 地方自治の担い手の多様な形態 （地方自治と公私協働）

1 地方公共団体の業務の多様な担い手

地方公共団体の業務は、地方公共団体本体から相対的または完全に独立した組織によって担われる場合がある。ここでは、地方公共団体と独立した組織との距離、相互関係の法的性質を基準として分類して解説する。その際、地方公共団体から距離が近い順に取り上げていくこととする。

(1) 地方公営企業

地方公営企業とは　地方公営企業は、地方公共団体が行う事業のうち、組織と財務を独立させたものをいう。地方公営企業は、業務の性質上、企業として経済性を追求することと地方公共団体が行う事業であるゆえの公共の福祉の増進を両立させるために、地方公営企業法という特別の法律で規律される（地公企3条）。

地方公営企業は、水道、自動車運送、鉄道など7事業が法定され、適用範囲を限定できる事業として病院があるほか（同2条1～2項）、主としてその経費を当該事業の経営に伴う収入をもって充てるものについて条例で定める事業がある（同3項）。この条例事業には下水道等がある。病院は地方公営企業以外に、地方独立行政法人、PFI、指定管理者制度等の多様な形態がありうる。

地方公営企業の組織と会計　地方公営企業の組織は、独立した運営を確保するために、業務を執行し企業を代表する管理者が置かれ、企業管理規程を制定できる（同7条）。管理者は長が選任するが、管理者を置かないことができる場合は、長が管理者の権限を行う（同7条但書・8条2項）。

会計に関しては、事業ごとの特別会計（同17条）、独立採算制（同21条）、企業債発行権限に関する特則（同22～23条）が定められている。ただし、地方公営企業の経費のうち受益者負担になじまない部分については一般会計等が負担す

るものとされる（同17条の２、地公企令附則14項）。

　地方公営企業は、独立採算制の原則から原価を基礎とした適切な料金設定が行われなければならないが、同時に公正妥当でなければならない（地公企21条２項）。この点に関して、大口需要者に対する割安料金制度の適法性が争われたのが最判1985（昭60）・７・16【自治百選61】である。最高裁は、問題となった大津市ガス事業の割安料金制度について、市ガス供給条例の特別供給規定に基づく条例外の供給条件が通産大臣（当時）から特別の事情がある場合（ガス事業20条）として認可を受けたものであること、供給契約において責任使用量に相当する料金の支払い義務と需要契約量を超過した場合の特別料金の不適用が定められ、需用者側に一方的に利益になる内容ではないこと等を理由として、違法ではないとした。これとは反対に、一部の者に対する割高料金が問題とされた例に⑵で後述する最判2006（平18）・７・14【自治百選16】がある。

　なお、下水道事業、簡易水道事業等の条例事業は公営企業会計等の地方公営企業法の適用を一部除外できるが（地公企２条３項）、事業の透明性と適切な料金設定等の経営マネジメント向上を目的に、公営企業会計適用が推進されている（法適化）。

地方公営企業法による法的統制の仕組み

　①　地方議会の規制　　地方公営企業の事業は非権力的な給付であって権力的な行為手法は含まないが、地方公営企業法は設置と基本原則を条例で定めることを規定しており（同４条）、地方公営企業について個々に条例が制定される。地方議会は、条例の制定改廃と予算の議決を通じて、企業の運営に対して関与できる。

　②　行政的統制　　長は、管理者の選任権と分限懲戒権（同７条の２第７～８項）、予算調製権（同８条）、業務執行に関する指示権を有する（同16条）。また、地方公営企業の運営については、監査委員による監査が行われる（地自199条）。

　③　国（行政）による統制　　地方公営企業の事業は、私企業が行う場合と同様の国による監督（料金規制等）を受ける場合がある（水道14条５項、道運９条等）。地方公営企業の競争法上の公正さが問われた例に、最判1989（平元）・12・14【自治百選60】がある。

　④　司法的統制　　地方公営企業の違法な事業運営に対する司法的統制の例

に、水道事業における給水義務の範囲の問題がある。水道法によれば、水道事業者は、事業計画に定める給水区域内の需用者から給水契約の申込みを受けたときは、正当の理由がなければ、これを拒んではならない（水道15条）。この「正当の理由」について、**判例11**は、市の指導要綱に基づく行政指導に従わないマンション建設業者に対して、市が給水契約の締結を留保したことを原則違法とし、例外を給水することが公序良俗違反を助長するような場合に限定した。一方、最判1999（平11）・1・21【自治百選43】は、「正当の理由」を水道事業者の正常な企業努力にもかかわらず給水契約の締結を拒まざるを得ない理由と解して、自然的条件から給水能力が限られる町が水道事業給水規則に基づいて、新規分譲を意図するマンション建設業者に対して給水契約の締結を拒否したことについて、やむを得ない措置として許されるとした。水道法上の正当の理由は、原則的に水道事業固有の事情から判断され、それとは異なる観点を取り込むことは許されていない。

(2)　公の施設の指定管理者

公の施設の指定管理者とは、条例の定めるところにより、普通地方公共団体により「指定」された「法人その他の団体」（以下「指定管理者」という）であり、普通地方公共団体が有する「公の施設」の「管理」権限を委任されたものである（特別地方公共団体が設置する場合も同様、地自283条・292条・294条）。

公の施設　公の施設とは、住民の福祉を増進する目的をもってその利用に供するための施設をいう（地自244条1項）。

公の施設は、第1に、その設置主体が「普通地方公共団体」であり、国その他普通地方公共団体以外の公共団体ではない。第2に、公の施設は「物的施設」であり、人的物的施設の統一体（「営造物」）ではない。1963（昭和38）年改正前の地方自治法が定めていた営造物概念は、公の施設の利用者の権利救済が排除される、いわゆる特別権力関係論が連想されるため、この改正によって営造物概念は廃止され、新たに「公の施設」概念が立てられた。第3に、公の施設は「住民の福祉の増進」を目的として設置されるものであり、したがって、競輪場、競馬場のような収益目的のものや、警察署に置かれた留置場（代用刑事施設）のような社会公共秩序の維持を目的とするものではない。第4に、公

の施設は「当該普通地方公共団体の住民」の利用に供する施設であり、国民一般の利用に供することを目的とするものでは足りない（前掲、最判2006（平18）・7・14）。第5に、公の施設は、「住民の利用」に供する施設であり、純然たる試験研究所、庁舎等は公の施設ではない。

　公の施設には、法律またはこれに基づく政令がその設置を定めるものと、普通地方公共団体が自主的に条例でその設置を定めるものとがある。前者の例として、公民館、保育所、小中学校等があり、後者の例として、市民会館、スポーツセンター、動物園・水族館等がある。

　公の施設の設置、管理及び廃止は普通地方公共団体の長の権限である（同149条7項）。公の施設の設置、管理に関する事項は、条例でこれを定めなければならず（同244条の2第1項）、公の施設を廃止するときは当該条例を廃止しなければならない（同2項）。また、条例で定める特に重要な公の施設について、廃止し、又は条例で定める長期かつ独占的な利用をさせるときは、出席議員の3分の2以上の同意を得なければならない（同項）。公の施設の設置、管理に関する事項を条例の制定改廃によることとしているのは、公の施設が住民の利用に供するものであることによる。

　公の施設の設置とは、住民の利用に供する旨の普通地方公共団体の公用開始行為（公示や設置条例の公布等）を指し、廃止とは公用廃止行為（公示や設置条例の改廃）を指す。公の施設の管理とは、普通地方公共団体が当該「施設の本来的機能を保全し、住民による良好な利用をはかるために行うすべての作用」（高田・村上272頁）を指す。公の施設の管理には、例えば、利用申請に対する許可・不許可、許可の取消し、使用の中止・施設退去の命令、具体的利用規則の定立、施設・設備の点検・補修・増改築などがある。

　公の施設の住民による利用の法形式には、自由使用（例：公園、道路等）、許可使用（例：公民館等）、占用使用（例：道路工事等）、特許使用（例：ガス管敷設等）、契約使用（例：水道、ガス等）があり、許可使用には目的外使用を含む。

　公の施設の管理において、普通地方公共団体は、「正当な理由」がない限り、住民が公の施設を利用することを拒んではならず（同244条2項）、また、その利用について「不当な差別的取扱い」をしてはならない（同3項）。例え

ば、最判1996（平8）・3・15【自治百選57】は、埼玉県上尾市福祉会館の市長による使用不許可処分について、条例が定める許可基準の適用に際して許可を拒否する「正当な理由」が認められるためには、許可権者の主観的予測だけでなく、客観的な事実による具体的に明らかな予測をも要するのであり、この客観的予測を行っていない本件使用不許可処分は地方自治法244条2項の定める「正当な理由」のない拒否にあたると判断した。また、例えば、前掲、最判2006（平18）・7・14は、山梨県（旧）高根町の住民と非住民である別荘所有者との間に水道料金の格差を生じさせた、改正（旧）高根町簡易水道事業給水条例による水道料金の改定について、これを、当該公の施設の性質や、地方税納付義務を有する等住民に準ずる地位にある者と当該普通地方公共団体の結びつきの程度等に照らし合理的理由なく行った「不当な差別的取扱い」に当たるとして、「不当な差別的取扱い」を禁ずる地方自治法244条3項に反すると判断した。

指定に基づく管理
——指定管理者　公の施設の設置の目的を効果的に達成するため必要があると認めるとき、普通地方公共団体は、条例の定めるところにより、当該公の施設の管理を指定管理者に行わせることができる（同244条の2第3項）。この指定は、期間を定めて行うものであり（同5項）、あらかじめ当該普通地方公共団体の議会の議決を得なければならない（同6項）。

① **「法人その他の団体」**　公の施設の管理について、2003（平成15）年の地方自治法改正によって、「公共団体、公共的団体、地方公共団体の出資法人で政令で定めるもの」への管理委託から「法人その他の団体」の指定管理へと変更された。その結果、民間主体（個人は対象とならない。株式会社等は対象に含まれる）による公の施設の管理が可能となった。

② **指定の法的性質**　普通地方公共団体による指定管理者の「指定」は、公の施設の管理権限を付与する行政処分であると位置づけられている。したがって、普通地方公共団体と指定管理者との法的関係には、委任行政の法理が適用される。

③ **指定の手続及び管理業務**　指定管理者の指定の手続、指定管理者が行う管理の基準（住民による公の施設の利用条件等）及び業務の範囲その他必要な事

項については、条例で定めなければならない（同242条の2第4項）。公の施設の利用については、普通地方公共団体がその使用料を徴収することができる（同225条）が、当該普通地方公共団体が適当と認めるときは、条例の定めるところにより、あらかじめ当該普通地方公共団体の承認を得て指定管理者が利用料金を定めることができる（同244条の2第9項）。利用料金は、普通地方公共団体の収入ではなく、指定管理者の収入とすることができる（同8項）。

④　**指定管理者の権限**　　また、2003（平成15）年の改正により、法人その他の団体が行う管理の内容として、使用許可等の「公の施設を利用する権利に関する処分」が新たに追加された（同244条の4第1項）。その結果、①民間主体である指定管理者が、公の施設の利用申請を行う私人に対して使用許可等の行政処分を行うことができることとなり、また、②その限りにおいて、指定管理者は行政庁となった。

⑤　**指定管理者の監督**　　普通地方公共団体の長または委員会は、指定管理者に対して、報告を求め（年度事業報告書の提出を含む）、実施について調査し、又は必要な指示をすることができる（同244条の2第10項）。指定管理者による管理を継続することが適当でないと認めるとき（経営状況の悪化等）は、当該普通地方公共団体は、その指定を取り消し、又は期間を定めて管理の業務の全部又は一部の停止を命ずることができる（同11項）。この取消しは、行政処分であるため、不服申立て、取消訴訟、国家賠償請求の対象となる。

⑥　**指定管理者の被告適格等**　　指定管理者が公の施設の利用申請者に対して行う使用許可等は、行政訴訟法上の処分に当たるため、抗告訴訟が提起できる（大阪高決2021（令3）・7・15裁判所ウェブサイト）。また、使用許可等の行政処分を行った指定管理者は、公共団体に所属していないため（行訴11条1項）、取消訴訟の被告となる（同2項）。

(3)　**コンセッションにおける PFI 事業者**

　公共的な施設の民間主体による管理の仕組みには、地方自治法に基づいて普通地方公共団体に「指定」された「指定管理者」が公の施設の管理を行うという指定管理者制度とは別に、「民間資金等の活用による公共施設等の整備等の促進に関する法律」（以下「PFI 法」という）が定めるコンセッション制度があ

る。その先行事例に、空港、下水道がある。コンセッション制度は、地方公共団体と担い手との距離という点からは、「(4)　業務の受任（委任）と受託（委託）」の後に記述すべきであるが、公の施設の指定管理者制度と対比させるためここで記述する。

　コンセッション制度とは、料金の徴収を行う公共施設等について、当該施設の所有権を国または地方公共団体等の公共主体が有したまま、従来公共主体が有していた当該施設の運営権（以下「公共施設等運営権」という）について、これを、公共主体と株式会社等の民間主体（以下「PFI事業者」という）との「契約」に基づいて公共主体からPFI事業者に売却し、PFI事業者は長期間「独立採算型」で事業を行うものである。

公共施設等　　　　PFI法にいう公共施設等とは、地方自治法にいう公の施設と、庁舎、宿舎等の公用施設、研究施設、情報通信施設、人工衛星等が含まれている（PFI2条1項）。また、公共施設等に加え、公共施設等の整備等の特定事業もPFI法の対象となっている（同2項。以下、公共施設等と特定事業をあわせて「公共施設等」という）。普通地方公共団体がコンセッション制度を採用する際には、公の施設と公用施設がその対象となる。

公共施設等運営権　　　PFI法が定める「公共施設等運営権」とは、「公共施設等運営事業を実施する権利をいう」（同2条7項）。この運営権の内容について、PFI法関連法令及びそのガイドライン等に記載はないが、運営権を設定されたPFI事業者は、当該事業に対する最終的な経営責任を持ち、重要な方針、計画や施策の決定権をもつとされる（公共施設等運営権の取得により、民間事業者は当該事業の経営主体となる）。

コンセッション制度の意義と問題点　　上述のようなコンセッション制度は、その利点として、公共施設等の運営に「民間の資金、経営能力及び技術的能力」を活用できることが挙げられる（同1条）。「公共施設等運営権及び公共施設等運営事業に関するガイドライン」（2018（平30）・10・18内閣府民間資金等活用事業推進会議決定）によれば、コンセッション制度の導入により期待できる点として、例えば、①運営リスクの民間事業者への移転、②運営権対価の徴収による施設収入の早期回収、③民間事業者による事業経営・事業

実施の効率化、④顧客ニーズを踏まえたサービス向上、⑤運営権を財産権と認めることによる、その譲渡、抵当権の設定、減価償却等による資金調達の円滑化等が挙げられている。

　他方、コンセッション制度の導入に伴う問題点として、以下の点が指摘できる。コンセッション制度は、公共施設の所有と事業とを分離させる。これは行政（広義）からの契約による事業部門の完全な外部化である。この点、契約を用いる従来の公私協働手法においては、公共施設の所有と事業が一致して地方公共団体の下にあり、したがって、利用者からみれば、あくまで公共施設に関する行政（広義）であった。民間事業者が有する「効率性」そしてその背後にある「市場原理」は、公共施設の所有と事業の一致によって、広義の行政の中にとどまっていた。これに対し、コンセッション制度による公共施設の所有と事業との分離によって、事業が完全に市場原理に支配される可能性は否定できない。国民ないし住民の生活に不可欠な公共施設は、公共性の高い社会制度資本であり、かつ、国民ないし住民の平等な利用の機会が要請されるものであり、市場原理が有する営利追求のスキームは、これになじまないとする意見も多い。

　コンセッション制度が導入されたところでは、それが有する利点を生かしながら、公共施設の「公共性」を維持するための制度をコンセッション制度の内部に整備することが課題である。例えば、契約の中に従来地方公共団体が担っていた公共的な内容を盛り込みそれを PFI 事業者に義務づけること（PFI 事業者に出資する株主である出資者の資格を国民ないし住民に制限すること、料金の認可制、事業継続義務、サービスの質の保障等）、専門知識や技術の継承を目的に一定の有資格者の雇用を義務づけること、経営主体は代わっても雇用は継続させること、PFI 事業者を行政が監督すること、公共施設等の利用について不当な拒否や差別的取扱いを禁止しその救済制度を整備すること等である。このように検討課題が多いコンセッション制度について、政府はこの制度をさらに活用する政策をとっており、例えば2018（平成30）年12月 6 日には水道法が改正されコンセッション制度の水道事業への導入が容易となった。

(4)　業務の受任（委任）と受託（委託）

　地方公共団体の業務を法令に基づいて別個の組織が行うことが予定される場合と地方公共団体が任意に業務執行を委任または委託する場合がある。

a：法令に定められた業務の代行の場合

指定法人等による
業務の代行　　建築基準法上の建築確認事務を行う指定検査確認機関（建基 6 条の 2 ）、児童福祉法上の児童養護施設（児福27条 1 項 3 号）、認定こども園（同24条、認定子ども園 3 条）等が例である。係る事業者が行う地方公共団体の業務が、その性質上、処分に該当する場合は、事業者自身が行政事件訴訟法上の抗告訴訟の被告となるが、事業者と利用者との関係は契約関係と解しうる場合があることから、事業者は国家賠償法上の公共団体として国家賠償責任を問われうるか、委託契約に基づく契約責任または民法不法行為法上の損害賠償責任を負うのかについては争いがある（指定確認検査機関に関して、前者の例として、横浜地判2012（平24）・ 1 ・31判時2146号91頁、後者の例として、東京地判2009（平21）・ 5 ・27判時2047号128頁＝契約責任、東京地判2013（平25）・ 3 ・22LEX/DB25511700＝不法行為責任）。他方で、事業者が行った業務は、法律上、当該業務を行うこととされる地方公共団体が行った場合と同様の効果が生じることから、地方公共団体は事業者に対して業務の監督を行う権限を認められることがあり（例えば、指定自動車教習所に関する道交99条の 6 以下）、地方公共団体の監督権限の行使が不適切であった場合、事業者が行った業務に起因する損害の賠償責任を当該地方公共団体が負うことがありうる（指定確認検査機関に関して、最決2005（平17）・ 6 ・24【行政百選Ⅰ 7 】）。もっとも、法令上、地方公共団体が行うことが義務づけられている業務である場合、事業者が公的な権限を地方公共団体のために行使することを理由に、監督権限の有無を問うことなく、事業者の不適切な権限行使にかかる責任を地方公共団体に認める裁判例もある（児童養護施設に関して、最判2007（平19）・ 1 ・25【行政百選Ⅱ232】）。

b：任意の業務の委託の場合（PFI法、市場化テスト法）

　地方公共団体が任意にその業務を別個の組織に行わせることは、PFI法のような法令に基づく場合と委託契約に基づく場合がある。

PFI 法による業務委託

　PFI 法は前述のとおり、公の施設と公用施設の管理運営及びその整備事業が対象となるから、施設の建設またはその運営の例が多い。PFI は、施設の建設から管理運営、事業の終了に至る過程のどの段階で民間事業者が施設所有権を有するかによって、BTO（Build-Transfer-Operate、民間事業者が施設を建設し、施設完成後に公共団体に所有権を移転し、民間事業者が施設の管理運営を行う）、BOT（Build-Operate-Transfer、民間事業者が施設を建設し、管理運営を行い、事業終了後に公共団体に所有権を移転する）、BOO（Build-Own-Operate、民間事業者が施設を建設し、施設所有権を保持しながら管理運営を行い、事業終了後に施設を解体撤去する）、RO（Rehabilitate-Operate、民間事業者が既存の施設を所有権を得ないまま改修し、管理運営を行う）が区別される。PFI は、公の施設の指定管理と組み合わせて行われる場合は、前述(2)の地方自治法上の規制が適用されるが、それ以外は、前述(3)のコンセッションの場合を除いて、PFI 法は、PFI 事業に関する基本方針を定め公表する権限を政府に、基本方針に基づく実施方針を定め公表する権限を地方公共団体に与えるにとどまり（PFI 4 条・5 条）、事業の決定と業者の決定に関する統一的な法規制はない。この場合、事業の内容と運営は個々の事業契約によって定まるから、管理運営に関して地方公共団体と民間事業者の間の責任分担と事業者に対する監督権限の行使が私法に委ねられる。事業の決定から業者の選定、事業内容の決定、事業の運営・変更、事業の終了に至るまでの過程における透明性と説明責任の確保が問われる。

市場化テスト法と業務委託

　PFI 法以外でも、いわゆる市場化テスト法（競争の導入による公共サービスの改革に関する法律）が、地方公共団体の業務の実施を民間事業者へ委託する途を開いている。市場化テスト法は、戸籍業務等の窓口業務を特定公共サービスとして競争入札の対象とすることを認めているが（市場化テスト34条）、同法が規定していない窓口業務等についても、民間事業者に対する委託が行われうる（住民異動届、飼い犬登録、コールセンター等）。市場化テスト法は、民間事業者の創意と工夫により公共サービスの質の維持向上を狙うものであるが、実際に民間委託が進められる背景には公共部門の経費削減の必要性がある。これらの窓口業務のうち、公証に当たる行為

を委託するには法律・条例の根拠が必要となるが、市場化テスト法が予定する委託業務は、証明行為のうちの事実的ないし補助的行為の部分（申請書の受付、証明書の交付・引渡し）である。しかし、業務の切り分けや偽装請負にしないための配慮が却って事務作業の効率化を妨げるおそれがあること、窓口業務における個人情報の保護への影響、競争入札による価格競争が業務の質の低下を招くおそれがあることなどの問題が指摘されている。

　市場化テスト法による民間委託は、地方公共団体が実施方針により委託する業務を決め、業務ごとに、サービスの質、実施期間、必要な資格、業者決定の基準、業者が負う責任等を実施要項で定める（同8条・16条）。また、民間委託する過程の透明性、中立性及び公正性を確保するための仕組みとして、条例により合議制の機関が置かれる（同47条）。しかし、市場化テスト法によらない業務の民間委託について、これらの法規制が及ぶわけではないので、法令の根拠が求められる公権力の行使と関わらない業務の民間委託は、統一的な法規制に服していない。各地方公共団体が独自に条例や規則を定めている場合もあるが、少なくとも法律上、地方公共団体の業務と位置づけられているものについては、事実行為の委託であっても、市場化テスト法に準じて、透明性と説明責任、業務遂行に係る責任の明確な分担と地方公共団体の監督体制が確保されるような仕組みが必要であろう。

　警句となる事例として、さいたま地判2008（平20）・5・27【自治百選68】がある。

⑸　地方公社

　地方公共団体が業務を自ら行うのではなく、出資した別法人（外郭団体）に行わせる場合がある。このような出資法人は地方公社と総称されるが、法律上の一般的な定義はなく、開発公社、道路公社、観光開発公社、造林公社など、地方公共団体の業務の全般にわたって置かれうる。その設置形態は、特別法人（特別法に基づく出資法人）、会社、公益財団・社団法人、一般財団・社団法人等、多くの法形式をとる（公と私の共同出資の形態は第三セクターと呼ばれることもある）。このような多様性から、出資法人の法的統制のあり方が問題となる。

a：財政支出の効率性と比例性からの縛り

　地方公社に対する統制は、まず、地方公社に対する財政支出の面からの統制が考えられる。地方財政法4条や地方自治法2条14項の定めは、財政支出が効率性と比例性（必要性と相当性）に合致しなければならないことを示すが、地方自治法232条の2の規定からはさらに、地方公社に対する資金補助の比例性に「公益上」という縛りがかかる。このような法規定に即して、地方公社に対する資金支出が裁量権の逸脱濫用に当たるかどうかが審査された住民訴訟の裁判例がある。

**最高裁判例における
資金補助の裁量審査**　最判2004（平16）・7・13【自治百選62】では、名古屋市が市制百周年記念事業として企画した世界デザイン博覧会の準備運営に当たらせるために設立し、代表権を有する理事を市長が務め、市職員を中心に運営された財団法人世界デザイン博覧会協会の赤字を回避する目的で、長が地方公共団体と法人の双方を代表して、市が法人から施設・物品を買い受ける契約を締結することについて、民法108条・116条の類推適用により、市議会の議決が追認にあたり、契約の法効果が市に帰属し、デザイン博は市の事業として行われ、両者の間に実質的にみて準委任的な関係を認める余地があるとして、裁量権の逸脱濫用は認められなかった。

　また、最判2005（平17）・11・10【自治百選85】では、下関市が提唱した下関・釜山間の日韓定期高速船事業のために市と民間企業が出資・設立した日韓高速船株式会社が経営破綻した結果、連帯保証をした出資企業に連帯責任が生じることを避けるため、日韓高速船株式会社に対して債務相当額の補助金を支出したことについて、市議会においてその支出の当否が審議されたうえで可決されたものであることなどから、公益上の必要があるとした市の判断に裁量権の逸脱濫用に当たる不合理性が認められなかった。

　これらの裁判例は、地方公共団体が行う事業そのものの是非を問うことなく、地方公社を手足として用いること（両者の間の「距離」の取り方）について、地方議会による承認を主たる根拠として裁量違反を認めなかった。これに対して、地方公共団体が地方公社を用いて行う事業の裁量違反を問う余地を限定的に認めたとみられるのが次頁の 判例2 である。

b：行政的統制（地方公共団体の内部的統制）

地方自治法に基づく内部統制　　地方自治法221条３項は、地方公共団体が資本金、基本金等の２分の１以上を出資している法人等に対して、予算の執行の適正を期するための長の調査・監督権を規定する。また、2020（令和２）年改正地方自治法150条は、長が内部統制の方針を定め、それに基づいて体制整備とあわせて毎年度内部統制評価報告書を作成して監査委員の審査に付し、さらに監査委員の意見を付けた報告書を議会に提出するとともに公表することを義務づける。ここでいう内部統制は、基本的に財務に関する事

判例2　宮津市土地先行取得事件〈最判2008（平20）・１・18【自治百選50】〉

　京都府から京都府土地開発公社に丹後リゾート大規模公園事業の事業用地の先行取得業務が委託され、同公社から再委託された宮津市が地権者との間で行った買収交渉において、事業区域外の土地を合わせて買収することを求められ、市が公有地の拡大の推進に関する法律に基づき周辺の町と設立した丹後地区土地開発公社との間で、市長が市と公社の双方を代表して、土地を時価を大幅に超える価格で購入することを委託する契約と、公社から購入のための借入金債務を加算した金額で買い取る契約を締結したことについて、委託契約と売買契約の締結は違法であるとして、住民訴訟が提起された。

　最高裁は、委託契約が私法上無効であるときには、普通地方公共団体の契約締結権者は、無効な委託契約に基づく義務の履行として買取りのための売買契約を締結してはならないという財務会計法規上の義務を負っているとして、①委託契約に裁量権の範囲の著しい逸脱又は濫用があり、委託契約を無効としなければ地方自治法２条14項、地方財政法４条１項の趣旨を没却する結果となる特段の事情が認められる場合には、委託契約は私法上無効になり、②先行取得の委託契約が私法上無効ではないものの、これが違法に締結されたものであって、普通地方公共団体がその取消権または解除権を有しているときや、③当該委託契約が著しく合理性を欠きそのためその締結に予算執行の適正確保の見地から看過し得ない瑕疵が存し、かつ、客観的にみて普通地方公共団体が委託契約を解消することができる特殊な事情があるときにも、普通地方公共団体の契約締結権者は、これらの事情を考慮することなく、漫然と違法な委託契約に基づく義務の履行として買取りのための売買契約を締結してはならないという財務会計法規上の義務に違反して買取りのための売買契約を締結すれば、その締結は違法なものになるとした。

務（地自150条1項1号）に限られるが、財務に関する長を中心とした内部統制体制の整備により、内部統制評価の報告を受ける監査委員と議会は、財務に関しては内部統制体制の運用状況を踏まえた重点的なチェックを行い、それ以外の分野（行政監察）に関して、より専門性を高めたチェックを行いうる（財政的援助団体、出資法人に対する監査につき、同199条7項）。

地方公社に対しては、地方公共団体が出資する商法上 |地方公社に対する 人的な支援と統制| の法人や公益法人・一般法人の役員任免権を留保することが行われる。もっとも、代表者を首長や地方公共団体の職員 OB が兼ねる場合には、相互牽制が働かなくなって業務の独立性が損なわれるおそれがあり、地方公社の形態をとって業務を遂行することの意義が問われよう。

また、地方公共団体の職員を派遣して、事務局体制を支援すると共に業務執行の統制を行うこともある。しかし、この場合は、職員の公務員法上の職務専念義務の観点からの問題がある（最判1998（平10）・4・24判時1640号115頁）。職員の第三セクター事務局への派遣について、最判2004（平16）・1・15【自治百選63】は、職務専念義務の免除を違法と判断した。

なお、平成10年の最高裁判決の後、公益的法人等への一般職の地方公務員の派遣等に関する法律が制定され、公益的法人等や第三セクターへの職員派遣について適法となる道が開かれている。同法の定める手続によらないで派遣職員の給与相当分を補助金で支給したことを違法とした（ただし過失は否定）例に、最判2012（平24）・4・20【行政百選Ⅰ5】、【自治百選113】がある。

特別法に基づく特別法人については、設立・定款 |特別法に基づく監督権| 変更認可、人事・業務監督権、出資承認権等がある（例えば、地方住宅供給公社法に基づく住宅供給公社、地方道路公社法に基づく道路公社等）。また、地方独立行政法人法は、独立行政法人に倣った目標設定と達成評価のシステムを規定する。

2 地方公共団体と協働的または並列的な関係に立つ地域に関わる公益的業務の担い手

　地方公共団体の業務ではないが地域に関わる公益的な性質をもつ業務を、地方公共団体の組織とは別の組織が担うことがある。これらの組織は、地方公共団体と協働的または並列的な関係に立ち、その業務は、地方公共団体の業務と共に住民の福祉の向上に資することが期待される。そのような組織には農業協同組合、漁業協同組合、森林組合、商工会議所、医師会等、多くは特別法により地域的な職業組織として活動するものがあるが、ここでは一般的な制度に基づく組織であるNPO法人、公益法人と地縁による団体（町内会・自治会）を取り上げる。

(1) NPO法人、公益財団・社団法人

公益法人制度改革　　旧民法34条の「公益」に関する法人は、特別法により、それぞれ異なる官庁が所管する宗教法人、社会福祉法人、学校法人、医療法人、更生保護法人、特定非営利活動法人に分かれ、さらに、営利でも公益でもなく共益を目的とする中間法人（中間法人法）という類型があった。2008（平成20）年の公益法人制度改革によって、旧来の公益法人は、現在の公益社団法人と公益財団法人、一般社団法人と一般財団法人という区分に変えられ、特別法に基づく公益法人は存続したが、中間法人は一般法人に移行した。公益法人は、税制上の優遇措置を受ける（公益目的事業費非課税、宗教法人以外の公益法人に対する寄付金非課税）。

NPO法人　　公益法人制度改革の先駆けとなったのは、1998（平成10）年に導入された特定非営利活動法人（NPO法人）である。特定非営利活動促進法（NPO法）は、別表に規定する20の分野で公益の増進に寄与し、営利を構成員に分配することを目的としない団体に法人格を与え、収益事業以外の公益的事業について非課税とする税制上の優遇により支援する。NPO法人は、都道府県知事（または指定都市の長）の認証を受け登記することによって設立され、役員の変更、重要な定款変更、会計原則、事業報告等の規

制以外は、NPO 法人自らが、事業活動の透明性を確保することが求められている。

　NPO 法人の活動は地方公共団体による地方公益の実現とは別個に存在するものであるが、NPO 法人は地域の住民がそれぞれの地域に根ざした活動を行う例が少なくなく、地方公共団体が目指す公益実現と関連したり、NPO 法人の活動を支援することで地方公共団体が公益実現を図ろうとしたりすることがある。その場合は、双方の目的と機能からみた適切な「距離」、透明性の確保と双方が説明責任を果たす仕組みが求められる。

公益社団法人と公益財団法人　　公益法人制度改革により作られた公益社団・財団法人については、所管庁は国においては内閣総理大臣、都道府県においては知事であるが（公益法人 3 条）、公益性の認定等の諮問を受け法人に対する監督に係る報告徴取・検査の権限を受任し、所管庁に対して答申・勧告を行う機関として、内閣府に公益等認定委員会、都道府県に合議制機関が置かれる。この合議制の機関は、諮問機関ではあるものの、自ら検査・報告徴取等の法人に対する監督権を行使する権限や所管庁に対して処分等を行うよう勧告する権限を有している点で規制機関的な役割を有している。

　公益社団法人及び公益財団法人の認定等に関する法律に基づく規制の柱は、公益目的の事業であるかどうかの判定と財務三基準と呼ばれる財務面での規制である。公益認定については、「別表各号に掲げる種類の事業であって、不特定かつ多数の者の利益の増進に寄与するもの」（同 2 条 4 号）が公益目的事業とされ、5 条各号で基準が定められている。公益認定は、税制上の優遇措置を受ける公的な団体としての適格性と民間の団体の自発的な公益的活動の増進の間の衡量によって行われるべきものであるが、この制度における公益の内容自体、社会における自由な判断の展開に委ねられている面があるから、一方的な公益性の判断の押しつけは問題となりうる（一般財団法人日本尊厳死協会に関する東京高判2019（令元）・10・30LEX/DB25565192）。

　財務三基準は、①公益事業費率50％以上、②遊休財産規制、③収支相償からなる。①は、法人の事業に係る費用を公益目的事業のための費用、法人運営のための費用、収益事業等の費用に区分し、公益目的事業のための費用が全体の

50％以上でなければならないこと、②は、遊休財産が公益目的事業の費用の1年分を超えてはならないこと、③は、公益目的事業に係る収入がその実施に要する適正な費用を償う額を超えてはならず（同5条6号）、公益目的事業を行うにあたり事業の実施に要する適正な費用を償う額を超える収入を得てはならないこと（同14条）を意味する。

　公益法人認定法は、法人設立と公益目的事業の実施を切り離しており、一般法人法（一般社団法人及び一般財団法人に関する法律）に基づいて登記をすれば法人は設立でき、公益目的事業を行う場合は公益社団・財団法人としての認定を受けるという2階建て方式をとる。したがって、公益社団・財団法人の業務執行のガバナンスについては、一般法人に関する規定が適用される。

　公益法人と一般法人の中には、地方公社に当たるものや地方公共団体から資金補助を受けているものも少なくなく、随意契約による業務委託の相手先や公の施設の指定管理者とされる例も少なくない。公益法人制度が本来目指しているものは、政府から離れた民間の団体が独自に公益的活動を行うことを支援することであって、国や地方公共団体が公益法人という仕組みを使って政府が行うべき公益的活動を抜け道的に肩代わりさせることが目的となってよいものではない（「外郭団体への逃避」）。地方公共団体による出資、資金補助、人的統制については、前述した地方公社に関する法原理が当てはまり、業務委託についても前述の法的規制が民間事業者に業務委託される場合と同様に当てはまる。行政との「距離」が近くなる行政出資・行政補助型の公益法人については、公益法人認定法上は別段の扱いはされていないものの、民間出資型と同列に扱うこと、特に団体の規模に応じた法規制の柔軟な運用が、行政出資・行政補助型に対して、行政との「距離」を問うことなく、そのまま適用されることの合理性が吟味されるべきであろう。

⑵　**地縁による団体**（町内会・自治会等）

　地縁による団体とは、市町村内の一定区域を単位として、その区域に住所を有する者の地縁に基づいて形成された団体であり、町内会、自治会、町会、部落会、区会等と称されるもの（以下「町内会・自治会」という）がこれに該当する。町内会・自治会は、区域の住民相互の連絡、環境の整備、集会施設の維持

管理等、良好な地域社会の維持及び形成に資する地域的な共同活動を行っている。

自治会の成立と変遷

町内会・自治会は、その起源を遡ると江戸時代に制度化されていた五人組やマチ、ムラ等の隣保組織に至る。明治維新を経て、廃藩置県とそれに伴う地方自治制度が整備され、伝統的な隣保組織は名称や区域を変更され私的組織化された。しかし、これらの隣保組織は、住民の生活や生産の地域的単位として事実上重要な機能を果たしていた。そこで、明治時代以降の市町村は、これを「行政区」として区長（地域有産者）を置き、行政に協力し補完する私的組織として維持することとした。町村会・自治会と称されるこれら私的組織は、1931（昭和6）年（満州事変）以降、戦時体制の強化を背景として、「部落会町内会等整備要領」（1940（昭和15）年内務省訓令第17号）及び1943（昭和18）年の市制・町村制改正に基づいて、法制度上、市町村の補助的下部組織（末端組織）として位置づけられることとなった。町内会長への就任は市町村長による承認を要し、町内会・自治会への加入は強制となり、市町村長の認可を得たうえで町内会・自治会の団体の名義で財産を保有することができた。町内会・自治会の主な活動は、防空、消火、配給、衛生業務等戦争遂行の徹底を図るものとなった。

戦後、占領軍は、町内会・自治会の存続が「地方自治の原則に反する」とみて町内会・自治会の禁止命令を発し、これを受けて町内会部落会又はその連合会等に関する解散、就職禁止その他の行為の制限に関する政令（1947（昭和22）年5月3日政令第15号）が公布された。これにより、町内会・自治会は法制度上廃止され、団体名義の財産（不動産等）も処分することが義務づけられた。

しかし、これらの町内会・自治会に代わる類似の組織が、事実上全国的に復活した。この時期は、戦後の治安や衛生、さらには物資の配給問題があったため、これら隣保組織の生活互助機能が不可欠だったのである。1956（昭和31）年の調査では、町内会・自治会がない区域は全国の2.4%だけであった。

戦後、一度禁止された町内会・自治会が占領終了後に再び表にあらわれ、活発に活動を始めたことに対しては、地域の民主化という戦後の課題との関係でこれをどう評価するかについて、意見が割れることとなった。その1つは、町

内会・自治会は旧い封建的な共同体の残滓であって地域の民主化とは相いれないものであるとする考え方であった。他方、この町内会・自治会は、地域の共同的な公共のしごとを担っていることから、地域の民主化の担い手となりうるとする考え方もあった。このような戦前の町内会・自治会に対する否定的な評価と、戦後のそれに対する積極的な評価とが影響して、町内会・自治会を制度上どのように位置づけるかは困難な課題として、事実上長年にわたって放置されることとなった。

その後、高度成長期を迎えた日本では工業化と都市化が急速に進み、これに伴って町内会・自治会は、それが果たす機能も内部の結束力も徐々に弱体化していった。すなわち、個人の自由を束縛する町内会・自治会の旧い機能も、住民の公共的なしごとを民主的に行うという新しい機能も、ともに働かなくなっていったのである。

弱体化した町内会・自治会には、さらにこの後、町内会・自治会の財産をめぐる新たな紛争も加わることとなった。町内会・自治会は権利能力なき社団に当たると解され（最判1967（昭42）・10・19【自治百選A2】）、町内会・自治会等が保有する不動産等の登記等は、当該町内会・自治会の名義では行うことができず、町内会・自治会の代表者等の個人名義となっていた。その後、戦後に町

判例3　自治会の法的性格と退会の自由〈最判2005（平17）・4・26【自治百選5】〉

　県営住宅の入居者を会員とする自治会（認可地縁団体ではない）は、その規約に、入会資格、共益費、自治会費の定めを置いていた。当該自治会役員らの方針に不満をもった会員は、自治会に対して退会の申入れを行った。自治会はこの会員に対して、退会を申し入れた月までの3カ月分とそれ以降の21カ月分の共益費及び自治会費の支払いを請求した。

　最高裁は、当該自治会が、快適な環境の維持管理及び共同の利害への対処等を目的として設立された権利能力のない社団であり、強制加入団体でもなく、その規約において会員の退会を制限する規定を設けていないのであるから、その会員は、いつでも当該自治会に対する一方的意思表示によりこれを退会することができると解するのが相当であり、本件退会の申入れは有効であるとして、自治会費については、退会を申し入れた月以降の支払義務を認めなかった。一方で、共益費については、支払義務を認めた。

内会・自治会を担った世代が退場し、その世代の個人名義になっていた町内会・自治会の財産を相続した世代がこれを売却するなどした例が多発した。しかし、権利能力なき社団である町内会・自治会は、売却の阻止も、自らの財産であるとの主張も法的にはできなかった。

　そこで、1991（平成3）年の地方自治法改正により、町内会・自治会のうち、町内会・自治会の申請に基づき市町村長の認可を受けたものについては、認可を受けた地縁団体（以下「認可地縁団体」という）として、これに法人格が付与される制度がつくられた（地自260条の2第1項）。市町村長の認可の目的は、「地域的な共同活動のための不動産又は不動産に関する権利等を保有するため」であり、認可地縁団体は、「その規約に定める目的の範囲内において、権利を有し、義務を負う」（同項）。市町村長の当該認可は、自治事務であり、認可要件（同2項）に適合していることの公証である。認可地縁団体は、任意加入の団体であり、また、「公共団体その他の行政組織の一部」と解釈されてはならない（同6項）。認可地縁団体は、正当な理由がない限りその区域に住所を有する個人の加入を拒否してはならず（同7項）、構成員に対し不当な差別的取扱いをしてはならず（同8項）、また、特定の政党のために利用してはならない（同9項）。これらの禁止条項を設けた理由は、町内会・自治会がこれらの禁止条項が禁止している行為を行っている実態が広くみられたからである。

　現在、認可地縁団体は町内会・自治会のうちの約2割弱を占める（令和3年度総務省調査では、全国の町内会・自治会約20万団体のうち3万8000団体が認可地縁団体である）。上述の、認可地縁団体に対する禁止事項は、認可を得ていない自治会・町内会の内部でも現在生じており、民事訴訟で争われることがある。例えば、大分地中津支判2021（令3）・5・25裁判所ウェブサイトは、自治会長らが、当該自治会への加入を求める住民に対して住民票を移していないことを理由に自治会構成員と認めない共同断交決議を行ったこと等は「社会通念上許される範囲を超えた『村八分』として、共同不法行為を構成する」として、損害賠償を認めた。

| 町内会・自治会の主な活動 | 町内会・自治会は、認可地縁団体であるか否かにかかわらず、一般に、防災・防犯・生活環境整備事業への |

協力、町内の親睦活動、市町村行政事務の周知（広報活動）、市町村行政に関わる事項の調査等を行っている。町内会・自治会の多くは、市町村から補助金を受給している。

　町内会・自治会の活動の中には、事実上、地方公共団体の行政を補助するものがある（広報誌の配布、調査、街灯の管理、ゴミ集積所の管理等）。また、地方公共団体が定める生活安全条例やまちづくり条例において、地域の防犯や安全確保のための活動を行う関連諸機関として位置づけられ、行政とネットワークを形成するものもある。さらには、建築基準法69条が定める「建築協定」を締結し、行政と協働するものもある。他方、住民団体としての自主的な活動も行っている（親睦活動等）。

　近年、町内会・自治会への加入率は低下傾向にある。これに対しては、従来の町内会・自治会を廃止し事案ごとにボランティアを募る形式を採用したり、あるいは、町内会・自治会の運営活動を担うNPO法人に委託したりする等の取組みもある。

III

地方公共団体の組織

1 地方議会

1 地方議会の組織構造

(1) 地方議会の地位

　地方議会は、憲法93条では議事機関とされているが、議事機関とは当該地方公共団体の意思を決定する機関であると解されている。また、地方議会は、住民の直接選挙によって選出された議員により構成されるため住民代表機関といえる。ただし、長も住民の選挙により選出される住民代表機関であることから、国政レベルの議院内閣制と対比して、地方公共団体の統治構造は二元代表制とされる。二元代表制の下で、議会は長を含む執行機関を監視する機能を有する。

(2) 地方議会の組織

　本会議と委員会　議会の会議には本会議と委員会がある。本会議は、議員全員により議会の意思を決定する会議体である。委員会は、少数の議員によって構成されるもので、専ら本会議の審議の準備を任務とするものである。委員会は、条例による任意設置とされているが、通常の議会では、行政事務の各分野に対応した委員会制度が採用されている（委員会中心主義）。

　議会は、委員会として、常任委員会、議会運営委員会及び特別委員会を設けることができる（地自109条1項）。常任委員会は、行政分野別に設けられ、当該委員会の所管事項に関する調査や本会議から付託された議案さらには請願を審議する（同2項）。議会運営委員会は、議会運営の調整や議長の諮問に関する事項のほか、会議規則や委員会に関する条例等の事項について調査し、議案や請願を審査する（同3項）。特別委員会は、議会の議決による特定の案件を審査するために設けられる（同4項）。以上の委員会は、各々の所管事項の事務につ

いて、議会に議案を提出することができる（同6項）。

議長・副議長　議長及び議長を代理する副議長は、議員の中から選出されることとなっている（同103条1項）。議長及び副議長の任期は議員の任期と同じである（同2項）。議長は、議場の秩序を保持し、議事を整理し、さらには議会の事務を統理するとともに、議会を代表する（同104条）。また、議長は、委員会に出席し、発言することができる（同105条）。副議長は、議長に事故があるときや議長が欠けたときに、議長の職務を行う（同106条1項）。

法定外組織と議会事務局　議会は、本会議と委員会のほかにも、全員協議会や会派代表者会議などのいわゆる法定外の内部組織を有している。これらの会議体は現実には議会運営に関する調整や議案に関する事前協議といった重要な役割を担っている。そこで、地方自治法は、100条12項で会議規則の定めによって「議案の審査又は議会の運営に関し協議又は調査を行う場を設けることができる」として、これらの組織を正規の議会活動として位置づけることを認めている。

　なお、議会活動に関わる事務を処理するために議会事務局が設置される（同138条）。ただし、市町村の場合その設置は任意とされている。実際に事務局は議員の議会活動をサポートする組織といえる。近時の地方議会改革で求められている政策形成機能の強化のためには、議員の政策活動に対する事務局の積極的な支援が不可欠である。もっとも、議会事務局の局長その他の職員は議長の指揮監督の下にあるが（同138条5項）、執行機関からの人事異動によって配属されるのが通常である。

(3)　**地方議員**

議員の身分　議員は、住民の直接選挙によって選ばれ（憲93条2項）、その任期は4年である（地自93条）。議員の被選挙権は、当該地方公共団体の区域内に3カ月以上居住する満25歳以上の日本国民に与えられており（公選10条・19条・21条）、いわゆる住所要件がある。なお、議員は、被選挙権を失ったとき（地自127条1項）や議会から除名されたとき（同135条1項）などの場合には失職する。また、議員は自ら辞職することができる（同126条。た

だし、議会の許可を必要とする）。

　議員は住民代表である点で国民代表たる国会議員と同質であるものの、国会議員に認められている不逮捕特権（憲50条）やその発言表決に対する免責特権（同51条）は、議員には認められないとされる（最大判1967（昭42）・5・24【自治百選69】は、地方議員に憲法上免責特権が保障されていると解すべきではない、としている）。なお、議員は、地方公共団体の首長（地自141条）ほか国会議員や他の地方公共団体の議員ならびに常勤職員などと兼ねることができない（兼職禁止。同92条）。

議員の処遇　　議員は、非常勤の特別職公務員である（地公3条3項）。議員には議員報酬が支給されねばならず、また、費用弁償や期末手当も支給でき（地自203条1～3項）、その額は条例で定めることとなっている（同4項）。議員報酬の性格は、生活給ではなく職務遂行に対する対価にすぎないとされているが、他方、期末手当の支給は生活給的性格をもつといえる。

　また、調査研究その他の議員活動のために、その経費の一部を政務活動費として、条例に基づいて議員または会派に対して交付することが認められている（同100条14項）。交付にあたり、議長はその使途の透明性の確保に努めることとされている（同16項）が、周知のように、政務活動費の不適切な支出が数多く指摘されている。ちなみに、議員と会派の政務活動費の支出は区別されることが制度上予定されているが、会派を交付対象とする政務調査費（現政務活動費）について、交付要件に「会派が行う」としていたところ、会派代表者の承認だけでなされた支出がこの要件を満たすかが争われた事案において、最高裁は、会派代表者の承認を会派自らが行ったものと認める余地がある、と判断している（最判2009（平21）・7・7【自治百選73】）。

　特別職たる議員に対しては、地方公務員法は特別の定めを除いて適用されず（地公4条2項）、それゆえに職務専念義務がないため、基本的に兼業は可能であるが、議員の公正な職務遂行のために、当該地方公共団体と請負関係に立つことや請負をする法人の役員に就任することは禁止されている（地自92条の2）。これを一般に請負禁止というが、その範囲が明確とはいえないため、議員のなり手不足の一因になっているという指摘がある。なお、議員がこの規定

に抵触するときは失職する（同127条1項）。ただし、その場合は議会において出席議員の3分の2以上の多数決によって決定しなければならない（同項）。

2　地方議会の権限

地方議会は議事機関として種々の権限を有しているが、そのうち、議決権、監視権及び自律権について説明する。

(1)　議決権

議決権は、当該団体の団体意思を決定する権限であり、議会の権限のうちで最も重要なものといえる。

議決事項　議会の議決権といっても当該団体の団体意思のすべての事項について決定しうるものではないとされているが、地方自治法96条1項各号所定の当該団体にとって重要な事項がそれであるとされる。そのため、議会の議決事項は制限列挙であると解されている（それ以外の団体意思については長その他の執行機関に決定権限がある、と解されている）。もっとも、同条2項は議会が条例によって議決事項の追加を認めている。この条項を活用して、総合計画など当該団体にとって重要な計画等を議決事項に追加する議会が増えている。

同条1項各号に掲げられた議決事項には、条例の制定改廃（地自96条1項1号）や予算の決定（同2号）さらには決算の認定（同3号）といった本来、立法機関としての議決権限事項といえるもののほか、重要な契約の締結（同5号）といった本来、執行機関の権限に属する事項も含まれている。後者は議会の議決事項とすることで、当該事項について議会の事前関与を認めることによって、適正に処理されることを期待したものといえる。

条例の制定改廃（同1号）という立法権限は、議会の権限の中で最も重要なものである。条例制定権は、自治事務だけでなく法定受託事務にも原則的に及ぶことになったため、従前より拡大したといえる。2号の予算の決定も議会の重要な議決事項といえる。なぜなら、行政活動の財政的裏付けは予算であり、その審議と議決を行うことを通じて、議会は執行機関に対するコントロールを

行うことができるからである。もっとも、予算の議会への提案権が長に専属している

ため、議会は、長の提案権を侵害しない限りで予算の増額修正を行うことができる、とされる（同97条2項。なお、減額修正は当然可能とされている）。さらに、決算の認定も財政支出の事後的チェックという面で議会の重要な権限といえる。なお、議会が決算を不認定としたときは、長は必要と認める措置を講じた場合にはそれを議会に報告し公表しなければならない（同233条7項）。

　ところで、地方自治法96条1項10号は議決事項に「権利を放棄すること」を挙げているが、権利については特に制限を設けておらず、かかる権利放棄には議会の裁量が認められている。しかし、住民訴訟係属中に係争の対象となっている損害賠償請求権等を10号に基づいて議会が放棄する旨の議決をすることがあり、その是非が争われ下級審の判断も分かれていたが、最高裁は、議会の権利放棄の議決の適否につき議会の裁量権に委ねられるとしつつ、当該財務会計行為の性質・内容等、当該請求権の放棄の影響等に加えて当該議決の趣旨・経緯などの諸般の事情を考慮して、裁量権行使が逸脱・濫用に当たる場合には当該議決は無効となる、との判断を示した（最判2012（平24）・4・20【行政百選Ⅰ5】、【自治百選113】。詳細は第Ⅸ章2節住民訴訟の2の「損害賠償請求権の議会による放棄」を参照）。これを受けて、2017（平成29）年の地方自治法改正では、議会は、住民監査請求があった後、当該請求に係る権利放棄議決をするときは、あらかじめ監査委員の意見を聴かねばならないこととなった（同242条10項）。

議案提案権　議案を議会へ提案する権限は、議員（同112条1項）及び委員会（同109条6項）のほか、長に認められている（同149条1項）。しかし、議案によっては議会側か長かのどちらかに提案権が専属するものがある。上述したように、予算の提案権は長に専属しているし、議会運営に関する条例は議会側に提案権が専属すると解されている。提案権が明らかに専属するもの以外は、議会側と長の双方に提案権があると解されている。

　なお、直接請求制度により、普通地方公共団体の議会の議員及び長の選挙権を有する者は、その総数の50分の1以上の者の連署をもって、条例の制定改廃の請求をすることができる（同74条1項）。この場合において、長は、意見を付けて請求を議会に付議しなければならない（同3項）。詳細はⅧ章2節2参照。

議決の効力　議決とは、ある議案について、会議における表決の結果、議会としての意思が決定することをいう。表決は、特別多数決を要する議案を除いて、出席議員の可否いずれかの過半数で決し、可否同数の場合は議長の決するところによる（同116条1項。議長は、特別多数決を要する議案を除いて、議員として表決に加わることができない）。ところで、議決権は、当該団体の意思を決定する場合のほか、議会の機関としての意思を決定する場合もある。議員の懲罰の議決（同134条1項）が後者の例である。団体意思を決定する議決は、それ自体は内部的な意思決定にとどまるために、対外的には法的効力をもたないとされる。これに対して、議会が機関としての意思決定をした場合の議決は、直ちに法的効力を有する場合がある。なお、議決を必要とするのにそれを欠いたままなされた執行機関の行為について、これを無効する判例がある（議決を欠いた約束手形の振出行為について、最判1960（昭35）・7・1【自治百選A12】）。

(2)　監視権

　議会は、上述のように、執行機関監視機能を有するが、その具体的権限として重要なものとしては、検査権、監査請求権及び調査権を挙げることができる。

検査権・監査請求権　議会は、当該団体の事務について、書類及び計算書を検閲したり、執行機関から報告を求めて、当該事務の管理、議決の執行または出納を検査することができる（同98条1項）。ただし、自治事務のうち労働委員会及び収用委員会の権限に属する事務で政令で定めるもの、法定受託事務のうち国の安全を害するおそれがあるなど議会の検査対象とすることが不適当であるとして政令で定めるものは、除外される（これは以下の監査請求権及び調査権についても同様である）。なお、検査権行使の主体は議会であって議員個人ではない。この検査権は書面による検査であって実地による検査はできないとされている。

　また、議会は、監査委員に対し監査を求め、監査結果の報告を求めることができる（同2項）。

調査権　議会はその任務を遂行するために当該団体の事務について調査を行うことできる（同100条1項）。いわゆる100条調査権と

いうもので、議会は、調査に必要があると認めるときは、執行機関のみならず選挙人その他の関係人に対して、出頭、証言及び記録の提出を求めることができる（同1項）。関係人等が正当な理由なくこれを拒んだときや偽証をしたときは、罰則の適用もある（同3項）。この調査権の行使の主体は議会であるが、議決によって調査権を委員会に委任することができ、当該事案を付議事件とする特別委員会が設置されることが一般的である（いわゆる100条委員会）。

　また、議会は、議案の審査や事務の調査のためなど必要があると認めたときは、議決により議員を派遣することができる（同13項）。同様に、委員会も調査または審査のために委員を派遣することができる（同109条2～4項）。

　　議員の質問権　　さらに、議会の監視機能の一環として、議員個人の質問権を挙げておく。質問権は地方自治法にその定めはないが、議会が定める会議規則には、議員が議案審議における質疑とともに当該地方公共団体の施策全般に対する一般質問が認められている。

(3)　自律権

　議会は、自らの組織や運営事項について自主的に（つまり他の機関からの干渉を受けずに）決定する権能を有している。これは、一般には議会の自律権と呼ばれており、組織運営権、規則制定権さらには内部紀律権などを内容とするものである。

　　組織運営権・規則制定権　　組織運営権の具体的内容のうち主たるものは地方自治法に定められている。これには、議長及び副議長の選出権（同103条・106条）のほか、委員会の組織運営に関する権限、さらには議会の開閉や会期の決定といった議事運営に関する権限が挙げられる。議事運営は、地方自治法の規定のほか、会議規則や申し合せにより各議会独自の運営がなされている。

　規則制定権については、地方自治法120条により会議規則を制定することとしている。つまり、会議運営事項は法令に反しない限りで、各議会が会議規則により自由に定めることができる（ただし、現実には標準都道府県・市・町村会議規則というモデルが議長会によって作成されており、各議会は概ねそれに準拠した会議規則を制定している）。

> **判例4**　出席停止処分取消等請求事件〈最大判2020（令2）・11・25民集74巻8号2229頁〉
>
> 　岩沼市議会議員であった本件原告が、同議会から懲罰として科せられた23日間の出席停止処分が違憲、違法であるとして、その取消等を求めて出訴した。第1審（仙台地判2018（平30）・3・8判時2395号45頁）は、議会の内部規律の問題であるとして訴えを却下したが、控訴審（仙台高判2018（平30）・8・29判時2395号42頁）は司法審査の対象となるとし、訴えを適法であると認めて、第1審に差し戻したため、同市が上告した。
>
> 　最高裁は、議員は住民代表としてその意思を当該普通公共団体の意思決定に反映するために活動するという責務を負うとしたうえで、出席停止の懲罰は、その期間中は本会議及び委員会への出席ができないから、「議事に参与して議決に加わるなどの議員としての中核的な活動をすることができず、……議員としての責務を十分に果すことができなくなる。」とし、こうした出席停止の懲罰の性質や議員活動に対する制約の程度に照らすと、議員の権利行使の一時的制限にすぎないとはいえず、その適否を議会の自律的解決に委ねるべきであるとはいえない、とした。そして、出席停止の懲罰には「……議会に一定の裁量が認められるべきであるものの、裁判所には常にその適否を判断することができる……。」と結論づけ、控訴審の判断を支持した。

内部紀律権　会議での秩序を維持する権限や仮に秩序をみだす者がある場合にそれに制裁を加える権限を内部紀律権というが、地方自治法104条は議長に議場の秩序維持の権限を与えている。議会は、秩序をみだす行為を含めて、地方自治法、会議規則さらには委員会条例に違反した議員に対して、議決により懲罰を科すことができる（同134条1項）。懲罰には、戒告、陳謝、出席停止、除名の4種があるが（同135条1項各号）、懲罰動議は議員定数の8分の1以上の発議によらねばならず（同2項）、除名の議決については議員の3分の2以上が出席し、その4分の3以上の同意が必要とされる（同3項）。判例は、除名は議員の身分を失わせるため司法審査が及ぶとしていた（最大判1960（昭35）・3・9民集14巻3号355頁）が、除名以外の懲罰は議会内部の自律的決定の問題であるとして、司法審査が及ばないとしてきた（最大判1960（昭35）・10・19【自治百選74】）。しかし、最高裁は、最近になって、出席停止についてはこの立場を変更して、司法審査が及ぶとした（**判例4**参照）。

3　地方議会の運営

(1)　議会の種類と招集

定例会と臨時会　議会の種類には、定期的に招集される定例会と、必要がある場合に当該案件に限って審議される臨時会があるが、定例会は条例で定める回数（多くの議会は年4回）を毎年招集することとなっている（同102条）。招集権は長に属している（同101条1項）。ただし、臨時会については、議員定数の4分の1以上の議員から招集請求があったときや議長が議会運営委員会の議決を経て付すべき事件を示して招集請求したときは、長は請求のあった日から20日以内に招集しなければならない（同2〜4項）。もし長が招集しないときは、議長による請求の場合は議長が臨時会を招集することができ、議員による請求の場合には、議長は、請求した者の申出に基づき、都道府県と市の場合には申出の日から10日以内に、町村の場合は6日以内にそれぞれ臨時会を招集しなければならない（同5〜6項）。

　議会は一般に会期制をとっている。会期とは議会が議会として活動できる期間のことをいう。会期の決定やその延長は議会の権限に属する（同102条7項）。なお、2012年の地方自治法改正により、条例によって定例会・臨時会制をとらずに通年の会期をとることも認められるようになった（同102条の2）。通年会期制を導入すると、毎年条例に定める日から翌年の当該日の前日までの会期となり、当該日の到来をもって長が招集したものとみなされる（同1〜2項）。

(2)　会議の諸原則

　すでに触れたように、会議の運営は地方自治法のほか各議会が制定する会議規則さらには申し合せなどによって定められている。この関係規定の中から運営の主な原則を以下に示しておく。

公開の原則　議会は公開による討論の場であるといわれ、議会の会議は公開を原則とする（同115条）。会議公開の原則の内容として、傍聴の自由、報道の自由及び会議録閲覧の自由が挙げられる。会議公開の原則は委員会に及ばないとされており、委員会については各議会の判断に委ねられ

ているが、多くの議会が委員会中心主義をとっている現状では、委員会も公開の対象とするのが望ましい。会議の状況をインターネットで配信している議会も多い。公開の原則の例外として、議長または議員3人以上の発議によって出席議員の3分の2以上の多数で議決されたときは秘密会にすることができる（同1項但書）。

多数決の原則　　法律に特別の定めがある場合を除いて、議事の表決は出席議員の過半数の賛成によって決する（同116条12項）。議長は表決に加わることができない（同2項）が、可否同数の場合は議長の決するところによる（同1項）。表決における単純多数決制を採用しているが、これは国会が憲法56条2項に基づき採用している表決方法と同様である。

会期不継続の原則　　議会は会期ごとに独立した存在とされているため、会期中に議決に至らなかった事件は、後会に継続せず廃案となる（同119条）。例外として、委員会審査については議会が特定の事件について議決した場合は、議会閉会中でも審査をすることができることとなっている（同109条8項）。

コラム②　オンライン議会

　コロナ禍によって議員が議場に参集できない状況に対応するために、オンラインによる議会の開催を模索する動きが出てきた。オンライン議会が現行の地方自治法の下で可能かどうかが議論されたが、総務省は、2020（令和2）年4月30日の通知で、委員会については、条例事項であり、できる限り現に参集しているのと同様の情報環境を確保しセキュリティ対策を講じるのであれば可能であるとしたものの、本会議については、地方自治法113条及び116条1項にいう本会議への「出席」は現に議場にいることであるとして、不可との見解を示した。これを受けて、多くの議会で、委員会におけるオンライン会議の開催のための委員会条例の改正や会議規則の改正が行われた。

　しかし、オンラインによる委員会の開催が可能であるのに、本会議は不可能とすることには疑問も残る。デジタル空間での審議が現行の審議と同等の実態を確保するための情報環境の整備が課題となるものの、本会議でもオンライン開催を可能とするための地方自治法改正を含めた積極的な検討が求められる。

2 地方公共団体の執行機関

1 長とその機関

執行機関の意義・通則 地方公共団体の機関には、議決機関である議会と執行機関がある。執行機関とは独自の執行権限をもち、その担任する事務の管理及び執行にあたって自ら決定し、表示しうるところの機関である（松本500頁）。地方自治法が定める執行機関は、地方公共団体の長と委員会・委員だけであり、これらの機関に付属する機関や、これらの機関の補助機関は執行機関に含まれない。

　地方公共団体における執行機関の特徴は、長が住民からの直接選挙により選出される特別職の地方公務員であり（憲93条2項、地公3条3項）、直接住民に対して責任を負う点（首長主義）と、後述のように多くの独立した執行機関が設けられている点（執行機関の多元主義）にある。

　地方自治法は、執行機関について、自らの判断と責任において、事務を誠実に管理・執行する義務を負うとし（地自138条の2）、地方公共団体の行政組織は、長の所轄の下に、それぞれ明確な範囲の所掌事務と権限を有する執行機関によって、系統的に構成しなければならないと定める一方（同138条の3第1項）、執行機関は、長の所轄の下に、執行機関相互の連絡を図り、すべて、一体として、行政機能を発揮するようにしなければならず（同2項）、長は、地方公共団体の執行機関相互の間にその権限につき疑義が生じたときは、これを調整するように努めなければならないとも定める（同3項）。これらの規定から、地方公共団体の行政組織については、複数の執行機関が存在しつつも、執行機関の一体性が損なわれない制度が採用されているといえよう。

　地方公共団体の組織法定主義は、執行機関にも及び（執行機関法定主義）、執行機関の必置だけでなく、種類や定員などが法定されているが、地方分権改革

コラム③　地方自治法上の行政機関及び執行機関の概念

　行政法の教科書においては、行政主体の法律上の意思決定を行い、それを外部に表示する権限を有する機関、すなわち、行政処分を行う権限を有する機関が、行政庁と呼ばれている。この行政庁の概念は、本文で述べた地方自治法上の執行機関とほぼ重なる概念であるが、建築確認等のように個別法が下級行政機関に行政処分を行う権限を授権している場合には、その下級行政機関は地方自治法上の執行機関ではないが、行政庁と呼ばれる点等で両者は異なる。同様に、行政法の教科書では、一般的に、執行機関を、警察官、消防職員及び租税の徴収職員等を念頭に、行政官庁の命を受けて、市民に対して実力を行使する権限を有する行政機関と定義しているが、地方自治法では、本文で述べたように、法律や条例を執行するという意味で、長や委員会等の行政機関を執行機関と呼んでいる。さらに、地方自治法には、行政法の教科書で説明されるような、長やその補助機関といった行政組織を構成する基礎的単位としての行政機関概念（作用法的行政機関概念）と、国家行政組織法と同様に警察署や保健所等を指して行政機関という場合（地自156条1項）が混交していると指摘されている（宇賀自治301頁）。

等を踏まえて、一部ではあるが条例による行政組織のカスタマイズも認められており、その意味で、地方公共団体は、自治組織権を一定の範囲で有しているといえる。ただ、条例により新たな執行機関を設けることはできない（同138条の4第1項）。

長の地位　　地方自治法は、都道府県に知事、市町村に市町村長を長として置くと定める（同139条）。一般に、この両者は首長と総称される。

　長の任期は、4年である（同140条）。長の職は、衆参両院の議員、地方公共団体の議会の議員、常勤の職員・短時間勤務職員と兼ねることができない（同141条）。また、長には、職務の公正な執行が求められるため、その地方公共団体に対し請負をする者等や、主として同一の行為をする法人の役員との兼業も禁じている（同142条）。長が被選挙権を有しなくなったとき等は、その職を失う（同141～143条）。また、長の地位の重要性に鑑み、自己都合等の退職であっても、原則として、都道府県知事にあっては退職予定日前30日、市町村長においても同20日までに、議会の議長に申し出なければならない（同145条）。

長の権限　長は、地方公共団体を統轄し、これを代表し（同147条）、地方公共団体の事務を管理し及びこれを執行するとされている（同148条）。すなわち、長は地方公共団体の代表機関であり（長の統括代表権）、事務執行にかかる広範な権限（長の包括的事務執行権）を有している。

　地方自治法は、議案提出権、予算の調製・執行権、地方税の賦課・徴収権など主要なものを長の担当事務として定めているが（同149条各号）、議会の議決事件を定める同法96条とは異なり、これらは長の事務を例示しているにすぎないと解されている。

　また、長のその他の権限としては、規則制定権（同15条）や職員の任免権（地公6条）や指揮監督権（地自154条）などがある。なお、2017（平成29）年の地方自治法改正により、知事及び政令市の市長は、事務の管理執行に係る内部統制に関する方針を定め、これに基づき必要な体制を整備すること等が義務づけられた（政令市以外の市町村長にあっては努力義務とされた。同150条）。

補助機関　補助機関とは執行機関の職務を補助する機関である。長の補助機関としては、副知事・副市長村長、会計管理者・出納員等の会計職員、職員及び専門職員がある。これら補助機関たる職員は、執行機関の指揮監督を受ける（例えば、長につき同154条。任免権につき、地公6条、監査委員事務局については地自200条5項）。補助機関は先に述べたように、執行機関を内部的に補助する権能をもつにすぎず、委任がある場合を除き、対外的にその名において地方公共団体としての意思表示をなすことはできない。ただし、個別法令が補助機関たる下級行政機関に行政処分を行う権限を授権している場合（例えば、建基6条は、建築主事に建築確認の権限を授権している）にはこの限りではない。

① **副知事・副市町村長**　副知事及び副市町村長は、長を補佐し、長の命を受け政策及び企画をつかさどり、長の補助機関である職員の担任する事務を監督し、また一定の場合に、長の職務を代理する（同167条）。したがって、副知事・副市町村長は、長の最高補助機関であると位置づけられる。ただ、このポストは必置ではなく、条例により置かないこともでき、またその定数も増減が可能である（同161条）。副知事・副市長村長の選任は長が議会の同意を得て行

い、任期は4年であるが、長は任期中においても解職することができる（同161〜163条）。なお、副市町村長という名称は、従来の助役という職に代えて、2006（平成18）年の地方自治法改正により導入されたものである。

② 会計管理者　会計管理者は、地方公共団体の会計事務をつかさどる（同170条）。地方公共団体には、市町村も含め、会計管理者を必ず1人置かなければならない（同168条）。これは、予算執行機関と会計機関を分離することで、会計事務の公正性を確保するためである。会計管理者は、長の補助機関である職員のうちから、長が選任する（同2項）。なお、2006（平成18）年の地方自治法改正前において会計事務をつかさどる職としては、議会同意が必要な特別職として出納長・収入役があったが、会計管理者制度の導入により廃止された。

　会計管理者の事務を補助させるため出納員その他の会計職員が置かれる（ただし、町村においては、出納員を置かないこともできる。同171条1項）。出納員は、会計管理者の命を受けて現金の出納・保管等の事務をつかさどり、その他の会計職員は、上司の命を受けて地方公共団体の会計事務をつかさどる（同3項）。出納員その他の会計職員は、長の補助機関である職員のうちから、長が選任する（同2項）。

③ その他職員　上記以外の、一般の補助職員として、職員が置かれる（同172条1項）。職員は、長がこれを任免する（同2項）。労働条件については、地方公務員法の規定による（同4項）。職員の定数は、臨時または非常勤の職を除き、条例で定めなければならない（同3項）。

　なお、その他の補助機関として、常設または臨時の専門委員を置くことができる（同174条）。専門委員は、専門の学識経験を有する者の中から、長が選任し、長の委託を受け、その権限に属する事務に関し必要な事項を調査する非常勤職員である（同2〜4項）。

内部事務組織　長が事務を処理するには、補助機関により構成される内部組織が必要である。地方自治法は、補助機関に長の事務を分掌させる組織として、本庁の内部事務組織と出先機関に関する定めを置いているが、前者については1991（平成3）年、1997（平成9）年、2003（平成15）年及び2011（平成23）年の地方自治法改正により、その内容は大幅に簡素化さ

れたことで、自主的な組織運営が尊重されるようになっている。

① **本庁の内部事務組織**　長は、必要な内部組織を設けることができ、長の直近下位の内部組織・分掌事務についてのみ、条例で規定することとされている（同158条1項）。なお、内部組織の編成にあたっては、長は、事務及び事業の運営が簡素かつ効率的なものとなるよう十分配慮しなければならない（同2項）。

② **出先機関**　出先機関には、長の事務全般を地域的に分掌する総合出先機関と特定の事務のみを分掌する特別出先機関がある。総合出先機関として、長は、都道府県にあっては支庁・地方事務所、市町村にあっては支所・出張所を条例により設けることができる（同155条1項）。なお、支庁・地方事務所及び支所・出張所の位置、名称及び所管区域も、条例でこれを定めなければならない（同2項）。また、特別出先機関として、長は、保健所、警察署その他の行政機関を、個別法または条例の定めるところにより、設けるものとされている（同156条1項）。なお、これら行政機関の位置、名称及び所管区域も、条例で定めなければならない（同2項）。

2　委員会・委員制度

⑴　制度の意義・沿革

　地方自治法は、執行機関として、長以外に、多彩な執行機関を委員会及び委員として規定している。地方公共団体の事務のうち、行政の民主性、政治的中立性の確保や専門技術的判断の必要性等から、長にその処理を任せることが適当でないものについて、一定程度、長から独立した執行機関である委員会・委員がその処理に当たる。なお、委員会とは合議制の執行機関であり、委員とは独任制の執行機関である。これらの制度は、戦後、アメリカの行政委員会制度を参考として導入されたものであるが、委員会の独立性は制限されてきている。

⑵　委員会・委員の種類

　地方自治法が、執行機関として都道府県・市町村に置かなければならないと

する委員会・委員は、以下のとおりである。都道府県においては、教育委員会、選挙管理委員会、人事委員会、監査委員、公安委員会、労働委員会、収用委員会、海区漁業調整委員会、内水面漁場管理委員会で、市町村においては、教育委員会、選挙管理委員会、人事委員会または公平委員会、監査委員、農業委員会、固定資産評価審査委員会である（同180条の５）。

(3)　委員会・委員の概要

　各委員会及び委員の組織と権限については、地方自治法で詳しく定められる場合と、個別法に詳細な規定がある場合が混在していることから、全体像を把握するためには、両者を照らし合わせて参照しなければならない。

　　教育委員会　　教育委員会は、学校その他の教育機関の管理、学校の組織編制、教育課程、教科書その他の教材の取扱い及び教育職員の身分取扱いに関する事務、ならびに社会教育その他の教育、学術及び文化に関する事務を管理執行する（同180条の８）。詳細については、地方教育行政の組織と運営に関する法律（地方教育行政法）が定めているが、同法は、地方教育行政における責任の明確化、迅速な危機管理体制の構築及び長との連携の強化の観点から、2014（平成26）年に改正され、従来の教育委員長と教育長を一本化した新たな責任者（新教育長）を置くこと（地教行３条）、教育長の任命・罷免は、長が議会の同意を得て行うこと（同４条・７条）、教育長は、教育委員会の会務を総理し、教育委員会を代表すること（同13条）等の制度改革が行われた。また、同改正により、すべての地方公共団体に総合教育会議が設置されることになった。同会議は、長が招集し、長と教育委員会により構成される（同１条の４）。長は、総合教育会議において、教育委員会と協議し、教育基本法17条に規定する基本的な方針を参酌したうえで、教育、学術及び文化の振興に関する総合的な施策の大綱を策定する（同１条の３）。このような法改正により、教育委員会の独立性には大きな制約が加えられたといえる。

　　選挙管理委員会　　選挙管理委員会は、地方公共団体が処理する選挙に関する事務及びこれに関係のある事務を管理する（地自186条）。その組織や任期については地方自治法が定め（同181～194条）、事務の詳細については、公職選挙法が規定している。

人事委員会　人事委員会は、人事行政に関する調査、研究、企画、立案、勧告等を行い、職員の競争試験及び選考を実施し、ならびに職員の勤務条件に関する措置の要求及び職員に対する不利益処分を審査し、これについて必要な措置を講ずる（同202条の2第1項）。なお、詳細については、地方公務員法が定めている。人事委員会は、都道府県と政令指定都市においては必置である（地公7条1項）。また、人口15万以上の市及び特別区は、人事委員会または次の公平委員会が選択必置となっている（同2項）。

公平委員会　公平委員会は、職員の勤務条件に関する措置の要求及び職員に対する不利益処分を審査し、ならびにこれについて必要な措置を講ずる（地自202条の2第2項）。なお、詳細については、地方公務員法が定めている。公平委員会は、人口15万未満の市、町、村及び地方公共団体の組合において必置である（地公7条3項）。

監査委員　監査委員は、普通地方公共団体の財務に関する事務の執行及び地方公共団体の経営に係る事業の管理を監査する（地自199条）。それに加えて、監査委員は、地方公共団体の一定の事務の執行について監査をすることもできる（同2項）。監査委員の定数は、都道府県と政令市においては4人、その他の市及び町村にあっては2人とされているが、条例でその定数を増加することもできる（同195条2項）。このように、監査委員は、複数

コラム④　監査制度の改革

監査委員制度については、制度が十分に機能していないこと、議員選出の委員が名誉職化していることなどがかねてより指摘されてきた。そこで、1997（平成9）年の地方自治法改正において、監査機能の強化の観点から、監査委員制度とは別に、包括外部監査契約及び個別外部監査契約といった外部監査契約に基づく監査制度（外部監査制度）も導入された（地自第13章）。さらに、監査委員制度の充実強化の観点から、2017（平成29）年の地方自治法改正により、勧告制度の創設（同199条11項）、議選監査委員の選任の義務付けの緩和（同196条1項但書）、監査専門委員の創設（同200条の2）等の改正が行われるとともに、監査委員は監査基準に従うこととし（同198条の3）、監査基準は、各地方公共団体の監査委員が定め、公表する（同198条の4）制度も導入された。

が選任されるが、監査委員は合議制の行政機関ではなく、委員一人一人が独任制の行政機関であるため、監査委員会という名称ではない。監査委員の詳細については、地方自治法に定めがある（同195〜202条）。中でも、監査委員は、長が、議会の同意を得て、人格が高潔で、地方公共団体の財務管理、事業の経営管理その他行政運営に関し優れた識見を有する者及び議員のうちから選任する点（同196条）、及び一定の場合を除くほか、その意に反して罷免されることがない点（同197条の2第2項）に特色がある。

公安委員会　公安委員会は、都道府県警察を管理する（同180条の9第1項）。都道府県警察には、地方警務官、地方警務官以外の警察官その他の職員が置かれる（同2項）。詳細については、警察法の規定による（警38条以下）。都道府県警察の管理を長の事務としなかったのは、政治的中立性を確保するためである。

地方労働委員会　地方労働委員会は、労働組合の資格の立証を受け、証明を行うこと、不当労働行為に関し調査・審問し、命令を発したり和解を勧めたりすることで、労働争議のあっせん、調停及び仲裁を行うこと等、労働関係に関する事務を執行する（地自202条の2第3項）。詳細については、労働組合法（労組18条以下）、労働関係調整法の規定による。

収用委員会　収用委員会は、土地の収用に関する裁決その他の事務を行う（地自202条の2第5項）。詳細は土地収用法の規定による（収用51条以下）。

海区漁業調整委員会　海区漁業調整委員会は、漁業調整のため必要な指示その他の事務を行う（地自202条の2第5項）。詳細については、漁業法の規定による（漁業136条以下）。

なお、2018（平成30）年の漁業法の改正により、漁業者委員の公選制は廃止され、都道府県知事が議会の同意を得て任命する方式に改められた（同138条）。

内水面漁場管理委員会　内水面漁場管理委員会は、内水面の漁業調整のため必要な指示その他の事務を行う（地自202条の2第5項）。詳細については、漁業法の規定による（漁業171条以下）。

農業委員会　　農業委員会は、別に法律の定めるところにより、農地等の利用関係の調整、農地の交換分合その他農地に関する事務を執行する（地自202条の2第4項）。詳細については、農業委員会等に関する法律及び農地法の規定による。

なお、2015（平成27）年の農業委員会等に関する法律の改正により、農業委員の選出方法が、農業者による選挙制と市町村長の選任制の併用から、市町村長が議会の同意を得て任命する方式に変更された（農委8条）。

固定資産評価審査委員会　　固定資産評価審査委員会は固定資産課税台帳に登録された価格に関する不服の審査決定その他の事務を行う（地自202条の2第5項）。詳細は、地方税法の規定による（地税423条以下）。

3　執行機関の附属機関

地方公共団体は、法律または条例の定めるところにより、執行機関の附属機関として自治紛争処理委員、審査会、審議会、調査会その他の調停、審査、諮問または調査のための機関を置くことができる（附属機関条例設置主義、同138条の4第3項）。ただし、政令で定める執行機関については、この限りでない（同項但書、現在は該当例はない。注釈2456頁）。このような附属機関の具体例としては、情報公開条例に基づき設置される情報公開審査会などがある。

3　地方公共団体の議会と執行機関の関係

議院内閣制と
二元代表制
国の統治機構は、内閣が国会の信任に基づき成立し、国会に対して連帯して責任を負う議院内閣制を採用しているが、地方公共団体の統治機構は、執行機関たる長と議事機関たる議会が相互に独立した対等の地位をもつ二元代表制を採用している。これは、長及び議会を構成する議員が、いずれも住民の直接選挙により選出されることによるものと考えられる。地方公共団体においては、二元代表制を採用することにより、執行機関の地位の安定及び政策の継続性が実現されている。

議会と長の関係に
係る制度
わが国の地方公共団体における二元代表制は、アメリカの大統領制のような首長制とは異なり、議会と長との緊張関係の中で両者の均衡と調和を保つために、各種の制度を導入している。地方自治法は、このような議会と長の間の関係を調整する主要な制度として、①再議制度、②不信任議決・解散制度、③専決処分制度を定めている。以下、これらの制度について説明する。

1　再議制度

再議とは
普通地方公共団体の長が、その議会の議決または選挙を拒否して、再度これを求めることを再議という。再議は、また、長の拒否権ともいわれる。再議制度は、地方自治法が定める長の議会に対する権限の中でも、極めて重要なものの1つである。地方自治法における再議制度は、一般的拒否権と特別拒否権に区別される。

一般的拒否権
一般的拒否権とは、普通地方公共団体の長が、議会の議決について異議のあるときに行使される再議のことであり、普通地方公共団体の長は、地方自治法に特別の定めがあるものを除くほか、その議決の日（条例の制定改廃または予算に関する議決については、その送付を受けた

日）から10日以内に理由を示してこれを再議に付することができる（地自176条1項）。議会が再議に付された議決と同じ議決を過半数で行ったときは、その議決は確定するが（同2項）、条例の制定改廃または予算に関する議決については、出席議員の3分の2以上の者の同意がなければならない（同3項）。

特別拒否権　　特別拒否権には、瑕疵ある議決または選挙に対する再議または再選挙、必要経費の削除または減額に係る議決に対する再議の2種のものがある。いずれの場合も、普通地方公共団体の長は、再議に付することを義務づけられている。

　普通地方公共団体の長は、議会の議決または選挙がその権限を超えまたは法令・会議規則に違反すると認めるときは、理由を示してこれを再議に付しまたは再選挙を行わせなければならない（同4項）。これは、議会の議決の適法性を確保するための内部統制制度としての側面も有しているといえる。議会の再議または再選挙がなおその権限を超えまたは法令・会議規則に違反すると認めるときは、都道府県知事にあっては総務大臣、市町村長にあっては都道府県知事に対し、当該議決または選挙があった日から21日以内に審査を申し立てることができる（同5項）。都道府県知事または市町村長から審査の申立てがあった場合において、総務大臣または都道府県知事は、審査の結果、議会の議決または選挙がその権限を超えまたは法令・会議規則に違反すると認めるときは、当該議決または選挙を取り消す旨の裁定をすることができる（同6項）。総務大臣または都道府県知事の裁定に不服があるときは、普通地方公共団体の議会または長は、裁定のあった日から60日以内に裁判所に出訴することができる（同7項）。

　また、普通地方公共団体の長は、議会において、①法令により負担する経費、法律の規定に基づき当該行政庁の職権により命ずる経費その他の普通地方公共団体の義務に属する経費、②非常の災害による応急もしくは復旧の施設のために必要な経費または感染症予防のために必要な経費を削除・減額する議決をしたときは、その経費及びこれに伴う収入について、理由を示してこれを再議に付さなければならない（同177条1項）。①の場合において、再議に付された後の議会の議決が、なお当該経費を削除・減額するものであったときは、当該普通地方公共団体の長は、その経費及びこれに伴う収入を予算に計上してそ

の経費を支出することができる（同2項）。また、②の場合において、再議に付された後の議会の議決が、なお当該経費を削除・減額するものであったときは、当該普通地方公共団体の長は、その議決を不信任の議決とみなすことができる（同3項）。

2　不信任議決・解散制度

不信任議決と議会の解散　　現行の地方自治制度の下においては、地方公共団体の議会を構成する議員及び長は、いずれも住民の直接選挙により選ばれた者である。それゆえに、相互に独立した立場から牽制しあうことにより、その均衡と調和を図るシステムが確立されている。しかし、両者の間の均衡と調和が保たれなくなった場合には、議会は長に対する不信任議決により長を失職させることができ、長はこれに対抗して議会を解散することができる。

長の不信任議決　　普通地方公共団体の議会において、当該普通地方公共団体の長の不信任議決をしたときは、直ちに議長からその旨を長に通知しなければならない（同178条1項）。不信任議決についての限定はなく、所定の手続にしたがって行われれば適法である。また、不信任議決は、長の不信任案を可決した場合に限られるわけではなく、客観的に不信任の議決と認められればよい。したがって、長の信任案を所定の手続により否決した場合もまた不信任議決と解される。議会が長の不信任議決を行うには、議員数の3分の2以上の者が出席し、その4分の3以上の者が同意しなければならない（同3項）。

　普通地方公共団体の長の辞職勧告決議については、これをすべて不信任議決に含むとする説、不信任の意思が明確なものについては不信任議決とする説、これを不信任議決に含めないとする説がある。この点について、裁判例の中には、「不信任の議決とは、町長に対し直接向けられ、かつ、客観的に不信任の意思を表現している議決をいうものと解すべく」、したがって、「町長辞職勧告案の議決は不信任の議決に包含されるということができる」とするものがある（青森地判1958（昭33）・2・27行集9巻2号320頁。ただし、法定多数の議員の同意を

得ていないとして、不信任の議決に当たらないとした）。

　違法な不信任議決については、普通地方公共団体の長は地方自治法176条４項以下の手続により争うこともできるが、これを直接訴訟を提起し争うことができるか否かについて、旧行政事件訴訟特例法の下におけるものではあるが、「違法な（村長）不信任議決に対し抗告訴訟の提起ができないものでもな」いとした判例もある（最判1956（昭31）・10・23民集10巻10号1312頁）。

議会の解散　　普通地方公共団体の長による議会の解散は、不信任議決があった場合に、議長から不信任議決の通知がなされた日から10日以内に限り認められる（同１項）。議会において不信任議決のあったときは、当該議決に不服がある普通地方公共団体の長は住民に信を問うべく議会を解散することになる。しかしながら、不信任議決の経緯、世論の動向等によっては、議会を解散することを不相当と認めることもあり、普通地方公共団体の長が解散権を行使せず10日間を経過したときは、自動的に長が失職することになる（同２項）。

　普通地方公共団体の長の解散処分による議会解散後初めて招集された議会において再度不信任議決があり、議長から普通地方公共団体の長に対しその旨の通知があったときは、当該普通地方公共団体の長は議長から通知があった日において失職することになる（同２項）。この場合の不信任議決は、議員数の３分の２以上の者が出席し、その過半数の者の同意がなければならない（同３項）。

3　専決処分制度

長の専決処分　　普通地方公共団体の長は、議会が議決すべき事件について、議会の議決をまたずに、自らの責任においてこれを処分することができるときがある。これを、長の専決処分という。専決処分には、法律の規定に基づき普通地方公共団体の長が行う法定代理的専決処分（同179条）と、議会の任意の委任に基づき普通地方公共団体の長が行う任意代理的専決処分（同180条）がある。

法定代理的専決処分　普通地方公共団体の長は、①議会が成立しないとき、②地方自治法113条但書の場合においてなお会議を開くことができないとき、③普通地方公共団体の長において議会の議決すべき事件について特に緊急を要するため議会を招集する時間的余裕がないことが明らかであると認めるとき、④議会において議決すべき事件を議決しないときは、その議決すべき事件を処分することができる（同179条1項）。これらのうち、③については、議会の議決を得ることが絶対的に不可能というわけではないが、当該事件が特に緊急を要し、議会を招集してその議決を経ている間に時機を逸するような場合を想定することができる。また、④については、議会において行う選挙、不信任議決等は、これに含まれないものと解される。なお、副知事または副市町村長の選任及び指定都市の総合区長の選任を専決処分で行うことはできない（同但書）。普通地方公共団体の長は、地方自治法179条に基づく法定代理的専決処分を行ったときは、専決処分後の最初の会議において、これを議会に報告してその承認を求めなければならない（同3項）。議会が条例の制定改廃または予算に関する処置に係る専決処分を承認しなかったときは、普通地方公共団体の長は、すみやかに当該処置に関して必要と認められる措置を講ずるとともに、その旨を議会に報告しなければならない（同4項）。

コラム⑤　専決処分とリコール

　地方公共団体の公職の地位にある者を、住民の発意により罷免する制度をリコールという。その代表的なものとして、議会の解散請求（地自76条）、議員の解職請求（同80条）、長の解職請求（同81条）等がある。2010（平成22）年、鹿児島県阿久根市の当時の市長は、反対派が多数を占める議会の定例会を招集せず、また、議長からの臨時会招集要請にも応じずに、市職員の期末手当の削減、議員報酬日当制の導入、副市長の選任等について19件もの専決処分を乱発した。これに対し、鹿児島県知事が是正勧告を発し、議会も専決処分の大半を不承認としたが、市長がこれを改めることはなかった。そこで、住民の発意により、市長のリコールを求める住民投票が行われた結果、賛成票が過半数を占めリコールが成立したため市長は失職した。この一連の事件が、2012（平成24）年の地方自治法改正の一因になったものと思われる。

任意代理的専決処分 普通地方公共団体の長は、議会の権限に属する軽易な事項で、その議決により特に指定したものは、これを専決処分にすることができる（同180条１項）。議会が専決処分の指定をしたときは、当該事項の処理は普通地方公共団体の長の権限になる。また、普通地方公共団体の長は、この規定に基づき専決処分をしたときは、これを議会に報告しなければならない（同２項）。

判例5 名古屋市会中期戦略ビジョン再議決事件〈名古屋地判2012（平24）・１・19【自治百選127】〉

Ｙ（名古屋市議会）が市の総合計画の策定等をＹにおいて議決すべき事件と定めることなどを内容とする「市会の議決すべき事件等に関する条例」を可決したところ、Ｘ（名古屋市長）は、この議決に異議があるとして、地方自治法176条１項（一般的拒否権）に基づき再議に付したが、Ｙは同一内容の議決をし、当該条例は制定された。

Ｘは総合計画「名古屋市中期戦略ビジョン（案）」を策定しＹ定例会に提出したところ、Ｙは原案の24カ所を修正したうえで可決した。これに対し、Ｘは、Ｙが行った修正のうち23カ所の修正議決が議会の権限を超えるものであるとして、地方自治法176条４項（特別拒否権）に基づき再議に付したが、Ｙは当初修正議決と同一内容の議決を再び行った。Ｘは、同法176条５項に基づき、愛知県知事に審査を申し立てたが、知事より棄却裁定を受けたため、同法176条７項に基づき、Ｙの議決の取消しを求めて裁判所に出訴した。

名古屋地裁は、ＹがＸから提案された総合計画に定める施策の基本的な方向性を変更するような修正を行うことは許されないとしつつ、23の修正箇所について、いずれもＹの修正権の範囲を超えるものとは認められないとして、Ｘの請求を棄却した。

4 地方公務員

1 地方公共団体と公務員

地方公共団体の様々な活動を行う諸機関の地位を占めるのは自然人、つまり公務員である。また、長や委員会・委員などの執行機関も、議会も、それ自身のみで活動を行うわけではなく、補助機関の存在が不可欠であるが、この補助機関の地位を占めるのも公務員である。

地方公務員に関する法制度は、地方自治法にも規定が置かれているが、詳細な定めは地方公務員法においてなされている（地自172条4項参照）。このほか、公立学校の教職員については地方教育行政の組織及び運営に関する法律（地教行法）や教育公務員特例法、警察職員については警察法、消防職員については消防組織法など、職務の特殊性に応じて多くの特例法が存在している。

公務員法と行政組織法　公務員に関する法律関係は、厳密には行政組織法のものとは異なる。行政組織法が、行政機関、すなわち地方公共団体を含む行政主体内部の諸行政機関を扱うのに対して、公務員法はそれらの行政機関に就く、地方公共団体に勤務する自然人を扱う。行政主体内部の行政機関間の関係は、伝統的に内部関係として位置づけられており、機関相互間の争訟は当然に法律上の争訟とはならず、機関訴訟として位置づけられる（行訴6条・42条）。しかし、行政機関の地位を占める公務員は、権利義務の主体たる私人であり、公務員の権利義務に関する争いは通常の訴訟によって争うこととなる。行政主体に勤務する私人の労働関係を扱うのが公務員法であり、ここでみるのも、地方公共団体を職場とする労働者についての法である。

2　地方公務員の種類

特別職と一般職　地方公務員法では、地方公共団体のすべての公務員を地方公務員としている（地公2条。もっとも、都道府県の警察職員であっても、警視正以上の階級にある警察官は国家公務員とされる。警56条1項）。地方公務員（地方公共団体及び特定地方独立行政法人のすべての公務員）の職は一般職と特別職に区分される（地公3条1項）。一般職は特別職以外の一切の職とされ、地方公務員法では特別職を限定列挙している（同3項）。地方公務員法が適用されるのは原則として一般職だけである（同4条）。

　一般職と特別職の区分は、国家公務員についてもなされている（国公2条）が、地方公務員法の特別職は、大まかには3つの類型に分けることができる。まず第1が、政治職といわれるものであり、住民の公選や、議会の選挙・議決・同意を経て就任する職である（地公3条3項1号）。第2のものが、自由任用職と呼ばれるものであり、任命権者との人的関係や政策的配慮に基づいて任用される職である（同3条3項1号の2・4号・6号）。地方公営企業の管理者、条例で指定された長や議会の議長等の秘書職などがこれに当たる。第3のものが、いわゆる非専務職と呼ばれるものであり、他に生業を有しつつ、特定の場合に自身の経験や知識・技能等に基づいて地方公共団体の業務に従事することが想定された職である。委員会や各種審議会等の委員（同2号）、非常勤の顧問等（同3号）、非常勤の消防・水防団員（同5号）などである。

　上記のとおり、特別職はいずれも、恒久的ないし終身的にその職に就くことは予定されていない。逆に一般職の公務員は職業的な公務員としての性格が強く、労働者性が高いといえる。

常勤職員と臨時・非常勤職員　また雇用の様式に応じて、常勤職員（「常時勤務を要する職を占める職員」）と臨時・非常勤職員の区分がある。特別職の非専務職として非常勤の職が規定されている一方、一般職においても臨時・非常勤の職員が存在する（地自172条3項参照）。従来、臨時・非常勤職員の種類としては、特別職の非専務職のほか、一般職非常勤職員と臨時的任用職員

があるとされ、これらの総数が増大していた。2005（平成17）年には約45万6000人であったのが、2016（平成28）年には約64万5000人となっていた（全体の約4分の3が女性）。

　こうした状況は、「非正規公務員」の急増として問題視されているほか、より細かくは、事務補助職員のような勤務形態の者が、本来は専門性が高い者が占めるはずの特別職の非専務職として任用される例があり、服務面で守秘義務や政治的行為の制限などの制約が課されなかったこと、緊急・臨時の場合に例外的に用いられる臨時的任用について制度趣旨に沿わない運用がなされてきたこと、一般職非常勤職員の採用方法等が明確に規定されてはいなかったこと、非常勤職員に対する各種手当の支給ができなかったこと、等が指摘されていた。そこで、2017（平成29）年の地方公務員法改正では、特別職非常勤職員と臨時的任用職員の任用要件を厳格化する（地公3条3項3号括弧書・22条の3参照）とともに、一会計年度を超えない範囲内で置かれる非常勤の職に係る「会計年度任用職員」制度を創設（同22条の2）し、職員の類型の整理が図られた。会計年度任用職員としては、1週間当たりの通常の勤務時間が常勤職員の勤務時間に比し短いもの（パートタイム）と、常勤職員の勤務時間と同一のもの（フルタイム）という2つの種別を用意している。

コラム⑥　地方公共団体内の弁護士

　任期付法の下で、近年、官公署や公私の団体に勤務する「組織内弁護士」として、地方公共団体に勤務する弁護士が増加している。従来、弁護士は原則的に「報酬ある公職を兼ねることができな」かった（旧弁護30条1項）が、これが改正されたことにもよる。2019（令和元）年6月の数値では、184人の地方公務員たる弁護士が存在している。

　公務員弁護士は一般職の公務員である一方、「弁護士の使命及び弁護士の本質である自由と独立を自覚し、良心に従って職務を行うように努め」（弁護士職務基本規程50条）、組織内の業務上の違法行為を知ったときには、組織の長への説明や勧告等の、「適切な措置をとらなければなら」ず（同51条）、地方公共団体の諸活動の適法性を確保する機能を果たすことも期待される。

任期付職員
　　　　　　　他方、常勤職員の中には、2002（平成14）年の任期付法（地方公共団体の一般職の任期付職員の採用に関する法律）による任期付職員もある。これは、一定の期間内に限り業務量の増加が見込まれる場合や、高度の専門的な知識経験または優れた識見を有する者の当該知識等を一定の期間活用することが必要な場合に、任期を定めて任用される一般職の公務員である。

3　地方公務員の法的地位

(1)　職員の任用

　任用（任命）とは、特定の職に職員を就けることであり、長や議会の議長、委員会等が、任命権者としてそれぞれの職員についての任用等を行う（地公6条）。任用の種類は、職員の採用のほか、昇任（職員を現在就いている職よりも上位の職に任命する）、降任（現在よりも下位の職に任命する）、転任（別の職に任命するもので昇任・降任以外のもの）という4つに分けられている（同17条、定義は同15条の2）。2021（令和3）年の地方公務員法改正で、管理監督職勤務上限年齢制（いわゆる役職定年制）が創設され、これに伴う降任等もなされることとなる（未施行。同28条の2〜28条の5）。これら4種類以外にも、兼職（もとの職を保持させたまま他の職に任用）、充て職（法令や条例によって定められている兼職）、出向（任命権者が異なる機関の職に任用）、事務従事（職員に、職務命令で他の職の職務を行うことを命じる）、派遣（職員を他の地方公共団体や公共的団体などに派遣。地自252条の17等参照）といった運用がなされている。

　また任用について特別の手続が用意される場合もある。例えば、市町村の教職員の多くは、給料等を都道府県が負担する（県費負担教職員）が、この県費負担教職員の任用は、市町村教育委員会の内申をまって都道府県教育委員会が行い（地教行38条）、内申なしの任免権行使は原則として許されない（最判1986（昭61）・3・13【自治百選125】参照。このほかの例として、警55条3項等）。

能力主義
　　　　　　　職員の任用については、受験成績、人事評価その他の能力の実証に基づいて行わなければならないことが根本基準とされ

ており（地公15条）、能力主義（成績主義・メリットシステム）がとられている。このため専門的な人事機関として、任命権者から独立した人事委員会または公平委員会を設置することとしている（同7条）。

　職員の採用は、人事委員会を置く地方公共団体では原則として競争試験（いわゆる公務員試験）による（同17条の2。人事委員会を置かない地方公共団体では競争試験または選考による。同17条の2第2項）。試験の実施は人事委員会等が行い（同18条）、法定欠格条項（同16条）があるほか、必要最小限の受験の資格要件を人事委員会等が定める（同19条）。地方公務員法の適用に関する平等取扱いの原則として、「全て国民は、この法律の適用について、平等に取り扱われなければなら」ないと規定されており（同13条）、採用試験についても採用試験の公開平等に関して1条項が置かれている（同18条の2）。

　昇任についても、人事委員会規則で定める職等については競争試験または選考によることとされ、採用試験と選考に関する規定が準用されている（同21条の4）。

　地方公務員法の平等取扱原則については「国民」という文言が用いられている一方、労働者の国籍、信条、社会的身分を理由とした差別的取扱いを禁じる労働基準法3条の職員への適用は排除されていない（同58条3項）。判例6は、管理職選考の受験を外国人に認めなかったとしても憲法に違反しないとした。

　職員の採用はすべて条件付のものとされており、常勤の職員の場合は6カ月

判例6 東京都外国人管理職事件〈最大判2005（平17）・1・26【自治百選80】〉

　東京都に保健婦として採用されていた特別永住者であるXが、管理職選考試験を受験しようとしたところ、日本国籍を有しないことを理由として受験を認められなかったため、慰藉料の支払いを求めて出訴した。

　最高裁は、公権力の行使に当たる行為や普通地方公共団体の重要な施策に関する決定を行うこと等を職務とする「公権力行使等地方公務員」には、国民主権の原理に基づき、国及び普通地方公共団体による統治のあり方については日本国の統治者としての国民が最終的な責任を負うべきものであることから、原則として日本の国籍を有する者が就任するものと想定されており、外国人が公権力行使等地方公務員に就任することは、本来わが国の法体系の想定するところではないとした。

の期間を良好な成績で勤務したときに正式のものとなる（同22条）。会計年度職員は一会計年度を超えない任期であるため１カ月とされている（同22条の２第７項）。また、臨時的任用は採用ではない（同15条の２第１項１号括弧書）。

(2)　勤務条件

　給与、勤務時間その他の勤務条件は条例で定められ（同24条５項）、物価変動や民間の労働条件など、社会一般の情勢に適応するように、随時、適当な措置を講じなければならない（「情勢適応の原則」・同14条）。

　給与は、正規の勤務時間の勤務支給される対価である給料と、諸手当に区分される。その職務と責任に応ずるものとされ（同24条１項）、条例で定められる給料表も、職務の複雑・困難・責任の度合いに基づいて定められる（同25条４項）。給与の水準は、国家公務員・他の地方公共団体・民間の給与その他の事情を考慮して定められることとされ（同24条２項）、「均衡の原則」と呼ばれる。国家公務員の給与水準を100とする「ラスパイレス指数」による国家公務員との比較がなされる。

　給与条例主義　給料のほか、旅費・諸手当は条例に基づいて支払われなければならないという「給与条例主義」がとられる（地自204条）。給与条例主義への違背は住民訴訟で争われることも多い。昼休みの時間帯に窓口業務を継続するため、職員が休憩時間を交替で繰り下げ、この時間帯に窓口業務に従事した職員に条例の規定によらず「昼窓手当」と称する手当を支給する運用が違法と判断された例（最判1995（平７）・４・17【自治百選83】）などがある。

　給与以外の勤務条件のうち勤務時間については、労働基準法32条の適用がある。国家公務員の勤務時間に準じて、１日につき７時間45分、１週につき38時間45分を基本とする通知がなされている。また休業に関する規定が地方公務員法に置かれている（地公26条の２～６）ほか、育児休業については、地方公務員の育児休業等に関する法律が定めを置いている。

(3)　離職と分限・懲戒

　職員がその身分を失うことを離職といい、退職、失職、免職の種類がある。また地方公務員法は、離職後に営利企業等に再就職した元職員に対して、一定

の期間、現役職員への働きかけを行うこと等を禁止している（同38条の２）。

　離職のうち退職は、本人の意による辞職のほか、任期満了、定年退職（同28条の６）がある。公職に立候補した場合は辞職とみなされる（公選90条）。定年退職については、2021（令和３）年の地方公務員法改正により、定年が60歳から65歳まで２年に１歳ずつ引き上げられることになった。定年退職には、延長の特例が存在する（地公28条の７以下）。失職とは、地方公務員の欠格条項（同16条）に該当することとなった場合等に職を失うことである（同28条４項）。免職には分限処分による分限免職と、懲戒処分による懲戒免職がある。以下では、免職以外の分限処分・懲戒処分についても触れることとする。

分限処分　分限とは、心身の故障などがあった場合に、公務の能率の維持・確保のために、本人の意に反して一方的に行われる不利益な身分上の変動であり、行政処分の形式で行われる。免職のほか、休職・降任（下位の職に任命）・降給があり（地公28条）、分限事由が、降任と免職は地方公務員法で、休職と降給は地方公務員法または条例で定められなければならない（未施行。同27条２項。降任、免職、休職の事由につき、同28条）。懲戒と異なり、制裁や責任追及として行われるものではない。

懲戒処分　懲戒は、法令上・職務上の義務違反や、全体の奉仕者たるにふさわしくない非行に対して、制裁として科されるものであ

判例7　東京都君が代斉唱事件〈最判2012（平24）・１・16【自治百選78】〉

　Y立高校の教職員であったX１・X２らは、卒業式等の記念式典において「国旗に向かって起立し国歌を斉唱すること」という職務命令を校長から受けたがこれに従わなかった。前年に戒告処分を受けていたX１は減給、懲戒処分を受けたことがなかったX２らは戒告の処分を受けた。

　最高裁は、戒告については、「法律上、処分それ自体によって教職員の法的地位に直接の職務上ないし給与上の不利益を及ぼすものではないことも併せ考慮」して「基本的に懲戒権者の裁量権の範囲内に属する事柄」として、X２らの戒告の取消請求を棄却する一方で、減給処分については、「戒告を越えてより重い減給以上の処分を選択すること」の「相当性を基礎付ける具体的な事情が認められる場合であることを要する」として、X１への減給処分を取り消した。

り、免職のほか、戒告・減給・停職の種類がある（同29条）。戒告は責任を確認し、将来を戒めるものであるが、条例・規則の規定によっては昇給の延伸や勤勉手当等の算定への影響がありうる。これに対し、「訓告」、「厳重注意」といった実務上の措置は、「処分」の語が付される例もみられるが、いずれも懲戒処分ではなく、法的な効果を伴わせることはできない。訓告を行うという判断は、懲戒処分を科さない判断がなされたことを意味する。

　懲戒処分の選択には懲戒権者（任命権者）の裁量が認められるが、判例7は戒告と減給以上の懲戒処分を区分し、減給処分の選択に慎重な考慮を要求する。

　分限・懲戒処分の事前手続は、法律の特別の定めを除き、条例で定められる（同28条3項・29条4項）。両処分とも、原則として処分の事由と審査請求の教示を記載した説明書が交付される（同49条）。行政手続法の適用はなく（行手3条1項9号）、事前の意見聴取は条例に委ねられる。事後手続では、人事委員会又は公平委員会への審査請求ができる（地公49条の2）が、行政不服審査法の適用は部分的である（同3項・51条等）。

(4)　地方公務員の権利と義務

　公務員の憲法尊重擁護義務（憲99条）に加えて、地方公務員法では地方公務員の服務に関する規定を置く。服務の根本基準として「全体の奉仕者として公共の利益のために勤務し、且つ、職務の遂行に当たつては、全力を挙げてこれに専念しなければならない」ことが定められ（地公30条）、採用時には服務の宣誓を行う（同31条）。職務専念義務は、この根本基準に加えて改めて規定もなされている（同35条）。地方公務員は憲法だけでなく法令・条例等と上司の職務命令に忠実に従う義務を負い（同32条）、違反は懲戒の対象となる。違法な職務命令が下された場合も、その職務命令に重大・明白な瑕疵がない限り服従義務があるとするのが通説的な見解である。

　職務上知り得た秘密を守る義務（守秘義務）が課され、離職後にもこの義務の下に置かれ続ける（同34条）。このほか、職の信用を失墜させる行為をしてはならず（同33条）、一定の政治的行為も制限されている（同36条）。

権利制限と代償制度 他方、地方公務員の労働者としての権利は、大きく制限されている。地方公営企業の職員等（いわゆる現業公務員）を除き、労働組合法は適用されない（地公58条、地公労4条・地公労附則5項参照）。団結権として、勤務条件の維持改善を図ることを目的とした職員団体の結成は認められている（地公52条）が、警察・消防職員はこの職員団体の結成と加入が禁じられている（同5項）。団体交渉権も保障されてはいるが、労働協約を締結することはできない（同55条）。争議権は地方公営企業の職員も含めて認められていない（同37条、地公労11条）。

労働基本権が制限されていることの代償として、人事委員会・公平委員会に対して、地方公共団体の当局により適当な措置がとられるべきことを要求する権利が認められている（地公46条）。給与、勤務時間・休日・休暇・休憩、福利厚生など、勤務条件の全てが対象となる。また人事委員会には給料表が適当であるかどうかについて、議会と長に報告・勧告を行うことが認められている（同26条）が、公平委員会にはこの権限は認められていない。

Ⅳ

地方公共団体の権能

1 普通地方公共団体の事務

1999（平成11）年の「地方分権の推進を図るための関係法律の整備等に関する法律」（いわゆる「地方分権一括法」）による地方自治法の改正により、地方公共団体の行う事務は、大きく変わった。地方公共団体は、改正前は、「自治事務」と国の事務である「機関委任事務」とを行っていたが、改正により機関委任事務は廃止され、改正後は、「自治事務」と「法定受託事務」とを処理することとなった。

1 改正前の普通地方公共団体の事務

地方の事務　地方公共団体は、「自治事務」として、公共事務（固有事務）、団体委任事務、行政事務の3つの事務を行っていた（旧地自2条2項）。公共事務とは、上下水道や学校の設置管理など住民の福祉を増進するための事務で、地方公共団体の存立目的に関する事務であり、団体委任事務は、もともと国や他の地方公共団体の事務であったものが、法令またはこれに基づく政令により当該地方公共団体に委任され処理することとされた事務であり、行政事務とは、公共の秩序を維持し住民の安全及び福祉を保持するために行われる権力行使を伴う事務であった。

このように、地方公共団体の事務である自治事務は、公共事務、団体委任事務、行政事務の3つに区分されていた。しかし、公共事務といっても、何がこれに該当するのか必ずしも明確ではなく、団体委任事務も、機関委任事務が地方公共団体の執行機関に委任されることに対比して、団体に委任されることに着目して名付けられたものであり、内容的、性質的に、公共事務や行政事務と異なる性質をもつものではない。また、行政事務も、戦前、権力的事務は国が行っていたことにあわせて、戦後、地方公共団体も権力的事務を行うことができるよう創設されたものであった。つまり、自治事務の3区分は、歴史的沿革

や事情により整理されたもので、理論的精査の基に構築されたものではなく、事務相互の区別も相対的なものであること等、区別の有用性や実益が見出し難いというのが一般的な見方であった。

機関委任事務　一方、「機関委任事務」は、地方公共団体の長等の機関に委任して行わせるもので、地方公共団体の事務ではなく、国の事務である。改正前は「普通地方公共団体の長が国の機関として処理する行政事務については、普通地方公共団体の長は、都道府県にあっては主務大臣、市町村にあっては都道府県知事及び主務大臣の指揮監督を受ける」(旧地自150条) と定められ、機関委任事務について、国の包括的指揮監督権に服するものとされていた。機関委任事務の実効性を担保するため、知事等が事務執行を怠っていると認められる場合には、主務大臣は、知事等に対して事務の執行を勧告、命令し、高等裁判所に訴え（職務執行命令訴訟）を提起し、最終的には、主務大臣が知事に代わって当該事務を執行することが可能であった。つまり、機関委任事務制度は、国と地方公共団体との関係が「上下・主従の関係」に置かれること、地方公共団体の長が地方の代表者としての役割を果たすことが阻害されること、当該地方公共団体の住民からみた場合の行政責任の所在が国なのか地方なのか不明確である等、地方自治の本旨や行政責任の明確化の観点から、問題のあるシステムであった。

3 割 自 治　事務量の面においても、「3割自治」「2割自治」という言葉が示すように、地方公共団体が処理する事務の7割から8割は、国の事務たる機関委任事務が占めていたといわれ、地方公共団体が、地方自らの創意工夫によって主体的に運営すべきであるという理念からはかけ離れていた。

　そこで、1999年「地方分権一括法」による改正において、機関委任事務の廃止とともに自治事務の3区分を廃止し、国の事務に関する規定（旧地自2条2項）及び地方公共団体の事務の例示規定（同3項）も削除された。この結果、地方公共団体は、地域における事務と認められる限りで、地方公共団体の事務として処理することとなり（地自2条2項）、「自治事務」と「法定受託事務」との2種類へと編成された（同2条8項）。機関委任事務は、事務自体が廃止さ

れるか、国の直接執行とされるか、自治事務あるいは法定受託事務に整理され
ることとなった。

2　国の事務と普通地方公共団体の事務

(1)　国と地方公共団体との役割分担

役割分担　1999年改正は、地方公共団体の自主性及び自立性を高めるた
め、国と地方公共団体との役割分担に関する規定を新設し、
住民に身近な行政はできる限り地方公共団体において処理することを基本とし
た。

　この基本的立場は、事務の帰属主体を明確にすること、及び、事務の執行は
できる限り身近な組織が行うこと（「補完性の原則」、「近接性の原則」）を表して
いる。

　国と地方公共団体とにどのような事務を配分するのかについては、おおよ
そ、2つの方式がある。1つが、1つの事務を1つの組織に専属的に配分する
という一元的配分方式（完全分離型）と、もう1つが、1つの事務について複
数の組織に多層的に関わらせるという多層的配分方式（融合・協働型）である。
後者の配分方式は、国と地方公共団体が相互に協力して事務処理に当たるとい
う機能分担論に立ったものであり、改正前の事務配分・遂行は、少なからずこ
の考えの影響を受けていた。このことは、国と地方との事務執行の関係性を複
雑にしただけでなく、国の地方への過度の関与を生じさせる要因にもなった。
そこで、改正では、役割分担規定を置き、機能分担論による事務の帰属主体が
不明確になることをできる限り排すること、及び、地方公共団体の中でも、住
民にとって最も近接的な自治体である市町村の事務執行に重きを置くことを目
指した。

地方の役割　地方公共団体は、「住民の福祉の増進を図ることを基本とし
て、地域における行政を自主的かつ総合的に実施する役割を
広く担う」（地自1条の2第1項）。地方公共団体は、住民の福祉増進のために存
立し、地域の行政責任主体として、自ら企画し、管理し、執行する役割を果た

す。

国の役割　一方、国は、「国際社会における国家としての存立にかかわる事務、全国的に統一して定めることが望ましい国民の諸活動若しくは地方自治に関する基本的な準則に関する事務又は全国的な規模で若しくは全国的な視点に立って行わなければならない施策及び事業の実施その他の国が本来果たすべき役割を重点的に担い、住民に身近な行政はできる限り地方公共団体にゆだねることを基本として、地方公共団体との間で適切に役割を分担するとともに、地方公共団体に関する制度の策定及び施策の実施に当たって、地方公共団体の自主性及び自立性が十分に発揮されるようにしなければならない」（同2項）。分節すると、国は、①国際社会における国家としての存立に関わる事務（外交、防衛等）、②全国的に統一して定めることが望ましい国民の諸活動又は地方自治に関する基本的な準則に関する事務（生活保護基準、労働基準等）、③全国的な規模で若しくは全国的な視点に立って行わなければならない施策及び事業実施（公的年金、骨格的・基幹的交通基盤等）を行う。この3つの事務範疇以外にも、その他の国が果たすべき役割があれば、国が処理することができるが、地方公共団体を地域の自主的・自立的行政主体として地方の行政に総合的にかかわらせることとした立法趣旨に鑑みて、「その他」の範囲については、限定的に考えていくべきである。

(2)　**国等の地方公共団体への関与**

立法的関与　国と地方公共団体との役割分担に関する原則は、国の地方公共団体に対する立法的関与にも反映されている。

　国の定める地方公共団体に関する法令は、①「地方自治の本旨に基づき、かつ、国と地方公共団体との適切な役割分担を踏まえたものでなければならない」（同2条11項、立法原則）、②「地方公共団体に関する法令の規定は、地方自治の本旨に基づいて、かつ、国と地方公共団体との適切な役割分担を踏まえて、これを解釈し、及び運用するようにしなければならない」（同12項、解釈・運用原則）、③「法律又はこれに基づく政令により地方公共団体が処理することとされる事務が自治事務である場合においては、国は、地方公共団体が地域の特性に応じて当該事務を処理することができるよう特に配慮しなければならな

い」（同13項、特別配慮原則）。国の立法的関与が、地方公共団体の自主性を阻害することがないように留意しなければならない。

行政的関与　国または都道府県は、普通地方公共団体が行う事務処理に関与することができるが、当該地方公共団体の自主的判断を阻害することがないよう、抑制的に関与すべきである。

　国等が地方公共団体の事務処理に関与する場合には、「法律又はこれに基づく政令によらなければ」（同245条の２、関与法定主義）ならず、関与する場合でも、「目的を達成するために必要な最小限度のものとするとともに」（同245条の３第１項、比例原則）、「地方公共団体の自主性及び自立性に配慮しなければならない」（同項、自主性・自立性配慮原則）。関与の類型として、国から地方公共団体への一方的関与手法として、①助言又は勧告、②資料の提出の要求、③是正の要求、④同意、⑤許可、認可又は承認、⑥指示、⑦代執行（同245条１号）が、国と地方との双方向型の関与手法として、⑧普通地方公共団体との協議がある（同２号）。これら①～⑧までの基本的な関与手法以外に、国は「一定の行政目的を実現するため普通地方公共団体に対して具体的かつ個別的にかかわる」（同３号）ことができる。関与する際には、行政運営の公正性・透明性確保の観点から、関与手法ごとに、書面主義、標準処理期間の設定、届出の到達主義等（同247～250条の６）の手続をとることとされている（詳細は本章２節）。

3　自治事務と法定受託事務

(1)　自治事務と法定受託事務の内容

自治事務　地方公共団体は、「地域における事務及びその他の事務で法律又はこれに基づく政令により処理することとされるものを処理する」（同２条２項）。自治事務は、「地方公共団体が処理する事務のうち、法定受託事務以外のもの」（同８項）である。地方自治法が、法定受託事務について定義し、法定受託事務以外のもので、地方公共団体が処理するものを自治事務とするという控除的定義を採用しているのは、地方公共団体が処理する事務は広範囲に及びその内容も多種多様であり、地方行政の責任主体として自主

的かつ包括的に事務の執行に当たるべきと考えられたことによる。自治事務が地方公共団体の処理する事務の基本であり法定受託事務に該当しない事務は、すべて自治事務とされる（自治事務の補足性）。

法定受託事務　法定受託事務には、1号法定受託事務と2号法定受託事務とがある。1号法定受託事務とは、「法律又はこれに基づく政令により都道府県、市町村又は特別区が処理することとされる事務のうち、国が果たすべき役割に係るものであつて、国においてその適正な処理を特に確保する必要があるものとして法律又はこれに基づく政令に特に定めがあるもの」（同9項1号）をいう。2号法定受託事務とは、「法律又はこれに基づく政令により市町村又は特別区が処理することとされる事務のうち、都道府県が本来果たすべき役割に係るものであつて、都道府県においてその適正な処理を特に確保する必要があるものとして法律又はこれに基づく政令に特に定めるもの」（同2号）である。

　1号法定受託事務は、「国」が本来果たすべき事務を「都道府県、市町村又は特別区」が処理するものであるのに対して、2号法定受託事務は、「都道府県」が本来果たすべき事務を「市町村又は特別区」が処理するものである。

　では、具体的に、どのような事務が1号法定受託事務で、どのような事務が2号法定受託事務であるのか。1号法定受託事務には、地方自治法に定めるもの（同298条）として、地方公共団体の名称の変更、市町村の配置分合等が、他の個別法で定めるものとしては、砂防施設の維持管理、公有水面の埋立免許等があり、これらはすべて、別表第1に掲げられている。2号法定受託事務には、地方自治法に定めるもの（同299条）として、住民による都道府県条例の制定改廃請求を求める署名や議会の解散請求についての選挙管理委員会による署名の審査等が、他の個別法で定めるものとして、都道府県の議員または長の選挙等があり、別表第2に掲げられている。法定受託事務は、地方自治法（同298条及び299条）ならびに別表第1及び第2に掲げられているものがすべてであり、これ以外の事務を新たに法定受託事務とする場合には、法定受託事務であることを個別法において明らかにし、地方自治法別表が改正されなければならない。

　法定受託事務は、国の一定の関与があるという点で改正前の機関委任事務と似ている。しかし、機関委任事務は国の事務を地方公共団体の長に委任して行わせるもので、長は国の包括的指揮権に服し、国の機関として事務を行うものであったのに対して、法定受託事務は、あくまでも地方公共団体自身の事務であり、条例制定も可能であることに留意しなければならない。

(2)　自治事務と法定受託事務との相違

　　共　通　点　　自治事務も法定受託事務も、地方公共団体の事務であるから、地方公共団体の判断と責任において行われ、地方公共団体の条例制定権は両者に及び、地方公共団体は、「法令に反しない限りで」条例を制定することができる。地方議会は、自治事務及び法定受託事務について、議決権（同96条）、検査権（同98条1項）、監査請求権（同2項）、調査権（同99条）を行使することができる。

　　相　違　点　　しかし、**a**地方議会の権限及び監査委員による監査権限、**b**行政不服審査、**c**国等による関与において、両者には異なる点がある。

a：地方議会の権限及び監査委員による監査権限

　議会は、条例の制定改廃、予算の決定、決算の認定等につき議決をし（同96条1項）、条例で議会の議決事項を追加することができる（同2項）。この議決権は、自治事務については、そのすべてに及び、検査権、監査請求権、調査権も、労働委員会及び収用委員会の権限に属するものを除き、行使することができる（同98条・100条）。これに対して、法定受託事務については、「国の安全に関すること」として政令で定めるもの（地自令121条の3）を議決対象事項として追加することはできず、検査権、監査請求権、調査権も、「国の安全を害するおそれがある」として政令で定めるものについて行使することはできない。監査委員による監査権限も、同様である（同199条2項）。

b：行政不服審査

　自治事務も法定受託事務も、地方公共団体の事務であり、これらの事務執行において国と地方公共団体は上級庁・下級庁の関係に立つものではないから、本来は、地方公共団体において国等の行政庁への審査請求は認められるべきで

はないとも考えられよう。しかし、法定受託事務は、国の関心事項であり、国の地方への関与度も自治事務に比べて強い。仮に、国等への審査請求が認められないならば、かえって住民の権利利益の救済の途を狭めることにもなりかねない。これらの点に配慮して、自治事務については、個別法で特別に審査請求ができると規定されている場合を除いて国等への審査請求は認められないが、法定受託事務については、国等への審査請求及び再審査請求（同255条の2）ができることとされた。

C：国等による関与

　国または都道府県による普通地方公共団体への関与の一般的手法として、①助言又は勧告、②資料の提出の要求、③是正の要求、④同意、⑤許可、認可又は承認、⑥指示、⑦代執行、⑧協議がある。自治事務については、①助言又は勧告、②資料の提出の要求、③是正の要求、⑧協議を原則的な関与手段とするのに対して、法定受託事務については、③是正の要求を除いた、①、②及び④～⑧が可能である（同245条の4～245条の8）。**判例8**は、地方分権一括法による地方自治法改正以前の例であるが、教育活動という自治事務と思われることに

判例8　旭川学テ事件〈最大判1976（昭51）・5・21【行政百選Ⅰ21】、【自治百選2】〉
　文部省（当時）は、1960（昭和35）年頃、全国中学校一斉学力調査（以下、学テ）を行うことを企画し、これを受け、北海道旭川市教育委員会は、1961（昭和36）年に市立中学校校長に対して学テの実施を命じた。北海道教職員組合役員等は、学テ実施を阻止するため校舎へ立ち入り、校長等へ暴行等を加えた。
　最高裁は、「学校等の教育に関する施設の設置、管理及びその他教育に関する事務は、普通地方公共団体の事務とされ（地方自治法2条3項5号）、公立学校における教育に関する権限は、当該地方公共団体の教育委員会に属するとされる（地教行法23条、32条、43条等）等、教育に関する地方自治の原則が採用されている」「文部大臣は、地教行法54条2項によっては地教委に対し本件学力調査の実施をその義務として要求することができない」「文部大臣が……地教委に対し本件学力調査の実施を要求することができるとの見解を示して、地教委にその義務の履行を求めたとしても、地教委は必ずしも文部大臣の右見解に拘束されるものではなく、……文部大臣の右要求に対して、……独自の立場で判断し、決定する自由を有するのである。」と判示した。

対して、国が学力テストの実施を要求したものである。

　ここで留意しておくべきことは、改正後においても、法定受託事務の場合には、都道府県知事の事務執行が違法である場合や執行を怠っていると認められる場合には、最終的に、国が代わりに執行することができるという、改正前の職務執行命令訴訟の延長線上にあるようなシステムが存置されていることである。すなわち、国は、都道府県知事に対する勧告、指示を経て、まだ知事が指示に従わない場合には、高等裁判所に対して訴えを提起することができる。判決で知事に当該事務を行うことが命ぜられてもなお知事が執行を怠るときは、国が代わりに執行する（代執行）ことができる。このように、法定受託事務は、特に、国の関与度が強い。

留意点　そもそも、自治事務と法定受託事務とに２区分されたとはいえ、改正法の立法過程において、機関委任事務の多くが法定

コラム⑦　八重山教科書採択問題

　国と地方との関係において、社会の注目を集めた事件として「八重山教科書採択問題」がある。2011年、沖縄県八重山教科書採択地区（石垣市、与那国町、竹富町の３市町）における中学校公民教科書採択について、同地区で採択する教科書を統一することができなかったという事態を受けて、国が、沖縄県教委や竹富町教委に対して行政指導、是正の求め、是正の要求等を積極的に行うという異例の展開をみせた。教科書の採択については、公立学校においては都道府県または市町村の教育委員会が権限を有しており（旧地教行21条６号）、同一の採択地区については、同一科目について同一の教科書を採択しなければならない（旧義務教育教科書無償措置13条４項）とされている。八重山採択地区においては、石垣市と与那国町が育鵬社版を、竹富町が東京書籍版を採択し、意見が分かれた。このような状況の中、３市町の教育委員全員による協議が行われ、東京書籍版を選定することを多数決で可決したが、文科大臣は、「協議は調っていない」とし、県教委及び３市町のうちの竹富町のみに対して指導を行い、さらに、県教委への是正の要求、竹富町教委に対して直接是正の要求を行った。この事案は、最終的には、竹富町が八重山採択地区から分かれ単独で採択地区となることにより決着したが、教科書採択は自治事務であることから、本来、市町村における協議、県教委による指導・助言等、地方の努力による解決を図るべき事案であり、早期の段階から国が介入したことが適切であったのか、疑義が残る。

受託事務に移行し、両事務の一応の整理がなされたとはいえ、両者が截然と区別できるものでもないこと（松本235頁）、地方公共団体の自主性・自立性を尊重すべきことを踏まえると、法定受託事務を自治事務へ移行する等、できる限り法定受託事務を抑制していくことが求められよう。

2　国と地方公共団体の関係

　地方公共団体が事務事業を行うにあたって国が行う種々の統制は、国会（立法）による統制、行政的統制、裁判所による統制に分類される。立法的統制は、法律に基づく事務の配分と事務処理権限の分配（国の関与の留保）として行われ、地方公共団体の事務事業を規律するとともに、条例制定権の限界を構成する（Ⅴ章1節参照）。行政的統制は、第二次世界大戦終了までは自治監督として包括的な監督権があり、現在でも国による統制の最も大きな部分を占める。裁判所による統制は、立法的統制と行政的統制を裁判により裏付けるもので、違法な地方公共団体の条例と事務事業を排除するとともに、立法的統制と行政的統制を裁判的にコントロールする。

　第二次世界大戦終了までの国と地方公共団体の関係は、包括的監督権をもとにした特別権力関係論的発想と国政委任事務に関する指揮監督関係の存在から、行政内部と理解され、行政的統制が主であり、行政的統制に対する司法のコントロールはなかった。このような行政内部的な理解は、日本国憲法制定後も指揮監督関係を内包する機関委任事務制度が長く存続したために払拭されるには至らず、地方分権改革では、国と地方の関係を法関係に変えること（法化）が意図された。本節では、行政的統制がどのように地方自治法により立法的に規律され、どのように司法的コントロールの下に置かれるかについて解説する。

1　国の関与（行政的統制）

　地方自治法は、普通地方公共団体（特別区にも準用される。地自283条1項）がその固有の資格において国または都道府県の関与の名宛人になる場合について、自治事務と法定受託事務の処理に共通の原則を規定する（同第11章・245条以下）。ここでいう固有の資格は、私人が担えない立場を意味するとされるが、

地方公共団体が私人と同様の立場で事業等を行う場合（地方公営企業の場合等）は、固有の資格に当たらない。固有の資格に当たらない場合の国と地方の関係は行政手続法が規律する（行手4条1項）。すなわち、地方公共団体の作用が固有の資格において行われる場合とそうでない場合について、国と地方公共団体の関係の規律は、地方自治法245条以下と行政手続法の規定がパラレルの関係に立つ。

(1)　国の関与の法原則

関与法定主義　地方自治法が掲げる国の関与の第1原則は関与法定主義である。すなわち、関与は法定のものに限り、それ以外の法律によらない関与は許されない（地自245条の2）。この原則は、機関委任事務制度が存在した時期においては、国の機関として国の事務の委任を受けた地方公共団体の長等の執行機関に対して、国の主務大臣が法令によらないで指揮監督を行うことが可能であったことを改め、自治事務と法定受託事務の区別なく、また、権力的な関与であるか非権力的な関与であるかの区別なく、法律またはこれに基づく政令に根拠をもたない関与を排除する。

関与には、地方自治法245条1号列挙の各類型のほか、国と普通地方公共団体との協議（同245条2号）と一定の行政目的を実現するため普通地方公共団体に対して具体的かつ個別的に関わる行為（同3号）が含まれる。ここで注意が必要なのは、3号括弧書において、「相反する利害を有する者の間の利害の調整を目的としてされる裁定その他の行為（その双方を名あて人とするものに限る。）及び審査請求その他の不服申立てに対する裁決、決定その他の行為」が関与から除外されていることである。これには、いわゆる裁定的関与と呼ばれる国の大臣（または都道府県知事）による地方公共団体の処分に対する私人の不服申立ての裁決・決定が含まれる。このことにより、裁定的関与は後で述べる国と地方の係争処理手続の対象からも除外される。

これに対して、245条本文においては、「国又は都道府県の普通地方公共団体に対する支出金の交付及び返還に係るもの」も地方自治法の関与ルールの対象外とされているが、これは、支出金の適正な執行を確保するうえで、地方公共団体が私人と同様に扱われるべきであることが理由とされている（注釈5741

頁）。したがって、支出金の交付・返還については補助金適正化法（補助金等に係る予算の執行に関する法律）が規律することになり、交付決定は処分として扱われるから不服申立てが可能である（補助金25条）。

　地方自治法245条の関与の類型は、助言及び勧告（地自245条１号イ）、資料の提出の要求（同号ロ）、是正の要求（同号ハ）、同意（同号ニ）、許可、認可または承認（同号ホ）、指示（同号ヘ）、代執行（同号ト）、協議（同２号）、その他の具体的個別的関与（同３号）である。関与法定主義に基づき、国の関与はこれらの類型のいずれかに該当しなければならず、関与の法原則に合致しなければならない（一般法主義の原則）。

比例原則　　地方自治法が定める関与の第２原則は比例原則である。すなわち、国または都道府県の地方公共団体に対する関与は、その目的を達成するために必要な最小限度のものとするとともに、地方公共団体の自主性及び自立性に配慮しなければならない（同245条の３）。比例原則は、元々個人の権利利益の保護のための法理であるが、ここでは憲法に基礎を置く地方自治権の保護のための法理として採用されている。比例原則については、行政目的の達成のために必要であり相当な限度にとどまる過剰介入の禁止を内容とするものであるものの、過少介入の禁止も含まれるとの解釈がある。これに対して、245条の３は、法文上過剰介入の禁止に限定している。しかし、これは、地方公共団体が国による積極的な支援を必要とするときは、「関与」を強める形で行われるべきでないことを意味するにとどまり、地方公共団体に対する国による支援が憲法上の要請になり得ないことを意味しないと解すべきであろう。

　比例原則の関与に係る具体的適用について、自治事務に関する関与は、できる限り権力的な関与（指示、代執行、許認可、同意）を抑制すること（同245条の３第２〜６項）と、法定受託事務に関する関与は、代執行を避けるようにしなければならないこと（同２項）を規定する。

公正・透明の原則　　国の関与の原則の第３は公正・透明の原則である。この原則は行政手続法が理念とするものであり、地方自治法においても、次のように、行政手続法に準じた手続が規定されている（同

247〜250条の5）。

① **求められた場合に書面を交付すること**（同247条・248条・250条）　助言及び勧告の趣旨・内容、資料の提出の要求の趣旨・内容、協議に係る意見の趣旨・内容を記載した書面の交付。

② **不利益取扱いをしないこと**（同247条3項）　助言・勧告に従わなかったことを理由とする不利益な取扱いの禁止。

③ **許認可等の基準を設定し公表すること**（同250条の2）　許認可、同意等の判断に必要な基準の設定と公表。

④ **標準処理期間を設定し公表すること**（同250条の3）　許認可等に通常要すべき標準的な期間（経由期間を含む）の設定・公表

⑤ **理由を提示すること**（同249条・250条の4）　是正の要求・指示及び許認可等の取消しの内容と理由を示す書面の交付。

⑥ **到達主義**（同250条の3第2項・250条の5）　許認可等の申請の事務所への到達による審査の開始と届出義務の履行。

並行権限の方式　自治事務に属する事項を法律の規定に基づき国が直接執行する場合は、事前に理由とともに地方公共団体に通知しなければならない（同250条の6）。これは、国民の利益を保護する緊急の必要がある場合に限り認められる権限であり、実質的に代執行に等しい効果を持ちうるから、法律の根拠がなければなし得ない。並行権限の立法例として、消防法に基づく消防庁長官による火災原因の調査がある（消35条の3の2第1項）。

　このような並行権限は国の関与の類型に含まれないが、国による直接執行が地方公共団体による執行（不執行）に優越する規定が置かれるときは、関与にあたり、後述する係争処理手続の対象となりうる。例えば、都市計画法24条は、国土交通大臣が都道府県または市町村に対し、都市計画区域の指定または都市計画の決定・変更のため必要な措置をとることを指示する権限を認め、都道府県または市町村が指示に従わない場合に直接執行することを認めている。この場合の「指示」は拘束力が認められているので（都計24条1項）、国土交通大臣による並行権限の行使は係争処理手続で争いうると解される（注釈6175頁）。

(2)　国の関与の類型

総説——権力的関与と 非権力的関与

　地方分権改革前の行政的統制は権力的関与と非権力的関与に分けられ、非権力的関与が原則とされてきた。ここでいう権力的関与は国の一方的な判断権による関与を指し、法律の根拠が必要とされるのに対し、非権力的関与は国の地方公共団体に対する行政指導であって、法律の根拠は不要とされた。

　分権改革前に存在した機関委任事務制度においては、国の主務大臣に、国の機関とされる地方公共団体の執行機関に対する指揮監督権が認められていた（旧地自150条、旧地教行55条）。この場合、指揮監督権の内容は行政官庁理論に基づくものであったから、事務処理の取消し・停止（旧地自151条2項）のような権力的な監督とともに、法令解釈の指示等の非権力的な監督も法律の根拠を要することなく可能であった。さらに、監督権限の実効性を確保する手段として職務執行命令の仕組みも認められていた（同151条の2）。すなわち、機関委任事務の管理・執行が違法または主務大臣の処分に違反する場合または事務の管理・執行が行われない場合に、究極的な手段として、職務執行の勧告を経て、職務執行命令を発出することが監督権者（主務大臣または都道府県知事）に認められ、命令が履行されない場合は職務執行命令訴訟の提起に至ることができた。そして、職務執行命令訴訟により職務執行命令の適法性が確認された場合は、監督権者による代執行が認められた。

　一方、自治事務については、内閣総理大臣の措置要求の制度があった（旧地自246条の2）。これは、「普通地方公共団体の事務の処理又はその長の事務の管理及び執行が法令の規定に違反していると認めるとき、又は確保すべき収入を不当に確保せず、不当に経費を支出し、若しくは不当に財産を処分する等著しく事務の適正な執行を欠き、且つ、明らかに公益を害しているものがあると認めるとき」に発動可能であり、措置要求が発出された場合、長は是正改善措置を講ずべき法律上の義務を負うものとされた。しかし、既に存在する義務を確認するものにすぎないとの理由から非権力的関与とされ、措置要求の実効性を確保する仕組みもなかった（注釈5832頁以下）。

　以上をまとめると、機関委任事務に係る職務執行命令と代執行のシステムの

ように、「権力性」が明確な場合もあったが、それ以外の場合に、国が地方公共団体の意思に反してでも執行する権限があるのか、地方公共団体の側で国の関与に対して法的手段を持ちうるのかは明確でなかった。

これに対し、分権改革により改正された地方自治法は、後述するように、「公権力の行使」に当たる関与については、地方公共団体の側からの30日以内の審査の申出等の係争処理手続が法定された（地自250条の13）。これにより、関与により発生した法効果を取り除くためには関与の相手方が手続をとる必要があるという意味において、私人に対する処分の場合に、処分の効力を否定するためには私人が取消訴訟を提起しなければならなくなる処分の公定力と同様の手続的な「権力性」が認められる。もっとも、この意味における「権力性」があるのは形成的な法効果の発生を内容とする関与（同意と許認可）の場合であり、関与により地方公共団体が積極的な作為を義務づけられる場合（是正の要求・指示）には妥当しない。一方、機関委任事務制度と同様の代執行による実効性の担保の仕組みが認められる関与については、機関委任事務と同様の権力性が認められる。

助言・勧告と資料提出要求　各大臣または都道府県知事に認められる非権力的な権限である（同245条の4）。地方分権改革前は自治大臣（現総務大臣）と都道府県知事に限られていたもの（旧地自245条1項）が拡大したといえる。旧規定に相当する総務大臣または都道府県知事の技術的助言・勧告と資料提出要求は雑則に置かれた（地自252条の17の5）。分権改革前の文部大臣の地方教育委員会に対する要求の権力性が問題になった例に、判例8がある。

協議と同意　協議と同意は協議を前提とする点で同様であるが、同意がなければ、地方公共団体が事務を処理できない点で異なっており、同意の関与は自治事務については抑制される（同245条の3第4項）。同意が得られない場合は、地方公共団体は係争処理手続で争うことができるが、協議についても審査の申出の対象となる（同250条の13第3項）。地方分権推進計画においては、国の同意を義務づけることができる場合は、①施策の整合性の確保の上で著しい支障が生じることを防ぐため必要がある場合、②財政上税制上の特例措置に係る計画を地方公共団体が作成する場合、③地方公共団体の区域を

超える地域における総量的な規制・管理のための基準をもとに地方公共団体が計画を作成する場合に限るとされた。

許　認　可　　事務処理の適正確保が困難な場合のみに法律または政令に基づき可能とされる権力的な関与である。地方分権推進計画において許認可の対象とされたのは、①刑法等で一般には禁止されている事務の処理、②公用収用・公用換地・権利変換に関する事務の処理、③補助対象資産、国有財産処分等に関する事務の処理、④法人の設立に関する事務の処理、⑤国と地方公共団体が同様に扱われる事務である。

是正の要求・指示　　是正の要求は、自治事務について自治事務の処理が法令の規定に違反していると認めるとき、または著しく自治事務の適正な処理を欠き、かつ明らかに公益を害していると認めるときに可能である（同245条の5）。法定受託事務については、事務の処理が法令に違反していると認めるとき、または著しく適正を欠き、かつ明らかに公益を害していると認めるとき、是正の指示をすることができる（同245条の7）。

是正の要求と是正の指示は、地方公共団体が従う義務があるという意味で権力的な関与とされ、係争処理手続の対象となる。しかし、地方公共団体が是正の要求または指示に従わない場合に、地方公共団体の側で係争処理手続をとることが必要になるわけではなく、実効性に欠けるおそれがある。そこで、2012年改正により、是正の要求または指示に対し相当の期間内に地方公共団体が従わない場合には、関与を行った側から不作為の違法確認の訴えを提起することができる仕組みが作られた（同251条の7・252条）。

代　執　行　　法定受託事務を地方公共団体が違法に処理し若しくは主務大臣の指示に違反するものがある場合または当該事務の処理を怠るものがある場合において、それを放置することが著しく公益を害することが明らかであるときに可能である（同245条の8）。これは前述の機関委任事務について認められていた実効性確保の仕組みを引き継いだものである。

具体的な手続としては、是正の勧告及び指示を前もって行うことを要件とし、都道府県知事または市町村長が従わない場合には、主務大臣又は都道府県知事は裁判所に当該事務を行うべきことを命じる裁判を請求し、都道府県知事

または市町村長が裁判で示された期限までに事務を行わないときは、主務大臣または都道府県知事が代執行できる（同245条の8）。

　代執行に係る是正の指示については、代執行訴訟で争う機会があることから係争処理手続の対象にならない（同250条の13第1項）。

処理基準　法定受託事務の処理について、根拠法律または政令の定めにより処理基準を設定できる（同245条の9）。処理基準は法令上の基準ではなく、地方公共団体において従う義務はないと解される（注釈5939頁）。しかし、処理基準に従う法的義務を認める裁判例も存在する（広島高松江支判2006（平18）・10・11【自治百選18】）。また、処理基準に違反する事務処理について、是正の指示を行うことは可能であり、その場合は指示に従う義務がある。なお、処理基準は必要最小限のものでなければならない（同5項）。

　自治事務に係る基準については明文で定められていないが、基準が発出された場合も「助言」にとどまる。分権改革前は、所管の省庁が管轄する法令の解

コラム⑧　新型コロナ感染症対策と地方自治

　2020（令和2）年から全世界を巻き込んだ新型コロナ感染症の感染拡大は、国・地方の役割分担・相互の関係を含むわが国の統治のあり方を問うものになった。感染症法及び新型インフルエンザ等対策特別措置法は、都道府県を感染症対策を行う主体とし、予防接種を担当する市町村とともに、その事務を法定受託事務としつつ、政府対策本部に基本的対処方針の策定、まん延防止等重点措置及び緊急事態宣言の発令の権限を与え、地方公共団体に必要な指示をする権限を認める。政府が感染症のまん延状況に関して判断するに際しては、対策有識者会議の下に置かれた分科会の意見を聞かなければならないと定められているが（特措18条4項）、地方公共団体は、まん延防止等重点措置の発令を要請できるに止まり（同31条の4第6項）、各地方公共団体が独自に緊急性を判断して、法律に基づく感染症対策をとる仕組みにはなっていない。新型コロナ感染症対策は、ワクチン・治療薬開発とワクチン接種を含む医療体制、水際対策を含む検査体制、感染拡大防止のための規制措置の法定と実施、必要な補償ないし給付の実施、感染に係る情報の収集・分析と共有・公表等多岐にわたるが、客観的科学的に検証可能な対策をとるうえで、国と地方公共団体という「公」と、医療関係者、製薬会社、民間団体等の「私」がどのように役割を分担し、相互に連携すべきかという地方自治のあり方が問われている。

釈通達を発出することが通例であったとされるが、機関委任事務の処理における
ような、それ自体において法的拘束力のある基準の設定は認められなくなっ
た。

(3)　その他の関与

| 必 置 規 制 |

組織上必ず設置しなければならない機関、施設、特別の資格
又は職名を有する職員、附属機関を指定する関与をいう。例
えば、福祉事務所（都道府県・市町村）、児童相談所（都道府県）、保健所長（医師
資格）、防災会議（都道府県・市町村）、国民保険審査会、建築審査会等がある。

| 人事権の留保 |

地方公共団体の職員の任免権が留保される場合がある。都
道府県警察職員のうち警視正以上の警察官は一般職国家公
務員とされ、国家公安委員会が都道府県公安委員会の同意を得て任免する（警
55条3項）。また、市町村学校職員のうち、都道府県が給与を負担する県費負担
教職員については、都道府県教育委員会が任免権を有する（地教行37条）。

　なお、都道府県職員のうち、特定の国家事務（機関委任事務）に従事する職
員の身分を国家公務員とする仕組み（地方事務官制度）は地方分権改革の際に廃
止され、当該事務は国の直轄事務になった。

| 地方債発行の規制 |

地方債の発行は、地方分権改革前は自治大臣または都
道府県知事の許可が必要とされ（旧地自250条）、地方公
共団体に対するコントロール手段となっていたが、地方分権改革において、総
務大臣または都道府県知事との同意を要する協議制に変更され、財政状況が健
全である団体の場合は届出で起債できるようになった（地財5条の3第1項・3
項・6項）。詳細はⅦ章1節3参照。

2　国の関与に関する紛争処理

(1)　地方公共団体の裁判上の地位

　地方分権改革により改正された地方自治法は、国の関与について法的規律を
加えたにとどまらず、係争処理手続という国と地方公共団体の間の紛争を最終
的には裁判によって解決することができる仕組みを整えた。ここでは係争処理

手続がもつ意味を考えるための前提として、国と地方の間の紛争事例を概観しておく。

① 不服申立て裁決に対する出訴権（最判1974（昭49）・5・30【行政百選Ｉ1】、【自治百選119】）

国民健康保険事業の保険者としての地位にある大阪市が行った被保険者に該当しないという決定に対する相手方私人の不服申し立てを認容した大阪府国民健康保険審査会の裁決に対して、大阪市が提起した取消訴訟において、最高裁は、保険者である市町村は国の事務である国民健康保険事業の実施という行政作用を担当する行政主体としての地位に立ち、都道府県の審査会と保険者は一般的な上級行政庁とその指揮監督に服する下級行政庁の場合と同様の関係にあるから、審査会の裁決に優越的効力と保険者に対する拘束力が認められることを理由に、保険者に裁決を争う資格は認められないとし、保険者からの出訴を認めるときは、通常の行政不服審査の場合よりも権利救済を遅延させる結果をもたらすという理由も付加した。これは、地方公共団体が国または都道府県の裁定的関与を受ける場合の先例である。

② 摂津訴訟（東京高判1980（昭55）・7・28【自治百選117】）

保育所の需要を満たすために国の設置基準を上回る数の保育所を設置した地方公共団体が国に対して児童福祉法に基づく国庫負担金の支払いを求めて出訴したのに対して、裁判所は、国庫負担金の交付は、補助金適正化法に従って行われる予算の執行であって、行政処分である交付決定により負担金請求権は発生するものであるから、補助金適正化法上の交付決定がなされないことに不服がある場合には抗告訴訟により出訴することができ、交付決定を経ずに負担金の支払いを求めて直接裁判所に出訴できる具体的な請求権はないとした。これは、地方公共団体に申請拒否処分を争う道を認めた事例である。

　なお、地方公共団体が国に対して提起した民事訴訟（国家賠償請求訴訟）の例として、福岡地判1980（昭55）・6・5【自治百選3】がある。

那覇市情報公開決定取消請求事件（最判2001（平13）・7・13【自治百選118】）において、国が那覇市に対して自衛隊基地建物の建築工事計画通知書と添付図書の

公開決定との取消しを求めて出訴したのに対し、最高裁は、行政権限の行使を
めぐる行政機関相互の紛争であって法律上の争訟に当たらないとした原審の判
断を退け、建物の所有者として有する固有の利益（警備上の支障や外部からの攻
撃に対応する建物の安全性の低減）が侵害されるとの国の訴えが法律上の争訟に
当たるとしつつ、国の主張に係る利益が処分の根拠条例において個別的利益と
して保護されていないとの理由から、国に原告適格を認めなかった。自衛隊基
地建物を管理する国の地位が統治団体としての地位にはないと判断されたこと
が注目される。

地方公共団体の国に対する地位の類型論　以上のような裁判例がある中で、
地方公共団体の国に対する地位に
ついて、次の2つの場面を区別して議論することが一般に認められてきた。

① **事業団体としての地方自治体**　地方公共団体が私人と同様の立場に立つ
場合、地方公共団体は国に対して通常の権利義務関係にあることを主張でき、
私人と同様に、固有の法的利益を侵害された場合は取消訴訟などの出訴が可能
である。地方公営企業の立場がこれに当たり、補助金の交付を受ける地位も含
まれる。

② **統治団体（公益管理者）としての地方公共団体**　地方公共団体が統治団体
あるいは地域全体の利益を擁護する立場に立って出訴することが認められるか
どうかについては議論がある。まず、地方公共団体は、国との関係では統治機
構の「内部」を形成するとする考え方がある。明治憲法下においては、府県は
国の下部機関としての性格が強く、市町村は広範な自治監督の下に置かれたと
いう歴史的な経緯を継承する考え方である。このような考え方においては、国
と地方公共団体の間には通常の法関係（権利義務関係）が成立しない。前述の
ように、地方公共団体が「固有の資格」において関与の名宛人となる場合に、
地方自治法が行政手続法とパラレルの内容の手続ルールを設けていることは、
統治団体としての地方公共団体と国の関係は行政「内部」とみる考え方が実定
化されているともいえよう。

　また、地方公共団体が地域の利益を代表して訴訟を提起することについて
は、それに対応する団体訴訟や地方公共団体の特別の出訴資格を認める実定法

がないことが障害となる。この関連では、**判例15**（宝塚訴訟）が、国または地方公共団体が行政権の主体として国民に対して行政上の義務の履行を求める訴訟は法律上の争訟に当たらないという判断を示しており、その射程が問題となる。この事例は、地方公共団体が条例に従わない私人に対して条例違反の行為の中止を求めた民事訴訟であるが、最高裁の判断が行政権の主体相互間の行政訴訟あるいは民事訴訟にも及ぶとすれば、地方公共団体が行政権の主体としての立場で国に対して提起する訴訟や、その逆に国が行政権の主体として地方公共団体に提起する訴訟も、法律上の争訟性を欠くことになる。

　裁判例においては、地方公共団体が、その区域にまたがる国の事業に関する地方公共団体と国の間の合意書に反する事業を国が実施しない義務の確認を求めて提起した訴訟について、地方公共団体が行政主体として行政上の義務の確認を求めて提起したもので、財産的権利に由来するものではないとして平成14年宝塚事件最判を引用して法律上の争訟に当たらないとした例もあるが（東京高判2007（平19）・2・15【自治百選121】）、前述した平成13年の那覇市情報公開条例に係る最高裁判決は、自衛隊基地を管理する国の地位を行政権の主体としてではなく、基地建物の所有者としての立場とみて、国が提起した訴えを法律上の争訟に当たるとした。市がその区域内に近隣の市が計画した場外車券売場の設置の許可に対して提起した抗告訴訟について、法律上の争訟に当たるかどうかの判断をすることなく、原告の市が根拠法律において保護された個別的利益を有するかどうかを判断して否定した事例（大分地判2003（平15）・1・28【自治百選120】）も、同様のケースに位置づけられる。もっとも、地方公共団体の統治団体としての地位に基づく訴えが結果として不適法とされていることには変わりない。

(2)　地方自治法における国と地方公共団体の紛争処理

係争処理手続　以上のように、地方公共団体が統治団体として国に対して訴えを提起することは、裁判例においても理論においてもハードルが高い。この状況を打開するために、地方分権改革において紛争を法的に処理する仕組みが地方自治法に導入された。この手続は、250条の7により総務省に置かれた国地方係争処理委員会（都道府県の市町村に対する関与につい

ては自治紛争処理委員、地自251条の3）が国と地方公共団体の間の紛争について審査・勧告することにより処理するものであり、その概要は次のとおりである。

　まず、手続の対象となる国の関与は、地方自治法において定められた国の関与のうち、公権力の行使に当たる関与、すなわち是正の要求または是正の指示、同意または許認可の拒否、不作為もしくは取消し、及び協議である（同250条の13）。代執行手続に係る指示については、特別の訴訟手続が予定されていることから除外される（同1項）。また、裁定的関与は「関与」から外されているので、係争処理の対象にもならないと解されるが、裁定的関与が実質的に「代執行」と解されうる場合、代執行手続によらない違法な関与であるので、その取消しを求めることも可能と解する余地もある。これについては、後に述べる辺野古事件において問題となった。

　手続は、地方公共団体の長その他の執行機関が、関与を行った国の行政庁を相手方として、委員会に審査の申出を行うことにより開始される。協議、同意等の不作為に係る審査を除き、期間制限がある（同4項）。

　委員会は、自治事務に関する関与が違法または地方公共団体の自主性及び自立性を尊重する観点から不当であると認めるとき、法定受託事務に関する関与が違法であると認めるとき、許認可または同意が相当の期間内に行われていないと認めるとき、協議について地方公共団体がその義務を果たしていると認めるときに、必要な措置を講ずべきことを勧告し公表しなければならない。また、要件を満たしていないと認めるときは、理由を付してその旨を両当事者に通知し、公表しなければならない（同250条の14）。

　委員会の審査を前置手続として、審査の申出を行った地方公共団体の執行機関は、関与を行った国の行政庁を被告として係争処理訴訟を、当該地方公共団体の区域を管轄する高等裁判所に提起できる。その要件は、委員会の審査の結果または勧告に不服があるとき、勧告を受けた国の措置に不服があるときまたは国が措置を講じないとき、委員会が90日の期限内に審査または勧告を行わないときである（同251条の5第1項）。訴えは出訴期間の制限がある（同2項）。この訴訟は委員会の勧告を争うのではなく、国の関与の取消または不作為の違法

確認の形式をとる。また、協議については、係争処理訴訟の対象とされていない（同１項）。

　なお、係争処理訴訟は、地方公共団体からの出訴だけを定めていたが、2012年改正において国の側の出訴も、不作為違法確認訴訟として規定された（同251条の7・252条）。

　　　　　　　　　　　　　　　このように整備された係争処理訴訟については、

係争処理訴訟の法的性質　その本質をめぐって議論がある。通説とされる機関訴訟（客観訴訟）とみる考え方に対して、通常訴訟（主観訴訟）とみる考え方が対峙する。

　機関訴訟説は、私人の利益が究極的には憲法上の権利に基づくもので、裁判を受ける権利（憲32条）に関わるのに対して、統治団体としての国や地方公共団体の利益は行政上の公益にすぎず、国と地方公共団体の紛争は本来、国と地方公共団体間の調整に委ねるべきものであるとみて、係争処理訴訟は例外的に法律により裁判所が判断できる仕組みを創設したとみる。この立場は前述の平成14年宝塚事件最判に連なる考え方である。これに対し、通常訴訟説は、統治団体としての地方公共団体が擁護する利益は裁判を受ける権利と結びつく私人の主観的利益とは異なる公益であるとしても、地方自治が憲法上保障されていることから、統治団体としての国と地方公共団体の間の法的紛争は裁判所により判断されなければならず、係争処理訴訟は通常訴訟を実定法により整備したものとみる。この立場は平成14年宝塚事件最判を批判ないしその射程を限定することになる。

　両説の違いは、端的には係争処理訴訟以外に主観訴訟が統治団体としての国と地方公共団体の間で成立しうるかどうかに結びつくが、係争処理訴訟に関する解釈をめぐっても異なる帰結が生じえよう。

　　　　　　　　　　　　　　　係争処理手続が実際に適用された事例を概観する。

主な係争処理手続の例　まず、国地方係争処理委員会による審査・勧告で終了した事例として、初の適用例となった国地方係争処理委員会勧告2001（平13）・7・24【自治百選123】は、横浜市が法定外普通税として勝馬投票券発売税を条例により設けることとしたが、総務大臣が地方税法669条に基づく

横浜市の協議の申出に合意しなかったため、横浜市が審査を申し出た事案について、地方税法671条３号の国の経済施策に照らして適当でないとは、重要な影響を及ぼす場合に限定して解すべきであるとし、国の財政資金の確保という施策に重要な負の影響を及ぼすおそれがあるか否かについて、総務大臣と横浜市がなお協議すべきであるとした。

　また、国地方係争処理委員会2009（平21）・12・24決定は、北陸新幹線の工事実施計画認可にあたって、費用負担が生じる新潟県の意見が十分に聴取されていない瑕疵があるとして、新潟県知事が適切な措置を講じるよう審査を申し出た事案について、全国新幹線鉄道整備法９条４項の意見聴取は、都道府県が国土交通大臣に対して意見を提出する機会を手続的に保障する趣旨であって、行政処分でも権力的な事実行為でもなく、また、認可にあわせて国土交通省から新潟県に発出された認可通知により、新潟県の具体的な費用負担が特定されるのではないから、いずれも係争処理手続の対象に該当しないとし、審査の対象は法律により定められており、当該法律の規定により判断されるべきであるとした。

　委員会の審査・勧告に続いて係争処理訴訟が提起された最初の事例が沖縄県辺野古埋立事件である。国（沖縄防衛局）が在日米軍の普天間ヘリコプター基地の辺野古沖合への移設のために進める公有水面埋立工事について、沖縄県知事が前知事の行った埋立承認の職権取消をしたのに対し、沖縄防衛局長が国土交通大臣に承認取消の取消しを求める審査請求と執行停止を求め、国土交通大臣が執行停止をしたため、沖縄県知事が係争処理委員会に審査の申出を行ったことに始まり、以降、職権取消に係る執行停止決定、是正指示、承認撤回に係る取消裁決と審査対象を変えつつ、数次の国地方係争処理委員会の決定（2015（平27）・12・24、2016（平28）・６・17、2019（令元）・２・18）と最高裁判決（是正指示に係る不作為の違法に関する2016（平28）・12・20民集70巻９号2281頁、承認撤回の取消裁決に関する2020（令２）・３・26民集74巻３号471頁）を重ねている。

　ここで争われている地方自治法上問題となる点は、国（沖縄防衛局）が私人と同様の立場か固有の資格のいずれかという問題と沖縄防衛局長の不服申立てに対する国土交通大臣の裁決が裁定的関与として係争処理の対象にならないの

かどうかという問題である。行政不服審査法7条2項は国または地方公共団体が固有の資格において処分の相手方となる場合に、行政不服審査法を適用除外としていることから、国の立場が固有の資格である場合は裁定的関与と解すべきでないという考え方がある。この点、これまでの委員会と最高裁の判断はいずれも、国の立場を私人と同様とみて、国土交通大臣の裁決を裁定的関与として係争処理手続の対象と認めていない。

　その後、埋立承認の撤回が取り消されたことを前提として埋立工事が進められる中で、沖縄防衛局が行った小型さんご類特別採捕許可申請に対する沖縄県の不作為に係る所管の農林水産大臣の是正の指示について、国地方係争処理委員会の審査（2020（令2）・6・19）を経て提起された係争処理訴訟において、最高裁は、埋立対象水域の軟弱地盤改良工事に関する設計の概要の変更承認の申請が出される前であっても、許可申請について判断を留保することは、沖縄防衛局の工事を適法に実施する利益を侵害するとして、考慮事項違反による裁量権の逸脱濫用を認めた（最判2021（令3）・7・6裁判所ウェブサイト）。この判断には、設計の概要の変更が承認されるかどうかは要考慮事項であるとして、

判例9　泉佐野市ふるさと納税不指定事件〈最判2020（令2）・6・30民集74巻4号800頁〉

　地方税法の平成31年改正により、ふるさと納税制度の特例控除の対象が総務大臣が指定する地方公共団体に対する寄付金に限られることになり、総務大臣がアマゾンギフト券を返礼品として多額の寄付金を得ていた泉佐野市の指定申請を拒否したことから、泉佐野市が係争処理委員会に審査の申出を行い、委員会は、2019（令和元）年9月3日に、不指定の根拠とされた総務省告示が地方税法37条の2第2項の委任する範囲を超えているおそれがあり、技術的助言に従わなかったことを理由とする違法な不利益な取扱いの禁止（地自247条3項）及び関与の必要最小限原則（同245条の3第1項）に違反するおそれがあるとして、総務大臣に再度の検討を行うよう勧告したが、総務大臣が不指定の判断を維持したため、泉佐野市が提訴した。

　最高裁は、関与法定主義（同245条の2）により指定基準は法律上の根拠を要し、総務大臣の技術的助言が発せられていたにとどまる過去の募集態様を指定拒否の理由とうる総務省告示2条3号は地方税法37条の2第2項の委任の範囲を逸脱して違法であるとして、泉佐野市の請求を認めた。

裁量権の逸脱濫用を認めない反対意見（宇賀克也、宮崎裕子裁判官）が付されている。なお、本事例における国の関与あるいは埋立工事に対して、沖縄県は通常訴訟（抗告訴訟または当事者訴訟）も提起している（福岡高那覇支判2018（平30）・12・5判時2420号53頁、那覇地判2020（令2）・11・27裁判所ウェブサイト等）。

　このように、係争処理手続が地方公共団体の利益の法的救済に結びついたと言い難い例が続いていたが、判例9の泉佐野市ふるさと納税事件において初めて、地方自治法の関与ルールに基づいて地方公共団体の主張が認められた。

V

地方公共団体の規範定立

1 条例制定権とその範囲

1 自治立法権

(1) 憲法による自治立法権の保障

「地方公共団体は……法律の範囲内で条例を制定することができる」（憲94条）。この規定は、国会を唯一の立法機関と定める憲法41条の例外の１つとして、地方公共団体に自治立法権を保障するものと解されている。

自治立法としての法規の制定権　地方公共団体の統治団体性が憲法上承認されていることから、戦前とは異なり、条例とは地方公共団体の内部に関する自主法にすぎないという考え方は斥けられ、地方公共団体もまた統治権の一環として法規を定めうると解されている（なお、実際に制定されている条例の中には法規たる性質を有しないものもある）。条例の適用をめぐり訴えが適法に提起されれば、裁判所は、その条例が適法である限り、その条例を規準にして判断を下すことになる。

地方公共団体による自治立法権の行使は、法律による委任を要するか。この点は「法律の範囲内」（同94条）の解釈論として議論されてきた。前国家的な自由とそうではないものとの区別を根拠として、「法律の範囲内」という文言に関して、条例の所管事項は法律が定めると解するものがあるが、この考え方によるならば、条例制定権が認められる範囲は国の立法者の裁量的な判断に委ねられてしまう。これに対して、「直接憲法94条により法律の範囲内において制定する権能」が認められるというのが判例の立場であり（最大判1954（昭29）・11・24刑集 8 巻11号1866頁）、通説である。この考え方では、「法律の範囲内」という文言は「法律に違反しない限り」と解され、条例には法律の定めとは無関係に制定されるもの（自主条例）と法律の定めを受けて制定されるものとがあると解されることになる。

自治立法の形式　憲法94条は自治立法権を保障する規定であると解されるが、そこには「条例」の制定手続やそれに関わる機関等が定められていないことから、「条例」とは地方公共団体が法規を定める場合の形式の総称であると説かれてきた（多数説）。これに対して、「条例」は地方議会制定法に限定されるという批判論もある。後者の考え方では、地方議会による条例制定を除いて憲法94条を直接の根拠として自治立法権が行使されてはならないことになる。地方自治法においては、条例の制定は議会の議決事項として定められ（地自96条1項1号。なお、条例の公布は長が行う。同16条2項。条例は法定代理的な専決処分（同179条）により制定される場合がある）、そのほかに、長の「規則」（同15条）、委員会の「規則その他の規程」（同138条の4）等の法形式について定められている。法規の理解にもよるが、法律・条例といった議会制定法による委任なしに行政機関が法規を制定できることが憲法上認められねばならないか、憲法93条と地方自治法が定める二元代表制との関連を含めて問われる。

自治立法権に対する国による行政的制約　自治立法権の行使に関して、例えば手続等について、国は法律で規律しうるが、それは地方自治の本旨を損なうものであってはならない。戦前の市制・町村制においては、条例の制定には内務大臣（1929（昭和4）年改正後は府県知事）の許可が必要とされていたが、条例の制定に対して権力的な関与手段を一般的に設けておくことは現行憲法下では許されないであろう（なお、知事の規則制定につき大臣による認可を定めるものがある。水産資源4条6項、漁業119条7項）。条例の制定に対する非権力的な関与として、国の行政機関が「モデル条例（案）」を技術的助言として示すことや、条例に罰則を定める場合の検察協議がある。条例に対する抽象的な規範統制を構想する場合、それが自治立法権に対する国による過剰な介入にならないか、注意を要する（参照、宇賀自治238、240、247-248頁、塩野III278頁）。

(2)　自治立法権（条例制定権）の範囲

法律事項に関する自治立法の可否　憲法が法律事項とする事項について地方公共団体は条例を定めうるか。罰則（憲31条）のほか、財産権規制立法（同29条2項）、租税立法（同30条・84条）を条例で定めることの可否が問題に

なる。財産権の内容と行使とを分けることで法律事項を前者に限る考え方があるが（なお、最大判1963（昭38）・6・26【自治百選27】は、ため池の堤塘での耕作を禁ずる条例を合憲としたが、ため池の破損・決壊の原因となる使用行為は憲法等の保障する財産権の行使の埒外にあることを理由としていた）、両者の区別は困難であるという批判が強い。いわゆる警察行政も地方公共団体の事務の中に憲法上含まれうること及び住民公選の地方議会により条例が制定されることに鑑みれば、憲法29条2項は自治立法権を制限するものではなく、そこにいう法律の中に条例が含まれると解されよう。租税立法についてはⅦ章2節1(2)を参照されたい。

　自治立法権の
　性質上の限界　　自治立法権には、対象となる事務の性質に照らして限界がある。本来的に地方公共団体の事務ではないものとして、①国家間の関係と不可分である国家に関する事項、②国全体を通じて画一的な制度によるべきと考えられる事項、影響の範囲が地方公共団体を超えて国土全般または国民全体にわたる事項は法律の専管事項であると解され、②として、社会保障制度、私法秩序の形成等に関する事項、刑事犯の創設等に関する事項、経済統制等が類型的に挙げられてきた。しかし、法令の定めから離れて、本来的に地方公共団体の事務でないといえるものがあるか、疑わしい。今日では、事務の性質により自治立法権の範囲を画することよりも、個々の法令との関係で条例の制定が許されるか否かを検討することが重要になっている（松本169-171頁）。なお、役割分担の規定（地自1条の2）は事務配分の規定ではなく、自治立法権の範囲を画するものではない。

　地方自治法14条1項は条例制定権を地方公共団体の事務に認めている。法定受託事務であるというだけで自治立法権が否定されることはない。なお、地方分権一括法による改正以前は、機関委任事務について条例を制定できず、機関委任されている長等の執行機関が国の法令の委任を受けて立法（規則の制定）をなしうるという考え方が強かったが、機関委任事務に附随・関連する事務について自治立法権の余地を認める考え方も説かれていた。

　さらに、自治立法権の及ぶ人的・空間的な限界も問題になる。条例の効力は原則として地方公共団体の区域内に限られるが、公の施設の区域外設置（同244条の3第1項）、事務の委託（同252条の14）等の規定が適用される場合には、

地方公共団体の区域外にも条例の効力は及ぶと解される。また、住民でなくとも、例えば旅行者等一時的に地方公共団体の区域内に滞在する者にも、条例の効力は及ぶと解される（属地主義。前掲、最大判1954（昭29）・11・24）。

(3)　条例における罰則

　地方公共団体は条例を定めるときに、その違反者に対する制裁のために罰則を設けることができるか。これは罪刑法定主義との関係で問題になる。

　地方自治法において、1947（昭和22）年の第一次改正により、地方議会制定法である条例の中に罰則を設けることが一般的に認められ（現在、同14条3項において、2年以下の懲役・禁錮、100万円以下の罰金、拘留、科料、没収、5万円以下の過料を科する旨を定めることが認められている。なお、地方分権一括法による改正以前は、長の規則に関する同15条とは異なり、過料を科する旨を定めることは明文では認められていなかった）、また、実際に罰則を設けた条例が制定されたことから、憲法上の可否・限界が問題になった。最高裁は、大阪市売春取締条例事件：最大判1962（昭37）・5・30【自治百選28】において、条例は「行政権による命令とは性質が異なる」ことを理由に、「法律の授権が相当な程度に具体的であり、限定されておればたりる」として合憲判断を下した。しかし、緩和されているとはいえ法律による具体的な委任が必要であるという考え方に対しては、①一般的な委任でよいという考え方と②憲法により罰則制定権も認められているので法律による委任を要しないという考え方から少数意見が出されていた。②では、条例違反者に対して刑罰を制裁として科することができないとすれば憲法による自治立法権の保障に照らして不合理であることが説かれている。

　罰則（特に過料）の運用に関してはⅥ章2節1を参照されたい。

2　条例の種別

規定内容からみた条例の種別

　地方自治法等の規定を参照しながら、どのような内容の条例が存在するか、みておこう。

組織に関する条例

　地方公共団体の組織に関して、地方自治法等の法律により条例事項として定められているものがある（例、地

方議会の議員定数（地自90条１項・91条１項）、附属機関の設置（同138条の４第３項）、長の下の内部組織（同158条１項）、出先機関の設置（同155条・156条）、職員の定数（同172条３項、地教行31条３項、警57条２項））。地方公共団体の財務に関しても、同様である（例、地方税（地税３条１項）、分担金・使用料（地自228条）、給与・手当等（同203条の２・204条、地公24条５項））。他方、住民の自治組織等について自主条例が制定される場合がある（参照、岡山地判1999（平11）・３・24【自治百選７】）。苦情処理に関してオンブズマン（オンブズパーソン）が自主条例により設置されることがある（参照、Ⅵ章３節１）。さらに、住民の法的地位や地方公共団体の主要な組織等について自治基本条例が自主条例として制定されることもある。地方公共団体は自らの存立の根拠やその組織法を自ら定めるべきであるという考え方が自治基本条例制定の背後にあろう（参照、Ⅷ章２節４）。

規制行政に関する条例　地方公共団体は「義務を課し、又は権利を制限するには……条例によらなければならない」（地自14条２項）。この規定は、地方分権一括法による改正以前は、「行政事務の処理に関しては……条例でこれを定めなければならない」というものであった。警察目的の権力的な取締は、国の法律に基づくほか、自主条例に基づいて行われる。公安条例や青少年保護条例等については、精神的自由権等の保障をめぐって条例の憲法適合性が問題となってきた（例えば青少年に対する淫行の禁止について最大判1985（昭60）・10・23【自治百選29】、広島市暴走族追放条例について最判2007（平19）・９・18【自治百選26】）。規制的な行政領域の展開に応じて、公害規制、自然環境保護、街づくりに関して条例が制定されてきたが、これらの領域では国が法律を制定することも多く、国の法令との関係で条例制定権の範囲が問題となってきた。

給付行政に関する条例　地方公共団体は「公の施設の設置及びその管理に関する事項は、条例でこれを定めなければならない」（同244条の２第１項）。侵害留保説・権力行使留保説によるならば、自由・財産の侵害や公権力の行使に当たらない行政領域では、法律・条例による授権は要しない。しかしながら、住民の平等利用権の保障と併せて、地方自治法においては、公の施設の設置・管理は条例事項として定められており（同２項）、

これら全体として重要事項留保説が採用されているとみる余地があろう。条例に基づき設置された公の施設を廃止するには、その条例の改廃が必要になる（例えば横浜市保育所条例の別表から市立保育所の記載部分を削除する条例が争われた事案として、最判2009（平21）・11・26【自治百選37】）。給付行政の領域でも条例の憲法適合性が問題となることがある（例えば、最判1996（平8）・3・15【自治百選57】、公営住宅条例が入居者が暴力団員であることを明渡事由とすることについて最判2015（平27）・3・27民集69巻2号419頁）。

条例の制定根拠からみた条例の種別　条例の制定根拠に関連して、条例は自主条例と法律の定めを受けて制定される条例に大別される。条例について定めを置く法律の中には、条例が国の法令と一体となって機能することを想定するものもある。

　法律の定めを受けて制定される条例は、従来、委任条例と呼ばれてきた。しかしながら、法律において「条例の定めるところにより…」、「…条例により定める（ことができる）」などと定められるとき、その全てを法律による委任と解することはできない。国会が国の行政機関に立法権を分け与えるのとは異なる趣旨から、条例により定める旨の規定が置かれる場合があるからである。国会

コラム⑨　上乗せ基準条例

　国の法令で定められている規制基準を地方公共団体が条例で置き換えることが法律により特に認められている場合があり（例、大防4条1項）、このような条例は上乗せ基準条例と呼ばれてきた。上乗せ基準条例は法令に代えて適用されるので、条例に定められる規制基準を充たさない者に対して、法律に定められている不利益処分等の措置が行われることになる。上乗せ的な規制を自主条例で定める場合とは異なり、上乗せ基準条例では規制の仕組みがフルセットで定められることはない。上乗せ基準条例の法的な性格は委任条例であり、授権される範囲は法令により限定され、また、法律により特に授権されない限り地方公共団体は上乗せ基準条例を制定することはできない。第二次地方分権改革においては、法令の定めを強化したり緩和したりするなど条例による「上書き」が議論された。「上書き」権を地方公共団体に一般的に認めることは、上乗せ基準条例の制定に対する制約を一挙に無くすことを意味するが、そのようなことは実現していない。

またはその委任を受けた国の行政機関が有する立法権限を特に地方公共団体に分与すると解される場合は委任条例と称してよいが（コラム⑨）、そうでないものは地方公共団体に憲法上保障されている自治立法権を根拠とする条例であり、それにふさわしい呼称（例、法律実施条例）が求められる。法律実施条例の場合は、その制定根拠が憲法にあることから、その制約の緩和・是正が解釈論上も立法論上も説かれている。さらに、法律に基づく処分の審査基準・処分基準に相当する内容を条例として定めることの可否もその延長上で議論されうる（塩野Ⅲ208頁）。

3　法律との抵触

(1)　地方自治法14条1項

　条例制定権は「法令に違反しない限り」で認められている（地自14条1項）。憲法や法律だけでなく政省令等を含めて「法令」に違反しないことが求められている。

　「法律の範囲内」で保障されている自治立法権が、このような法律の定めによって制約されてよいか。通説的には、憲法94条にいう「法律」とは国家法の総称であり、国の行政機関により制定される政省令等も含まれると解されてきた。ただ、法律の委任を受けて政省令等において国の行政機関が詳細かつ画一的な定めを置くとき、それらが法律と一体となって地方自治を損なうおそれがある。そのため、憲法94条にいう「法律」には政省令等も含まれるが、それは地方自治の本旨に適合的なものに限定されると解さなければならない（参照、地自2条11〜13項）。なお、憲法94条にいう「法律」には政省令等は含まれないと解する考え方も登場している。

(2)　法律（法令）と条例との抵触

**法律先占論
（法令先占論）**　自主条例であれ法律実施条例であれ、地方公共団体は法令に違反して条例を制定してはならないが、国の法令によって規制が講じられるときに、地方公共団体が条例を制定して同種の規制を行う余地はあろうか（なお、条例が国の法令よりも先に制定されているときでも、国の法

令に条例の定めが反することは許されず、そのような条例は効力を有しないことになる）。①ある対象に対して国の法令が規制していても、他の法令が別の目的から規制を行うことが認められうるのと同じく、国の法令と条例とが同一の対象に対して異なった規制を行う余地がある。例えば目的が国の法令とは異なる条例の制定が認められてきた（例えば狂犬病予防法とは異なる目的の飼犬取締条例の制定。行政実例1952（昭和27）年8月20日）。②特に国全体として規制すべきでないとされるものを除いて、国の法令が対象としていないものを規制する条例を制定する余地もある。他方、③国の法令の定めに反するものでなくとも、国の法令の趣旨に反するような条例を制定してはならず、④国の法令と共通の目的から同一の対象に対して条例により規制を行うことも許されないと説かれてきた。この③・④が法律（法令）先占論と呼ばれるものである。法律先占論の背後にあるのは、国の立法者が地域の事情に応じて法令の定めを変更する必要があると判断していたならば条例による変更を明文で認めていたはずであり（コラム⑨参照）、そのような定めが置かれていない限り地方公共団体といえども国家法に違反することは許されないという考え方である。法律先占論の下では、国の法令の対象から外れるものについて条例で規制を行うこと（横出し条例）は、②により認められうるが（横出し条例の制定を国の法令が確認的に定めることがある。例、大防32条）、③により制約される場合がある。国の法令がすでに対象とするものについてより厳しく規制を行うこと（上乗せ条例）は、目的が共通していれば④により認められず、目的が異なるならば①により認められうるが、③により制約される場合がある。条例の役割は、国の法令との関係では、その空白を補うような補足的・従属的なものにとどまってしまう。

法律先占論に対する批判的な考え方の登場　公害規制等の領域において、国の法令を機械的に適用するだけでは住民の意思を反映した地方自治行政を実施できない場合があることから、地域の実情に応じた条例制定を妨げるような国の法令をめぐり疑問が提起されてきた。そこで、国の法令を規制上限法令（最大限規制法令）と最低基準法令とに分け、国の法令が後者であれば地方公共団体は地域の実情に応じて法令よりも厳しい規制を条例に基づき行うことが許されるという考え方が登場した。それでは、国の法令はどのように規制

上限法令と最低基準法令に分けられるか。私法秩序や自然犯に関する定めであれ、経済統制に関する定めであれ、公害規制等に関する定めであれ、国全体を通じて画一的な制度によるべきという趣旨から国の法令が制定されていると安易に解釈されるならば、自治立法権の範囲は狭められてしまうので、国の法令の趣旨をどのように解釈すべきか、問題となる。また、国が地方公共団体の事務について立法権を行使することの当否も問われる。

　学説においては、自治立法権を確保するために、以下の点が強調されてきた。①国の法令を解釈するにあたり、文言や立法者意思に従うだけなく、事の性質や憲法原理に即するべきである。条例により規制される人権と保護される人権とが適切に考慮されねばならない。各種の人権ごとに、その行使が地域の実情に応じた規制を受けるべきものか、問われよう。②住民生活の安全と福祉に直接不可分な事務では、その第一次的な責任と権限は地方公共団体に留保され、国の法令が定められる場合は最低基準法令に当たるという見解が登場した。他方、法律の専管事項を認める考え方に批判が強いことと同様に、地方公共団体の「固有の自治事務」を認める考え方に対しても、国・地方公共団体の事務配分に関して批判が強い。このように、自治立法権の範囲に関して、憲法の解釈及びその方法が問題となっている。

　さらに、③国の法令の定めが必ずしも完全なものではないことは、国の法令を修正するような条例を正当化しうる。国の法令を機械的に適用することにより各地域で生じる問題はまずは地方公共団体により認知され解決策が講じられること、地方公共団体による条例制定が先行することでその制定状況や運用の検討を経て国の法令が充実したものになることから、必ずしも地域性が強くないような行政領域であっても、自治立法権を積極的に認めることは法の発展のために有用な場合がある。④第二次地方分権改革での議論に関わるが、国の法令を原則的には「標準」と解するべきという考え方も登場している。

リーディングケース　公道でのデモ行進について道路交通法よりも厳しい規制及び罰則を定める条例について、最高裁はその適法性を肯定した（判例10）。道路交通法との関係で公安条例の適法性を認める立場には、従来、目的が異なることから同一の対象への規制が重複しても条

例は違法でないと解するものと、目的が共通しているが両者の規制の対象が重複していないと解するものとがあったが、本判決は、「条例が国の法令に違反するかどうかは、両者の対象事項と規定文言を対比するのみでなく、それぞれの趣旨、目的、内容及び効果を比較し、両者の間に矛盾牴触があるか」によって判断するとし、両者の目的が共通することを肯定したうえで、道路交通法の定めが「地方の実情に応じて、別段の規制を施すことを容認する趣旨である」場合に当たるとして、本条例の適法性を認めた。

　本判決によって、必ずしも文言のみで法令と条例との抵触を判断することなく、法令と目的を共通する条例に基づき厳しい規制を行い得ることが認められた。目的が異なる場合の判示を含めて、本判決の基本的な考え方はその後の学説・判例において受け入れられ、法律と条例との関係についてのリーディングケースとなっている。

判例10　徳島市公安条例事件〈最大判1975（昭50）・9・10【行政百選Ⅰ43】、【自治百選31】〉

　道路使用許可に附された「蛇行進……等交通秩序を乱すおそれがある行為をしないこと」という条件に違反したことが道路交通法77条3項違反に、デモ行進参加者にそのような行為を行うように刺激したことが集団行進及び集団示威運動に関する条例3条3号にいう「交通秩序を維持すること」違反の扇動に当たるとして起訴された事案である。1審・徳島地判1972（昭47）・4・20刑事裁判月報4巻4号779頁は、両者の定めが文言上抵触することを認め、次に、両者による規制の対象が異なるように条例を限定的に解釈できるかに関して、条例の定めが犯罪構成要件の内容として明確性に欠けると判断した（控訴審はそれを支持）。

　最高裁は、条例が法令に違反しないのは、①別の目的である場合は、条例の適用によって法令の規定の意図する目的と効果を阻害しないとき、②同一の目的である場合は、法令が必ずしも全国的に一律に同一内容の規制を施す趣旨ではなく、それぞれの普通地方公共団体において、その地方の実情に応じて、別段の規制を施すことを容認する趣旨であると解されるときであるとし、本条例については、道路交通法77条の定め方に着目して②から法令に抵触しないとし、また、条例による「重複規制がそれ自体としての特別の意義と効果を有し、かつ、その合理性が肯定される」と述べて、条例違反について有罪判決を下した。

主な裁判例　普通河川（河川法の適用を受けない河川）において河川管理権の及ぶ範囲や各種の行為規制を定める条例は横出し条例であるが、普通河川への河川法の準用が法律上認められていることを理由として、上乗せ的な規制を条例で定めることは違法であるとされた（高知市普通河川条例事件：最判1978（昭53）・12・21【自治百選33】）。

　風俗営業等の規則及び業務の適正化等に関する法律（風営法）との関係については、①その営業規制から外れているホテルや②その営業規制を受けているパチンコ店・ゲームセンター等について市町村が建築規制条例を定めることが問題になってきた（なお、風営法では立地に関して都道府県条例で規制することが予定されている（風営4条2項2号・28条2項等）。また、建築基準法により建築物の用途が規制されている（建基48条））。①では、風営法の横出しであり旅館業法の上乗せとなる条例を旅館業法との関係で比例原則違反とするものがあったが（福岡高判1983（昭58）・3・7行集34巻3号394頁）、法令の定めが完全なものでないことに着目して条例の適法性を認めるものもある（名古屋高判2006（平18）・5・18【自治百選34】）。②は風営法・建築基準法の上乗せであり、条例の適法性は認められ難い（神戸地判1997（平9）・4・28行集48巻4号293頁）。

　市町村は産業廃棄物処理施設に対する規制権限を有しないが、その立地を規制するために条例を制定したことについて、法令の目的と効果を阻害することから違法としたものがある（福岡地判1994（平6）・3・18行集45巻3号269頁）。最判2004（平16）・12・24【自治百選36】は、水源保護を目的とする上乗せ的な規制を定める条例を違法とするものではないが、条例に基づき具体的な処分を行うときには、廃棄物の処理及び清掃に関する法律（廃掃法）上の許可を得た事業者の地位を不当に害することのないよう地方公共団体は配慮しなければならないとした。

行政活動の
通則法と条例　法律と条例との関係について、行政領域ごとに制定されるものと領域横断的に制定されるものとでは、問題の現れ方に違いがある。後者の立法のあり方について触れておく。

　情報公開や個人情報保護は自治体行政において先行して制度化されており、情報公開法や行政機関保有個人情報保護法は地方公共団体には適用されてこな

かった。しかし、個人情報保護に関しては、2021（令和3）年の「デジタル社会の形成を図るための関係法律の整備に関する法律」の制定により、政府・民間を通じた制度の一元化が図られることになった。今後は、例えば「個人情報」の定義やオンライン結合などに関して、個人情報保護法に先占される範囲が広がり、地方公共団体が条例で独自の定めを設ける余地は小さくなるであろう。行政の事前手続に関してはⅥ章1節を参照されたい。

4　地方分権と自治立法権

　地方分権一括法により、自主条例の制定を制約してきた条文・制度が削除・変更された。主なものを挙げておく。①機関委任事務制度の廃止（本節1(2)参照）。②事務列挙規定の削除（旧地自2条3項）。「法律の定めるところにより、建築物の構造……に関し制限を設けること」（同18号）、「法律の定めるところにより……不動産を使用又は収用すること」（同19号）は、街づくりの領域において自主条例の制定に消極的な態度を生み出した一因であった。③統制条例制度の廃止（同14条3項・4項）。市町村の「行政事務」（同2条2項）について都道府県が条例を定めることができたが、対等であるべき都道府県と市町村との関係に相応しくなく、広域的な調整は非権力的な関与によって十分に可能であることから廃止された。なお、市町村が都道府県条例に違反して事務処理をしてはならないことに変わりはない（地自2条16項）。④国の法令との抵触ゆえに自主条例の制定が阻まれてきたことを改めるために、法令について、地方公共団体の事務に関する国の役割等に関する原則が定められた（同2条11〜13項）。

　第一次地方分権改革では、例えば都市計画法の改正作業が行われ、開発許可に関して自治体行政にとって柔軟度がやや高まった（都計33条3項）。しかし、あらゆる法令が地方自治法2条11項に掲げられた立法の原則に照らして制定・改廃されたとは言い難い。そのため、第二次地方分権改革では、法令による「義務付け・枠付け」の見直しが主要な課題の1つとされた。「自治立法権の拡大による「地方政府」の実現へ」と題した地方分権改革推進委員会の第3次勧告（2009年）では、公共施設・公物の設置管理の基準（構造・設備、配置される職

員の数・資格等）を法令で定めることを廃止または条例により「上書き」できるようにすべきとされた。その後、義務付け・枠付けの見直しは、地方自治法改正により一般的に「上書き」権を認めるという方法ではなく、個別法の改正により行われている（2011（平成23）年以降、「一括法」と称する法律が11回にわたり制定されている）。なお、第二次地方分権改革に関して、国の法令の規律密度の問題は義務付け・枠付けに限られないこと、地方分権推進委員会が対象とした義務付け・枠付けの範囲は狭いことを指摘するものもある。

コラム⑩　特区制度

　画一的な規制を緩和するために、特例措置を講ずることが可能なものを列挙し、地方公共団体が計画を作成し、国により認定されれば、特例措置が適用されるという仕組みが、構造改革特別区域法（2002（平成14）年）で採用された（その後、総合特別区域法が2011（平成23）年、国家戦略特別区域法が2013（平成25）年に制定されている）。このような仕組みは、中央省庁とのインフォーマルな折衝ではなく、改革の提案をする場を地方公共団体に保障するものである。決定権が国の行政機関に留保される点では、自治立法権が憲法上保障されている条例の制定とはまったく異なるが、国との協力関係の中で国の法令とは異なる定めを設ける途が開かれ、地方自治に資する面がある。他方、解釈論的に認められてきた自治立法権の範囲を狭めるように用いられてはならない。また、地域間の競争に相応しいルールとなっているか、私人による提案にみられるように国主導で経済界の意向を受けて用いられて団体自治・住民自治が侵害されないか、注意も必要であろう。

2 規則と要綱

1 規則とは

　普通地方公共団体の長は、法令に違反しない限りにおいて、その権限に属する事務に関し、規則を制定することができる（地自15条1項）。また、委員会も、法令または条例・規則に違反しない限りにおいて、その権限に属する事務に関し、規則その他の規程を定めることができる（同138条4第2項）。規則は、条例と共に普通地方公共団体の自治立法である。もっとも、憲法は自主立法を「条例」として表現しているので、憲法上の「条例」の中に規則が含まれるか、すなわち、規則制定権は憲法上の保障を受けるか、は問題である。（憲94条）。

　国法体系において、普通地方公共団体の長が定める規則（以下、「規則」という）はどのように位置づけられるのだろうか。まず、国法体系においては、憲法の下に、議会制定法（議会によって制定される法）、行政立法（行政機関によって定立される法、特に法規命令）が位置づけられている。国においては、法律が議会制定法と位置づけられ、命令が行政立法と位置づけられている。そこで、法律と命令をひとまとめにして「法令」と把握することができる。地方公共団体においては、条例が議会制定法と位置づけられ、規則が行政立法と位置づけられている。そこで、条例と規則をひとまとめにして「例規」と把握することができる。

2 条例と規則

　1で前述したように、条例は地方議会で制定される議会立法であるが、規則は長と委員会が定める行政立法である。しかし、規則は、条例と別個の自治立法の形式であるから、当然には、法律と法律に基づく政令のような関係に立つ

ものではなく、条例と規則は併存独立の関係にある。そもそも、地方公共団体
の長も、地方議会の議員も、その地方公共団体の住民が直接に選挙するから
（同93条2項）、両者ともに民主的な正統性がある。したがって、長の規則と条
例の関係については、それらが対象とする事項や機能を分析しつつ個別的に考
察する必要がある。条例と規則のいずれも定めることができる領域（以下、「競
管領域」という）については、3で後述する。

　条例の委任 ・執行規則　条例の委任を受けまたは条例を執行するために定められる規
則がある。以下、その典型例及び関連判例を示す。

　第1に、給与条例と給与規則（給与規程）がある。地方自治法では、非常勤
の職員の報酬等についてはその額及びその支給方法を条例で定めなければらな
ず（地自203条の2第5項）、常勤職員の給与等についてもその額及び支給方法を
条例で定めなければならない（同204条3項）。したがって、根本事項（給与等の
額及び支給方法）を給与条例で定めなければならない。そして、給与条例の運
用に必要な細目等は、給与規則で定めることができる。非常勤職員に対して、
給与条例を定めることなく、給与規則に基づいて期末手当を支給した場合に
は、当該支出は給与条例に基づかない支出であり、違法な支出となる（茨木市
非常勤職員期末手当事件：最判2010（平22）・9・10【自治百選84】）。

　第2に、「職務に専念する義務の特例に関する条例」（以下、「職務専念義務免
除条例」という）と「職務に専念する義務の特例に関する規則」（「職務専念義務
免除規則」という）がある。これらは、岡山県チボリ公園（第三セクター）への
県職員の派遣とその給与支出について争われた、「岡山県チボリ公園職員派遣
事件」（最判2004（平16）・1・15【自治百選63】）において、派遣された職員に対
して給与を支出したことが問題となった。

　規則は、必要的条例事項を除けば、法令または条例の委任がなくても定めら
れるが、地方公共団体の住民の権利義務に関する法規を定める場合は、3で述
べるように、条例の根拠が必要である。

3　規則制定権の範囲

　規則制定権の範囲については、以下のとおりである。

国法体系における規則

　規則が、国法の一部を形成することを鑑みれば、国法との間に矛盾抵触することは認められない。ゆえに、規則は「法令に違反しない限りにおいて」制定することができるが（同15条1項）、法令に違反する規則は無効である。もちろん、規則は、憲法に抵触してはならない。

条例と長の規則の競管領域

　条例と長の規則は併存独立の関係にあるが、競管領域で両者が抵触した場合、いずれが優先するのだろうか。確かに、議員も長も公選であるが、①規則は長のみで制定できるのに対して、条例の場合、長が再議に付すことができ（同176条1項）、長の意思を反映する方策が制度化されていること、②条例違反については刑罰を科す規定を設けうるのに対して、4で後述するように、規則違反には秩序罰しか認めていないことなどを考慮すると、地方自治法は、両者が抵触する場合には、条例優位を前提としていると考えられる（宇賀自治255頁）。

　規則の範囲は、長の権限に属する事務の範囲内に限られる（同15条1項）。地方公共団体の長の事務であるためには、まず地方公共団体の事務でなければならない。地方公共団体の事務について、地方分権一括法による改正前における機関委任事務は、地方公共団体の長その他の執行機関に委任された国等の事務であり、地方公共団体の事務ではないことから、必要な場合は、規則によって規律できると解されており（規則の排他的領域）、条例を制定して規律することができなかった。しかし、地方分権一括法による改正後においては、機関委任事務は廃止され、地方公共団体の執行機関が担当する事務は、すべて地方公共団体の事務となり、法定受託事務についても条例を制定できるため、規則の排他的領域は縮減し、条例と規則の双方が制定可能な競管領域が増加した。したがって、現在では、規則の排他的領域は、法令または条例の委任のある場合に限られている。

　地方公共団体の事務には、①その事務を管理及び執行にあたっては条例の制定を要するもの（条例事項）（例：同158条１項）、②その事務の管理及び執行にあたっては議会の議決を要するもの（議決事項）（例：地自令168条）、③その他の事務がある。①条例事項については、原則として、条例に代えて規則を制定することはできず、②の議決事項については、規則を制定する余地がない。③その他の事項のうち、長が処理しうる事務について必要な事務処理上の基準ないし手続等の事務処理の方法については規則を制定できる（松本231頁・232頁）。

　普通地方公共団体は、義務を課し、または権利を制限するには、法令に特別の定めがある場合を除くほか、条例によらなければならない（地自14条２項）。

長の規則の対象事項　　地方公共団体の長の規則の対象事項は「地方公共団体の長の事務」（同15条１項）である。具体的には、①法令の委任または実施のための細目に関する事項（地自令173条の３に基づく地方公共団体の財務に関する規則など）、②普通地方公共団体の事務で長の専属的権限に属するとされている事項（地自150条・171条５項など）、③条例の委任または実施のための細目に関する事項、④前述①から③以外で、議会の議決事項にも属さず及び長以外の執行機関の専属的所管事項にも属しない普通地方公共団体の事務に関する事項となる（長の直近下位以外の内部組織の設置及びその分掌する事務、同158条１項など）。なお、長が地方公共団体の統轄及び代表すること（同147条）、長が当該普通地方公共団体の事務を管理し及び執行すること（同148条）及び長の担当事務が広範囲にわたること（同149条）を勘案すれば、「地方公共団体の長の事務」（同14条１項）の範囲は広範囲にわたるので、規則制定の対象事項も広範囲にわたると解される。

長の規則と委員会の規則との関係　　長が定める規則については、「法令に違反しない限りにおいて」規則を制定することができる（同15条１項）。これに対し、普通公共団体の委員会の規則については、「法令又は普通公共団体の条例若しくは規則に違反しない限りにおいて」規則を制定することができると定められている（同138条の４第２項）。すなわち、委員会の規則については、法令に違反することはもとより、条例や長が定める規則にも違反することができない。したがって、長の定める規則と委員会の規則が抵触する場合、

長の定める規則が委員会の規則に優先することになる。また、委員会の規則の場合には、「法律の定めるところにより」と規定されており（同項）、個別の法律の根拠が必要である。具体例としては、都道府県公安委員会規則（警38条5項）、教育委員会規則（地教行15条）、人事委員会規則・公平委員会規則（地公8条5項）がある。

4　規則と罰則

　規則には、条例とは異なり刑罰を科することはできないが、法令に特別の定めがあるものを除くほか、行政上の秩序罰としての5万円以下の過料を科する旨の規定を設けることができる（地自15条2項）。規則に過料を科しうるのは、長が住民による直接選挙によって選任されたことに鑑みると、長が定める規則には住民の意思が反映されているからである。

　「法令に特別の定めがあるもの」（同15条2項）の例としては、漁業調整規則違反に関する罰則（漁業119条4項）がある。

　過料は刑罰ではないから、刑法総則の適用はない。長が科す過料は処分の形式で行われ、過料の処分を受ける者は、あらかじめその旨の告知を受けるとともに、弁明の機会が与えられなければならない（地自255条の3）。過料を科した場合の強制徴収については、地方自治法231条の3の規定がある。

5　要　　綱

要綱とは

　法治主義原則の下では、行政は法に従わなければならない。このことは、地方自治行政にも該当する。しかし、第1に、法令や例規は、客観的な基準であるから、個別具体的な事例に対処するためには、法令や例規の解釈の指針（マニュアル）が必要となる。第2に、法令や例規の解釈を統一するためには、訓令・通達や通知が必要となる。第3に、行政指導のように、非権力的で相手方の住民に任意の協力を求める行為形式を行うにあたって、公平かつ客観的な基準が必要となる。要綱は、主として行政指導

179

の指針として、あるいは各種の給付に際して用いられる基準であり、条例とは異なり法的な拘束力がないものである。しかし、地方行政において、法の空白を補完するために行政指導が用いられるようになると、「要綱による行政」が行われるようになった。その際、本来は、要綱には、法的な拘束力がないにもかかわらず、法律よりも厳しい内容を規律するものがみられるようになった。マンション建築指導要綱はその典型例である。

| マンション建築指導要綱 | マンションが建築されると、マンションの建築主と周辺住民との紛争が生じることとなり、地 |

方公共団体が紛争の調整に介入するために、マンションの建築主に行政指導を行う事例が増加した。その際、地方公共団体は、マンションの建築主に対して行政指導を行うための基準を要綱という形式を用いて定めた（以下「マンション建築指導要綱」という）。マンション建築指導要綱及び当該行政指導をめぐる判例は、行政指導の限界と「要綱による行政」のあり方を探るうえで重要であるので、主要な判例を次に掲げる。

判例11　武蔵野市マンション建築指導要綱違反事件〈最決1989（平元）・11・8【行政百選Ⅰ92】〉

　武蔵野市は、同市内でマンション建設が相次ぎ、周辺住民との紛争、環境問題が生じ、さらに学校施設の増設などにより行財政が圧迫されることになったため、1971（昭和46）年10月1日に武蔵野市宅地開発等指導要綱を制定した。同要綱では、高さ10m以上のマンション建設に適用されるが、マンション建築主に対して、市長との事前協議、周辺住民の同意の取得等とともに「教育施設負担金」の納付を求めていた。また同要綱は、行政指導に従わない者に対して、上下水道等のサービス供給を停止する旨を定めていた。マンション建築主は、武蔵野市長の行政指導に従わなかったので、上下水道のサービス供給を停止された。そこで、武蔵野市長（Y）の対応が、「正当の理由」なく給水契約の締結を拒む水道法15条1項違反行為に当たるとして、市長が起訴された。

　最高裁は「Yは、水道事業者としては、たとえ指導要綱に従わない事業主からの給水契約の申込であっても、その締結を拒むことは許されないというべきである。」と判示した。

判例12　**要綱による開発負担金事件**〈最判1993（平5）・2・18【行政百選Ⅰ98】、【自治百選39】〉

　武蔵野市（Y）は、同市武蔵野市宅地開発等指導要綱（**判例11**）に基づき、マンション建築主（X）に対して、「教育施設負担金」を徴収したところ、Xは、これを不満としていたが上記負担金を納付した。その後、同要綱の教育施設負担金に関する条項が削除されることが公表されたため、納付金の返還を請求して訴訟を提起した。

　最高裁は「指導要綱に基づく行政指導が、武蔵野市民の生活環境をいわゆる乱開発から守ることを目的とするものであり、多くの武蔵野市民の支持を受けていたことなどを考慮しても、右行為は、本来任意に寄付金の納付を求めるべき行政指導の限界を超えるものであり、違法な公権力の行使であると言わざるを得ない。」と判示して、Xの国家賠償請求を認めた。

VI

地方公共団体の事務の執行

1 自治体行政手続

1 自治体行政手続の意義・法的根拠

自治体行政手続の意義・目的　自治体行政手続とは、自治体行政過程における法的（計画・基準の策定、事実認定、権利義務関係の確定、認定事実や法解釈等の表示、法執行・紛争解決など）手続をいう。したがって、各行政過程において行政手続が考えられるが、特に重要なのは、事前行政手続としての処分・届出手続、行政指導の諸原則と手続、意見公募手続である。自治体行政手続の目的は、行政手続法が定める目的と共通しており、自治体の行政運営における公正の確保と透明性の向上を図ることにより、住民の権利利益を保護することにある（行手1条）。

自治体行政手続の種類　自治体行政手続には、一般法として、処分手続や意見公募手続等事前手続の他、行政の実効性確保の手続（本章2節参照）、苦情処理手続・行政上の不服申立手続（本章3節参照）などがある。さらに、特定の領域におけるものとしては、情報公開・個人情報保護のための手続（Ⅹ章参照）、環境影響評価手続などがある。

自治体行政手続の法的根拠　自治体行政手続の法的根拠としては、憲法、行政手続法・行政手続条例（以下、「行政手続法・条例」という）、その他個別法令・条例・規則、法の一般原則（平等原則、比例原則、信義則など）、判例法を挙げることができる。普通地方公共団体及び特別地方公共団体（Ⅱ章1節参照）は、行政手続条例を定めるなど必要な措置をとるよう努めなければならない（行手46条）。

　憲法（憲31条・13条・32条、憲法全体など諸説、ただし、最大判1992（平4）・7・1【行政百選Ⅰ116】（成田新法事件）は、憲31条を根拠とする）は、政府（国・自治体）が国民・住民に対して不利益な取扱いをする（不利益処分）<u>前に告知聴聞の</u>

手続を一般に要求するが、その要否や手続の内容は、事案によって変化する（フレキシブル・デュープロセス）。

　一方、行政手続法・条例は、行政手続に共通する事項を定めている。行政手続法が自治体行政に適用される範囲は、目的等（第1章）の他、法令を根拠とする処分及び届出に関する手続である（行手3条3項）。行政手続条例は、全都道府県・政令市、大部分の自治体が有しており、一般に、処分・届出に関する手続（条例・規則に基づくもの）、行政指導の諸原則と手続及び処分等の求め（法令及び条例の執行に関連するもの）に関する手続を定めている。自治体によっては、意見公募手続（パブリック・コメント）について、行政手続条例または別個の意見公募手続条例を定めるものや住民参加に関して自治基本条例や市民参加条例を定めるもの（Ⅷ章2節参照）もある。

　行政手続法または個別法が適用除外の定めを置いたうえで、個別法が特別の定めを置いている場合には、当該法令の定めによる。

　自治体行政において注意を要するのは、過料の賦課手続である。法令に基づく場合には、非訟事件手続法が定める手続によるが、条例に基づく場合には、自治体の長が処分の形式により、告知・弁明の機会（その内容は、行政手続条例が定める弁明の手続でよいと思われる）を与えたうえで過料を科す（地自255条の3）。

行政手続条例が適用される場合　行政手続条例の処分手続は、自治体の機関がする処分の「根拠となる規定が条例又は規則に置かれている」（行手3条3項）場合に、適用されうる（自治事務または法定受託事務による違いはない）が、その適用の可否は、法律が制度を定める場合であっても、条例制定により処分をすることができるようになるか否かによる（宇賀17頁以下、小早川347頁以下参照。具体例として、地自244条の2が定める指定管理者制度を考えよ）。これに対し、行政指導については、行政手続法ではなく、すべて行政手続条例が適用される（行手3条3項）。

　自治体行政において注意を要するのは、行政手続が条例に定められていない場合であっても、憲法、法の一般原則、判例法は、適用されることである。

2　行政手続法・行政手続条例に共通する手続

行政手続法・条例の
共通性

行政手続条例は、一般に、行政手続法と同様の目的・定めを置いていることから、処分手続・届出手続が行政手続法に基づくか、条例に基づくかにかかわらず、一般に行政手続法に基づく場合と同様に考えることができる（しかし、コラム⑪のとおり、行政手続条例が行政手続法と異なった定めを置くことがあることに注意）。したがって、以下では、行政手続法の規定を参照しながら、自治体行政手続について説明することとする。

(1)　申請に対する処分手続

申請に対する
処分手続制定の背景

申請（同2条3項参照）に対する処分（同2条2項参照、許認可等）に関連して、国・自治体による行政指導が行われることがある。これについて、行政手続法制定前には、公益実現を目的として行われる行政指導であっても、その内容・方法によっては、憲法・法律によって保護されている申請者の権利行使を妨げている場合があるとの批判が、日本市場に新規参入する海外企業や日本の新規参入企業等から行われていた（自治体の場合、建築規制としての行政指導が代表例。 判例14 参照）。これに対して、例えば、行政指導の必要性を高めている都市計画分野において、関係法令の制定（例として、地方分権の推進を図るための関係法律の整備等に関する法律【Ⅰ章3節2(5)参照】、景観法）や改正（例として都市計画法）により、自治体の実質的権

コラム⑪　行政手続法と行政手続条例

　行政手続条例には、行政手続法よりも手厚い手続保障を定める例、すなわち、行政手続法が定めていない手続や一定の手続を努力義務にとどめている場合に法的義務とするなどの例がある（高田・村上157頁・160頁参照）。行政手続法は、自治体からみた場合、標準的な規範ではあるが、立法事実があり、憲法・法の一般原則に適っている限り、行政手続法よりも手厚い手続保障を定めることは、憲法、地方自治法に違反しない。行政手続条例の運用が行政手続法の発展に寄与することが期待されている。

限が拡大されるとともに、行政手続法・条例は、行政指導に一定の法的枠付けを行った。

申請に対する処分手続の規定　申請に対する処分手続の要点は、４点ある。第１に、審査基準（同２条８号ロ）の設定とそれを公にする義務である（同５条）。第２に、標準処理期間設定の努力義務である（同６条）。第３に、申請の審査開始、応答義務である（同７条）。第４に、理由の提示義務である（同８条）。

審査基準　行政手続法は、最判1971（昭46）・10・28【行政百選Ⅰ117】（個人タクシー事件）を取り込み、審査基準の設定と公にする義務を法律上のものとした。これにより、実体法上公平な審査（国民の権利利益の保護）と手続法上公正な手続（透明性の向上）を期待することができる。

標準処理期間　標準処理期間は、「標準」のものであり、事案により事情が異なるため、必ずしも同期間内での処理が法的に義務づけられているわけではない。しかしながら、行政指導が行われているという事情のみを理由として処分を留保することは、申請者が本来行使できる権利との関係で慎重に行うべきこととなる（判例14参照）。標準処理期間は、この点に注意を喚起するために設定されている。そして、不作為の違法確認訴訟等における「相当の期間」の判断の際に、標準処理期間が考慮されることは十分に考えられる。

申請の審査開始・応答義務　申請の審査開始、応答義務は、行政指導が行われていることにより、申請の審査を開始しない事案、または、処分を行わないという事案がみられたことに鑑み、適法（適式）の申請の場合、遅滞なく審査を開始することを行政庁に義務づけ、そうでない申請の場合、補正を求めるか、拒否処分をすることを義務づけている。これにより、法令や条例・規則に定められていない書類（例として住民の同意書）等が揃わないことを理由に処分を留保することはできなくなった。

理由の提示　理由の提示は、行政の恣意を防ぐとともに、行政上の不服申立てや行政訴訟において自己の権利・利益を主張し、防御するために必要である。そして、その程度は、事案によって異なるが、どのよう

な事実関係を認定して申請者が拒否処分（または許認可）の要件を定める法令に該当する（しない）と判断したかを具体的に記載し、申請者が事実関係をその記載自体から知ることができるようにしなければならない（最判1985（昭60）・1・22【行政百選Ⅰ121】（旅券発給拒否事件）参照）。

(2)　不利益処分手続

| 不利益処分の
定義 |

　　　　　　　　行政手続法において、不利益処分とは、「行政庁が、法令に基づき、特定の者を名あて人として、直接に、これに義務を課し、又はその権利を制限する処分をいう」（同2条4号）。したがって、理論上の不利益処分すべてがこれに含まれるわけではない（含まれない例として県道の供用廃止処分）。不利益処分の例として、許認可の取消し・撤回や改善命令・措置命令を挙げることができる。

| 処分基準と
不利益処分手続の2類型 |

　　　　　　　　行政手続法は、処分基準（同2条8号ハ）の設定と公にすることの努力義務を定める（同12条）とともに、上記の不利益処分を2類型に分けて、国民の権利利益の保護と行政の効率性のバランスをとった。すなわち、許認可の取消し・撤回など権利自体を剥奪する処分前に行う聴聞の手続（聴聞の主宰者の前で不利益処分の名宛人となるべき者（以下「当事者」という）と行政庁の職員が攻撃防御を行う口頭審理）とその他の処分前に行う弁明の手続（原則書面審理、同29条）に分けた（同13条）。

| 聴聞と弁明の
手続・理由の提示 |

　　　　　　　　聴聞は、より厳格な手続であり、処分前に、予定される不利益処分の内容・根拠となる法令の条項・不利益処分の原因となる事実等の通知をしたうえで（同15条）、当事者に不利益処分の原因となる事実を証する資料の閲覧権を保障し（同18条）、行政庁に対する反論・反駁の機会を当事者に与えている（同20〜23条）。聴聞の主宰者（同19条）は、当事者の主張立証、特に、不利益処分の原因となる事実について、調書・報告書（主宰者の意見が記載される）を作成して行政庁に提出しなければならない（同24条）。行政庁は、調書の内容及び主宰者の意見を十分に参酌して不利益処分を行わねばならない（同26条）。聴聞の目的は、正確な事実認定とそれによる適切な処分権限行使の確保であり、聴聞を経て提示される処分の理由（同14条、その程度につき、 判例13 参照）や調書に記載された事実は、いずれも行政上

の不服申立てや取消訴訟等において、審査を受けることになる。

弁明の機会の付与については、一部は聴聞に準じつつ簡略化した手続が定められている（同29～31条。ただし、参加人に関する規定（同17条）と文書等閲覧に関する規定（同18条）は準用されない）。

(3) 届出手続

届出は、申請に対する処分と異なり、届出により法律上の効果が発生する。したがって、行政手続法制定前は、行政機関が届出の受理を拒否・留保・返戻することが事案によってみられたが、行政手続法は、届出を行う者の権利保護の観点から、形式上の要件を備えている届出は、届出の提出先とされている機関への到達によって、法律上の効果が発生するものとした（37条）。そのため、この限りにおいて受理概念は消滅し、適式の届出受理を拒否した場合、違法となりうる（住民基本台帳法に基づく転入届の不受理は許されないとした最判2003（平15）・6・26【自治百選15】参照）。

3 行政手続条例

以下では、（行政手続法ではなく）行政手続条例が適用される行政指導の諸原則（この部分は、実体法上の規制であることに注意）・手続、処分等の求めの手続、意見公募手続について述べる。この部分についても、行政手続条例は、行政手続法と同様の定めを置いていることが多いので、行政手続法を参照する。

(1)　行政指導の諸原則

行政指導の定義　行政手続法は、行政指導について、「行政機関がその任務又は所掌事務の範囲内において一定の行政目的を実現するため特定の者に一定の作為又は不作為を求める指導、勧告、助言その他の行為であって処分に該当しないものをいう」（同2条6号）と定めており、これには、助成的行政指導などは、含まれない。行政手続条例は、行政指導の定義についても、一般に行政手続法と同様の定めを置いている。

行政指導の諸原則　行政手続法・条例は、行政指導の一定の機能は認めつつ、学説判例によって明らかにされてきた諸原則を明らかにすることにより、特定の類型の行政指導による弊害を切り分けしている。

　行政手続法・条例に定められている行政指導の諸原則は、一般に、①行政機関の所掌事務の範囲内であること（同32条1項前段）、②申請者の任意性の確保（同後段。 判例12 参照）、③行政指導の不服従を理由とした不利益な取扱いの禁止（同2項、判例11 参照）、④行政指導の継続による申請者の権利行使の妨害禁止（同33条。判例14 参照）、⑤権限行使の意思がないか、行使できない場合であるにもかかわらず、その権限行使可能性を殊更に示すような行政指導の禁止である（同34条）。

(2)　行政指導の手続

　行政手続法・条例は、一般に、以下の行政指導の手続についても定めている。第1に、行政指導を行う際に明示すべき事項と請求による書面の交付である。第2に、行政指導指針（同一の行政目的を実現するため複数の者に対し行われる行政指導に共通してその内容となるべき事項（同2条8号ニ））の設定と公表である。第3に、行政指導の中止等の求めである。

行政指導の趣旨・内容、責任者の明示　上記第1につき、まず、行政指導に携わる者（行政庁としていないことに注意）は、「その相手方に対して、当該行政指導の趣旨及び内容並びに責任者を明確に示さなければならない」としており（同35条1項）、これらの点について、紛争が生じることを未然防止している。

行政指導に関連する許認可等権限行使の根拠法令・要件等の明示　次に、行政指導に携わる者は、「当該行政指導をする際に、行政機関

> **判例14**　品川区マンション建築確認留保事件〈最判1985（昭60）・7・16【行政百選Ⅰ124】、【自治百選40】〉
>
> 　行政指導を行っていたため、申請に対する処分（建築基準法に基づく建築確認）を留保したことが、国家賠償法上、違法となるかが争われた事件である。
>
> 　最高裁は、建築主が行政指導に「不協力・不服従の意思を表明している場合には、当該建築主が受ける不利益と（当該）行政指導の目的とする公益上の必要性とを比較衡量して、（当該）行政指導に対する建築主の不協力が社会通念上正義の観念に反するものといえるような特段の事情が存在しない限り、行政指導が行われているとの理由だけで確認処分を留保することは、違法である」とし、上記「不協力・不服従の意思を表明している場合」につき、処分を留保されたままでの行政指導にはもはや協力できないとの意思を「真摯かつ明確に表明し、当該確認申請に対し直ちに応答すべきことを求めているものと認められるとき」（本件では、行政不服審査法に基づく審査請求）と明らかにしている。なお、行政手続法33条に上記「特段の事情」の明文規定はないが、行政手続条例には、それを明文で定めるものがある（その実質的異同について考えよ）。
>
> 　**判例16**は、同様に（旧）行政不服審査法に基づく異議申立てを行ったにもかかわらず、処分を留保したことが、違法ではないとしている（上記「特段の事情」に当たるか検討せよ）。

が許認可等をする権限または許認可等に基づく処分をする権限を行使しうる旨を示すとき」（同34条参照）は、その相手方に対して、①当該権限を行使しうる根拠となる法令の条項、②当該条項に規定する要件、③当該権限の行使がその要件に適合する理由を示さなければならない（同35条2項）。

行政指導の書面交付の請求　さらに、行政指導が口頭でされた場合において、その相手方から上記事項（同35条12項・2項参照）を記載した書面の交付を求められたときは、当該行政指導に携わる者は、行政上特別の支障がない限り、これを交付しなければならない（同3項）。

行政指導指針の策定　上記第2につき、「同一の行政目的を実現するため一定の条件に該当する複数の者に対し行政指導をしようとするときは、行政機関は、あらかじめ、事案に応じ、行政指導指針を定め、かつ、行政上特別の支障がない限り、これを公表しなければならない」（同36条）。行政手続法・条例制定以前から定められている指導要綱は、この行

政指導指針（同2条8号ニ）に当たると理解することができる。

| 行政指導の
中止等の求め | 　上記第3につき、法令・条例・規則（以下、法令等という）に違反する行為の是正を求める行政指導（その根拠となる規 |

定が法律または条例に置かれているものに限る）の相手方は、当該行政指導が当該法令等に規定する要件に適合しないと考えるときは、当該行政指導の中止その他必要な措置をとることを申出により求めることができる（同36条の2第1項）。この場合、当該行政機関は、必要な調査を行い、当該行政指導が当該法令等に規定する要件に適合しないと認めるときは、当該行政指導の中止その他必要な措置をとらなければならない（同3項）。

(3)　処分等の求めの手続

　行政手続法36条の3によれば、法令に違反する事実があるにもかかわらず、その是正のための処分・行政指導（その根拠となる規定が法律に置かれているものに限る）がなされていないと考える者は、誰でも当該処分・行政指導をすることを申出により求めることができる（同36条の3第1項）。この場合、当該行政庁・行政機関は、調査を行い、必要があると認めるときは、当該処分・行政指導を行わねばならない（同3項）。同様の規定は行政手続条例に置かれることが多く、その場合は、条例・規則に基づく処分または行政指導について適用される。

(4)　意見公募手続

　意見公募手続制度について定めている自治体は、都道府県、指定都市、中核市の約100％、その他の市区町村は、約半数である（2017年総務省調査）。

　意見公募手続とは、命令（行政機関が定立する法規範）や審査基準・処分基準・行政指導指針（行政機関が定める内部準則）（命令等）を定める場合、事前にそれらの案及び関連する資料を公示し、広く一般の意見を求めることをいう（同39条）。命令等制定機関は、当該命令等の案についての意見を十分に考慮して命令等を定め、意見及び意見を考慮した結果・理由を公示しなければならない（同42〜43条）。なお、自治体によっては、条例案や計画案も意見公募手続の対象としているものがある。自治体の意見公募手続は、規則等（行政手続法の「命令等」に相当）に住民の意見を反映させることができ、住民自治の観点とともに、権利利益保護の観点からも意義がある。

2 執行の実効性確保

1 伝統的手法

強制執行　　私人が義務を自ら履行しない場合に、行政がその義務を自ら強制する制度が行政上の強制執行である。通常は、裁判所により民事執行の手続を踏む必要があるので、これはいわば行政に与えられた「特権」である。この制度は、明治憲法から現行の日本国憲法への変遷に伴い、強制的手段を包括的に規定する行政執行法が廃止され、個別的に、代執行、執行罰、直接強制、強制徴収の手法が規定されることになった。もっとも、執行罰と直接強制は個別法に規定されるにとどまり、その例も多くない（砂防法、感染症法等）。一般法として、代執行については行政代執行法が、強制徴収については、国税に関する国税徴収法が制定されている。また地方税法に滞納処分の規定があり、その例により地方自治法に規定されている分担金等（地自224条以下）は強制徴収しうる（同231条の3第3項）。

　代執行についてみれば、行政代執行法により2つの制限要件が課せられている（代執2条）。かつ、同法1条と2条を比較してみれば、強制執行の手段は厳密に狭義の法律に根拠がなければならないように解釈され、地方公共団体からすればその「使い勝手」に問題があろう。

民事執行の可否　　このように行政上の強制執行の体系が包括的には未整備なので、強制措置を裁判所の手を借りて執り得ないのかが議論になる。行政上の強制執行の手法は、行政に付与されたいわば「特権」であって、これを放棄すること、あるいはその特権が与えられていない場合に、行政が一般私人と同様の手法によることは許されるものと主張されることによる。

　裁判例においては、強制執行権限を有する農業共済組合連合会により提起さ

> **判例15**　宝塚市パチンコ店等建築規制条例事件　〈最判2002（平14）・7・9【行政
> 百選Ⅰ109】、【自治百選46】〉
>
> 　条例に基づく宝塚市長による建築禁止命令を遵守しない事業主に対して、条例上
> の義務の履行を民事上の手続により請求した訴訟である。ちなみにこの条例には、
> 命令違反への罰則は規定されていなかった。
> 　最高裁は、行政権の主体として行政上の義務の履行を求める訴訟の提起は、法律
> 上の争訟（裁3条1項）として裁判所の審判対象とならないと判断した。この判決
> で、自治体の立場を、財産権の主体か行政権の主体かに峻別し、前者であれば法律
> 上の争訟となりうるが後者であればそれを否定すると判断している。

れた民事訴訟について、最高裁は、その提起を認めなかった（最大判1966（昭
41）・2・23【行政百選Ⅰ108】）。これは、権限を有しながら民事執行を求めるこ
とを否定したのか、行政権が民事執行を利用すること自体を許容しないものな
のかは明らかではない。その後は下級審での判断が分かれる中、注目されたの
が **判例15** の宝塚市事件である。結果として、民事執行の利用可能性を限定的
に解釈する判断を示している。

　　即時強制　　事前に義務を課したうえでその強制を行政権が自ら図る手法
　　　　　　　　が直接強制であるのに対し、事前の義務を課すことなく、あ
るいは事前に義務を課すことによっては目的を達成し得ない場合に、行政権が
自ら権力行使に及ぶ手法を即時強制という。近時では、即時執行との用語法も
ある。即時強制については一般法の規定はなく、個別法の規定によるが（警職
法等）、強制執行と異なり、法律の根拠がなくても条例に規定できる。

　　行 政 罰　　以上のように行政の実効性確保手段は包括的手段の提示では
　　　　　　　　なく、個別法の規定の整備も十分とは言い難い。そのため法
違反に制裁を規定することで間接的に心理に影響を与え、法違反状態の発生を
回避する手法が、現行憲法下では広く採用されてきた。いわば強制執行の代替
的措置としての機能が期待されているのが行政罰である。

　その種類としては、行政刑罰と行政上の秩序罰に分類される。前者は、刑法
の刑罰を科すものであり、刑法総則の適用がある。後者は、過料を科すもので
刑法総則の適用がない。

　行政刑罰の特殊性として、かつては過失犯の明文規定なき処罰と両罰規定（責任者と法人の双方を処罰する）が挙げられていたが、現在は前者については否定されるに至っている。

　行政刑罰を科すには司法手続が必要なので、すべての法違反が現実に処罰対象とされてはいない。実際には、行政指導の継続により、違反状態の改善に努めている事例も多い。また、行政刑罰を科す刑事手続の簡略化やその前提としての手続により、一定範囲ではあるが「処罰」を科すことを目的としているのが、交通事件に関する即決裁判や反則金制度である。

　　| 行政上の秩序罰 |　行政上の軽微な義務違反に対する制裁が、行政上の秩序罰である。法令に基づき、裁判所により非訟事件の手続により科される過料と地方公共団体の長が処分として科す過料がある。後者の過料については、1999（平成11）年のいわゆる地方分権一括法改正の一環としての地方自治法14条の改正により、同条3項の罰則規定に「5万円以下の過料」の規定が加えられ、地方公共団体が自らの条例の実効性確保にそれまでに比較して簡易な手法で対応できることとなった。この改正により都市部や観光地の地方公共団体により制定されてきたのが、いわゆる「路上喫煙禁止条例」である。

　　| 「路上喫煙禁止条例」 |　ここでは個別の地方自治体の条例の個別名称にかかわらず、路上での喫煙や吸い殻のポイ捨てを禁止する条例を路上喫煙禁止条例と総称する。このような条例の制定により世間の耳目を集めたのが、2002（平成14）年施行の千代田区条例であった。

　この条例は、上述の過料（条文上は2万円以下、実務上は2000円）を規定し実際に徴収することにより、条例の実効性を高めたものである。2006（平成18）年度には1万799件、2017（平成29）年度では4870件の過料が科されているとのことである。これ以前の条例でも勧告や命令を定めていてもその不服従について罰則規定が置かれていない条例や刑法上の罰金を定める条例（1992（平成4）年施行当時の和歌山市条例等）は存在したが、それらとは一線を画するものである。

　これらの条例の内容は様々で、路上喫煙禁止地区を指定したうえで、千代田区条例のように直罰方式を採用する条例、または勧告・命令・その違反に対し

ての処罰としての過料と段階を踏む条例等、諸類型の条例が存在する。このように段階を踏んだうえで2万円の過料を科す条例として、2017（平成29）年施行の生駒市条例がある（資料は、それぞれの地方公共団体のホームページ参照）。

　なお、長が科す過料に関する手続として弁明の機会の付与が必要である（地自255条の3）。また、その不納付に対しては、滞納処分が可能とされている（同231条の3）。

2　現代的手法

　以上のような伝統的手法の不十分さが原因で、様々な手法が工夫されてきた。その手法には、規制権限をもたない地方公共団体による発案や、法令と条例制定権との関係で罰則を設けることを配慮した地方公共団体における対応例も存在する。例えば、罰則まで規定した条例は、法令との関係で「上乗せ条例」としてその合法性に疑念が呈される可能性があるからである。いずれにしても、既存制度の活用や必ずしも直接的に実効性確保に貢献するのかが定かでない手法も議論されるに至っている。以下では、それらの手法について、体系的でなく羅列的に説明することとする。

　法治主義との関係からは、様々な議論が提起されうる手法であることも特徴である。

許可等の撤回　　例えば、営業許可には期限が設けられているが、通常はその更新が認められ、結果として継続的に営業が遂行されている。しかし、法令違反が目立つ業者に対して、その許可の撤回や更新を認めないことにより、制裁的効果を期待するのがこの手法である。

　一例として、道路交通法の免許（講学上の許可）等の「取消し」（撤回）の事例である（道交103条以下）。これは、許認可により与えられていた利益的地位の剥奪という不利益処分となるので、行政手続法・条例等による事前手続の履行が必要となる。

経済的手法　　最近多用されている手法である。ごみ袋の有料化、産業廃棄物税や「エコカー減税」または、一定の事業への補助金とし

て「補助額上限○○万円・ただし総額の2分の1を限度とする」といった手法はよく聞く手法である。

　さらに、例えば運転免許証の更新にあたって、過去の違反歴等に応じ更新期間や講習について差異が設けられていることもよく知られている。外国では、渋滞税として自動車のナンバープレートの差異により、都心への乗入について課税する例もあるようである。いずれにしても、経済的な利益・不利益により望ましい方向への誘導を図る手法である。

　このような経済的手法は、国レベルでも加算税制度（国税徴収法）や課徴金制度（独占禁止法）として知られていたが、自治体行政においても、要綱等を根拠として広く展開されてきた。不利益を課す手法と利益を与える手法に大別すれば、自治体行政においては、後者が大きな役割を占めているといえるだろう。

　| 公　表 | 　何らかの事実を地方公共団体が公表することにより、被公表者に何らかの不利益が発生しうることによる法違反等への抑止力に期待する行為が、公表行為である。このような公表行為を検討するうえで、下記の2類型に分類することが有益である。それは、情報提供型と制裁型である。

　情報提供型とは、一般の関心の高い事実を公表する形態である。例えば、食中毒の原因物質の公表や重大疾病の感染ルートやその罹患者の旅程の公表であり、特定の者に対する制裁的意義を有しない。ただし、風評被害について配慮する必要がある。

　これに対して制裁型とは、法令違反や行政指導への不服従の事実について公表することによって社会的評価の低下という事実上の効果により違反等への抑止力を企図する形態である。この形態においては、指導・勧告→不服従への公表と手続を踏むことが多いようである。この類型の場合には、公表を不利益処分として性格づけることも可能で、その場合には公表を行う前に一定の事前手続の履践が必要となる（例えば、和歌山県消費生活条例39条）。

　これらの行為の法的救済としては、まず、公表行為の法的性格を論じる必要がある。特に制裁型において問題となろう。まずは処分性の有無に関する議論

が必要となる。処分性を肯定すれば、事後の取消訴訟、事前の差止め・仮の差止めの請求が可能であると考えられる。

いずれにしても違法な内容の公表等による損害賠償請求は、国家賠償法に基づき可能と解される（例えば、食中毒の原因物質の公表に関して、大阪地判2002（平14）・3・15判タ1104号86頁）。

給付拒否 　地方公共団体は、いわば「総合商店」である。地域の様々なサービス提供を司っている。その例として、水道供給・ごみ収集や諸般の許認可権限が挙げられる。

例えば、地方公共団体の施策に非協力的な事業者等が存在した場合に、それらのサービスの提供を当該事業者に拒否することで、間接的効果として事業者の協力を求めることは許される行為であろうか。いわば「江戸の仇を長崎で」の手法である。ちなみに、水道法15条では、正当事由なくしての水道供給契約締結の拒否を禁じている（同法の正当事由の存在を認容した事例として、志免町事件：最判1999（平11）・1・21【自治百選43】。逆に正当事由が存在しないとして違法と判断した事例として武蔵野市事件：**判例11**）。

古典的事例としての豊中市事件（最判1981（昭56）・7・16民集35巻5号930頁）は、違法建築物に対しての給水拒否に関する事例である。最高裁は、このような手法の採用の是非についての議論に関する判断を直接的には行っていないが、結果として豊中市の行為を違法とは判断しなかった。しかし宅地開発指導要綱違反の建築物に対する給水拒否の事例である上記の武蔵野市事件では、要綱への不服従は違法ではないので、市長の行為を違法と認定している。

周辺住民との関係で建築確認処分を留保した事例が、品川区の事例である。建築基準法で定められていた期間の徒過が問題とされた事例（**判例14**）である。このような給付拒否の事例として、東京都中野区の事例（**判例16**）も存在する。

例えば、行政手続法は、その33条において、行政指導に関する規定において、相手方が不服従の意思を表明した場合は、行政指導の継続は許されない旨を規定している。これは品川区の最高裁判決（**判例14**）を重視したものと解される。もっとも、この行政指導の継続可能性について、自治体の行政手続条例

においては、その必要性の存在を前提に相手方の不服従にもかかわらず行政指導の継続を認める規定を設けている例がある（和歌山県行政手続条例31条2項等）。これらは、当該最高裁判決における公益との関係を重視した判断を実定化した規定と解される。

　さらに問題となったのが、宅地開発指導要綱等による、いわゆる開発負担金事件に関する事例である。地方公共団体としての行政指導を、定型的マニュアルとしてまとめた要綱が、同意条項、負担条項等の事業者への負担を事実上伴っていたことが問題とされてきた。以下の武蔵野市事件において、要綱の原則論と武蔵野市事件への適用に関して、安易に行政指導を多用する地方公共団体にとって厳しい判断を示している（**判例12**）。

判例16　特殊車両通行認定留保事件〈最判1982（昭57）・4・23【行政百選Ⅰ123】〉

　事業者が共同住宅建築のため、車両制限令の制限を超える特殊車両の通行認定を申請したが、道路管理者たる中野区長が周辺住民の反対運動に配慮して申請の許否の判断について留保した事例である。事業者はその後、その不作為に対しての異議申立てを提起するに至っている。これに対して中野区長は事業者と周辺住民との関係改善を狙って、判断を留保する旨通知している。このような経緯を経て、最終的には通行認定は得られたが、工事遅延に対する国家賠償訴訟が中野区に提起されたものである。

　最高裁は、道路法・車両制限令による特殊車両通行認定は、基本的には裁量の余地のない確認的行為の性格を有することが明らかであるとはしながらも、具体的事案に応じ道路行政上比較衡量的判断を含む合理的な行政裁量を行使することがまったく許容されないと判断することは、相当ではないと判示し、本件事例においては、国家賠償法上の違法性はないと判断した。

---

3 苦情処理・不服審査

1 苦情処理

　市民の苦情に対し、行政機関が何らかの対応をすることを、苦情処理という。

　地方公共団体の苦情処理制度では、川崎市の条例に始まる一般オンブズパーソン制度が有名である。オンブズパーソンは、市民の苦情を受けつけ、中立的立場から原因を究明し、是正の勧告などを行う。例えば、市民が、証明書を取得するために、市役所を訪れたところ、昼休みで窓口業務が行われておらず、苦情の申出を受けたオンブズパーソンが、近隣自治体を調査した結果を示して、改善を勧告したことで、昼休み時間における証明書交付業務の窓口対応が、担当職員交代の当番制により開始されたという事案がある。国の苦情処理制度には、行政相談委員法に基づく行政相談がある。総務大臣から委嘱を受けた全国約5000人の行政相談委員が、行政への苦情や意見、要望を受けつけ、公正・中立の立場から、その解決や実現を促進するとともに、行政の制度や運営の改善に活かす。地方公共団体の仕事で法定受託事務に該当するものも、この制度の対象である。

　ただ、苦情の処理の方法に明確なルールがあるわけではなく、法的効果や強制力のある対応がされるわけではない。

2 不服審査

　行政庁による公権力の行使に関し、不服のある者が、行政機関に対し、不服を申し立てる制度を、行政不服審査（行政不服申立）制度という。適法な不服申立てがあったときには、行政機関は、必ずそれを調べ何らかの返答をする義

務がある。一般法である行政不服審査法が、平成26年に全面改正された。行政不服審査法は、国に限らず、地方公共団体にも適用されるため、この改正を受け、地方公共団体でも、審理員名簿の作成（行審17条）や第三者機関の設置など（同81条）、対応する行政不服審査制度を整備している。

3　不服申立ての要件

不服申立てを適法に行うためには、不服申立ての要件を満たしていなければならない。

不服申立ての対象　行政不服審査法による不服申立ての対象は、行政庁の違法または不当な処分その他公権力の行使に当たる行為である（同1条2項）。また、法令に基づく申請に対する行政庁の不作為も、対象に含まれる（同3条）。例えば、市民が、建物を建てるために、市の建築主事に対して、建築確認の申請をしているのに（建基6条）、いつまで経っても応答がないという場合がこれに当たる。ただし、法令に基づく申請を前提としない不作為は対象にはならない。

不服申立人資格　不服申立てをするには、不服申立ての利益がなければならない。判例は、不服申立ての利益が認められる範囲を、法律上の利益を有する者に限定している（最判1978（昭53）・3・14【行政百選Ⅱ132】）。例えば、課税処分について、その処分の名宛人は不服を申し立てることができるが、名宛人ではない者が不服を申し立てることはできない。

不服申立期間　処分については、不服申立てをできる期間が限定されている。この期間は、①不服申立人の知・不知を基準にした主観的不服申立期間と②処分後の経過を基準とした客観的不服申立期間に分けられている。現行の行政不服審査法によれば、それは、①処分があったことを知った日の翌日から起算して3カ月以内である（行審18条1項）。②知らなかった場合でも、処分があった日の翌日から起算して1年を経過すると、正当な理由があるときを除き、不服申立てはできなくなる（同2項）。平成26年改正前の旧行政不服審査法の下では、主観的不服申立期間は、現行法より短く60日で

あったが（旧行審14条１項）、60日では審査請求の準備には不十分であるとされ、市民が不服申立の機会を喪失しないようにと、法改正にあたり３カ月に延長された。

　他方、不作為については、行政不服審査法上、期間の定めはなく、不作為の状態が継続している限り、いつでも不服申立てができる。

4　不服申立ての種類

　行政不服審査法は、不服申立ての類型として、①審査請求、②再調査の請求、③再審査請求の３つを定めている。そのうち、基本的な類型は、審査請求である。

審査請求　　審査請求は、行政庁の処分または不作為について、処分庁・不作為庁（処分庁等）またはこれらの上級行政庁に対して行う不服申立てである。原則として、上級行政庁がある場合には、当該上級行政庁（上級行政庁が複数存在する場合には最上級行政庁）に対する審査請求のみが認められる。地方公共団体の長のように上級行政庁がない場合には（地方公共団体は国から独立した存在であるから、総務大臣が上級行政庁になるわけではない）、当該処分庁等が審査庁となる。個別法の定めによって、第三者機関に対してなされる場合もある（行審４条）。

　なお、法定受託事務に係る処分及びその不作為についての審査請求は、国の主務大臣または都道府県知事等に対して行う（地自255条の２第１項）。

再調査の請求　　再調査の請求は、処分庁以外の行政庁に審査請求ができる処分について、処分庁に対して行う不服申立てである（行審５条）。不作為の場合は再調査の請求の対象にならない。審査請求に先立って、審査請求よりも簡易・迅速な手続によって、処分庁が自ら処分を見直す。例外的な不服申立てであり、個別法に再調査の請求ができる旨の定めがある場合に限って認められる（例：公害補償106条１項）。ただし、再調査の請求と審査請求の関係は、自由選択制である。したがって、不服申立人は、再調査の請求ができる場合であっても、再調査の請求をせずに、審査請求をすることができる。

| 再審査請求 | 再審査請求は、審査請求の裁決に不服がある場合に、さらに行う不服申立てである（同6条）。例外的な不服申立てであ |

り、個別法に再審査請求ができる旨の定めがある場合に限って認められる。例えば、市町村長の生活保護決定に対する知事の裁決に対しては、さらに、厚生労働大臣に対する再審査請求が可能とされている（生活保護66条）。再審査請求では、原処分と審査請求の裁決のどちらを不服申立ての対象としてもよい（行審6条2項）。ただし、再審査請求は必ずしなければならない手続ではない。したがって、審査請求人は、審査請求の裁決後、再審査請求ができる場合でも、再審査請求をせずに、裁判所に対して訴訟を提起することができる。

5　審査請求の流れ

審査請求がされると、審査庁は、2つの審理手続を経たうえで、裁決を下す。つまり、①審理員による審理手続と②行政不服審査会等による審理手続である。①②とも、第三者の視点を取り入れて公正な審理を行うために、平成26年の改正行政不服審査法に導入された仕組みである。以下、行政不服審査法の基本的な不服申立類型である審査請求の流れを説明する（再調査の請求には①②は予定されていない。再審査請求では②はされない）。なお、情報公開条例・個人情報保護条例において、開示決定等について審査請求があったときは、情報公開審査会・個人情報保護審査会に諮問が行われることが通例であるが、この場合において①は行われない。また、人事委員会または公平委員会に対して審査請求が行われる地方公務員に対する不利益処分についても①は行われない（地公49条の2第3項）。

| 審理員の審理 | 審査庁（審査請求に対して裁決を行う権限と義務を有する行政庁）は、審査請求書が提出されると、審査庁に所属する職 |

員の中から、審査請求の対象となっている処分に関与しない者を審理員に指名する（行審9条）。審査庁は、指名にあたり、公正性と透明性を確保するため、あらかじめ審理員候補者名簿を作成するよう努め、作成した名簿は公にしておかなければならず（同17条）、多くの地方公共団体は、ホームページ上でこの名

簿を公にしている。実務上、審理員に指名される職員は、課長・課長補佐級の者が多い。その理由は、審理員には、高度な判断を自己の名ですることが求められるためと指摘されている。

審理員は、まず、処分庁または不作為庁に対し、弁明書の提出を求め（同29条2項）、提出された弁明書（処分庁の場合、処分の内容・理由を記載。不作為庁の場合、不作為の理由、予定される処分の時期・内容・理由を記載）を審査請求人に送付する（同5項）。これに対し、審査請求人は、反論書（弁明書に記載された事項に対する反論を記載）を提出することができるが、反論書を提出するかどうかは、審査請求人の意思に委ねられている（同30条1項）。審理員は、必要な審理を終えたと認めるとき、審理手続を終了して、審理員意見書（審査庁がすべき裁決に関する意見を記載）を作成し（同42条）、審査庁に提出する。このように、審理は、原則として書面によってされる（書面審理主義）。ただし、審査請求人が希望すれば、口頭で意見を述べる機会が保障される（書面審理主義の部分的な緩和。同31条）。この場合、審査請求人は、処分庁または不作為庁に対して質問をすることができる（同31条5項）。

行政不服審査会等の審理　審査庁は、審理員から審理員意見書の提出を受けると、原則として、その意見書を添えて、第三者機関（法律または行政の有識者からなる行政不服審査会等）に諮問を行う（同43条）。例外的に諮問が不要とされるのは、審査請求人が諮問を希望しない場合、審査請求が不適法で却下する場合などである。国の場合に、総務省の附属機関として行政不服審査会が置かれているのに対応して（同67条）、地方公共団体の場合には、長の附属機関として行政不服審査会が設置されていることが多い（同81条）。これらの機関は総称して、行政不服審査会等と呼ばれる。行政不服審査会等の委員数は、国の行政不服審査会は9名であるが（同68条1項）、地方公共団体の場合は、その規模・実情に応じて異なる。委員の職業は、弁護士や大学教員（行政法研究者）が多い。

行政不服審査会等は、審理員の意見書を踏まえて審理を行ったうえで、審査庁に向けて、諮問に対する答申をする。行政不服審査会等には、広範な調査権限が与えられており（同74条）、審理員による審理が十分でないと考える場合に

は、独自に調査を行うことが認められている。答申書には、行政不服審査会の結論・判断の理由が記載される。審査庁は、その答申をもとに、遅滞なく裁決を行う（同44条）。

6　不服申立ての特色

教示制度　　　上述のように、行政不服審査法が不服審査制度を整えているものの、市民の中には、不服申立てができることを知らない者も多い。そこで、行政不服審査法は、市民の不服申立ての権利を形骸化させないために、行政庁に教示を義務づけている。行政庁は、①処分を書面でする場合には、処分の相手方に対し、その処分について不服申立てをすることができる旨、不服申立てをすべき行政庁、不服申立てをすることができる期間、の3つを書面で教示しなければならない（同82条1項）。また、行政庁は、②利害関係人から、その処分について不服申立てをすることができるかどうか、不服申立てをすることができるのであれば、不服申立てをすべき行政庁、不服申立てをすることができる期間について教示を求められた場合、それらの事項について教示しなければならない（同2項）。

　行政庁が教示を怠った場合や誤った教示をした場合など、教示の不備について、行政不服審査法は救済規定を置いている（同22条・55条・83条）。

執行不停止の原則　　　行政不服審査法は、執行不停止の原則を採用している。つまり、審査請求人が不服申立てをしたとしても、それだけでは、原則として、その処分の執行は停止されない（同25条1項）。しかし、不服申立ての結果が出るまでには時間がかかる場合もあるため、例外的に、執行停止が認められている。

　審査庁は、「必要があると認める場合には」、処分の執行を停止することができる（同2項・3項）。基本的には、審査請求人の申立てによるが、審査庁が処分庁の上級庁の場合には、もともと処分庁に対して一般的な監督権を有するので、申立てを待つことなく、職権によって執行を停止することもできる。審査庁が処分庁の場合も、もともとその処分を行う権限を有するので、同様であ

る。これは、任意的な執行停止である。さらに、審査庁は、申立てがあった場合に、処分の執行等により生ずる「重大な損害を避けるために緊急の必要があると認めるときは」、原則として、執行を停止しなければならない（同4項）。これは、義務的な執行停止である。

不利益変更の禁止　不服申立ては、行政の自己統制（セルフコントロール）の仕組みである。そのため、審査庁が、上級行政庁または処分庁の場合、不服申立ての対象となっている処分を変更することもできる（同46条）。これは、上級行政庁が処分庁に対して一般的な監督権を有し、処分庁がもともと処分庁としてその処分を行う権限を有するためである。ただし、不服申立ての目的の1つは、国民の救済であるため、審査請求人の不利になるような変更は許されない（不利益変更の禁止。同48条）。

裁決・決定　不服申立てのうち、審査請求・再審査請求に対して下される判断を「裁決」、再調査の請求に対して下される判断を「決定」という。裁決・決定には、却下・棄却・認容の3種類がある。不服申立てがされると、審査庁は、まず、不服申立ての要件を満たしているかどうかの審理（要件審理）を行う。要件を満たしていない場合は、却下裁決・却下決定が下される。満たしている場合は、その不服申立てに理由があるかどうかの審理（本案審理）に進み、理由がない（処分または不作為が違法でも不当でもない）ときには、棄却裁決・棄却決定が下され、理由があるときには、認容裁決・認容決定が下される。

　しかし、例外的に、不服申立てに理由があるのに、棄却の裁決が下されることがある。それは、公の利益に著しい障害を生ずることを避けるためで、事情裁決と呼ばれる（同45条3項・64条4項）。再調査請求における事情決定は認められていない。

申請に対する拒否処分・不作為に対する審査請求　申請を拒否する処分について、審査請求がされた場合、審査庁は、申請拒否処分の取消裁決をすることができる。さらに、拒否処分の取消しにとどまらず、紛争の一回的解決を図る観点から、審査庁が上級行政庁である場合には、当該処分をすべき旨を命ずる裁決（義務付け裁決）をすることができ、審査庁が処分庁である場合

には、申請を認容する処分をすることができる（同46条2項）。

　また、申請に対する不作為についても、審査庁は、不作為の違法または不当の宣言をしたうえで、紛争の一回的解決を図る観点から、審査庁が上級行政庁である場合には、申請を認容ないし拒否すべき旨を命ずる裁決をすることができ、審査庁が処分庁である場合には、申請に対する諾否の応答をすることができる（同49条3項）。

VII

地方公共団体の税財政とそのコントロール

1 　地方財政とそのコントロール

1 　地方財政の意義

憲法上の原則　　地方財政とは、地方公共団体が、その任務を達成するために必要な財力を取得・管理・使用する作用をいう。日本国憲法は、国の財政に関し、財政国会中心主義（憲83条）、租税法律主義（同84条）という基本原則を定める。財政のあり方は国民の代表者が決定する、国民に租税を課するには法律の定めが必要であるという考え方は、地方財政においても妥当する。さらに、地方財政がどう運営されるかは、憲法92条の定める地方自治の本旨に基づく必要があること、また、憲法94条と相まって、地方公共団体には自治財政権が保障されている点も重要である。

健全財政主義　　もう一点、国の財政、地方の財政を通じての一般原則として、健全財政主義を挙げることができる。日本国憲法83条が財政国会中心主義を掲げながらも、90条で会計検査院による検査を予定していることは、その1つの証左といえよう。

地方財政の法源　　これら日本国憲法上規定され、又は要請される一般原則の下、地方財政の基本的な仕組みを定める法律としては、まず、地方自治法（附属法令としての同法施行令、同法施行規則も詳細な規定を置く）、地方財政法、地方税法を挙げうる。そして、これらの、いわば特例を定める法律として、地方公営企業法等がある。本章では、主として地方自治法第9章「財務」の規定に沿いながら、地方財政の基本的な仕組みについて学ぶ。

2　地方財政の仕組みの基本

(1)　会　　計

会計年度
会計年度は、4月1日に始まり、翌年3月31日に終わる（地自208条1項）。また、各年度における歳出は、その年度の歳入によって賄われなければならないのが原則となる（会計年度独立の原則。同2項）。いずれも、国の場合と同じである（財11〜12条参照）。もとより、地方公共団体の財政活動は継続して行われているが、このように会計年度を区切ることにより、一定期間の歳入と歳出のバランスを確認することができ、議会や住民による、当該地方公共団体の財政状況の把握やコントロールをより容易にする。ただし、その一方で、この区切りをあまり厳格に運用すると、年度内の無理な予算消化など、無駄な支出につながるおそれが伴うことも指摘されている。

会計の種類
会計には「一般会計」と「特別会計」がある（地自209条1項）。このうち、特別会計は、特定の事業を行う場合、その他特定の歳入をもって特定の歳出に充て一般の歳入歳出と区分して経理する場合に、条例により設置される（同2項）。地方公営企業（地公企17条）、国民健康保険事業特別会計（国保10条）、介護保険特別会計（介保3条2号）など、法令で義務付けられるケースもある。特別会計による場合のほかは一般会計による。一般会計においては、現金の受渡しの時点に着目する現金主義が、また、特別会計においては、取引の確定の時点に着目する発生主義がとられるが、近時、一般会計においても発生主義的視点が加えられる傾向にある（公会計改革）。なお、一般会計と特別会計の範囲は地方公共団体ごとに異なるため、相互の比較や統一的な把握が困難なことから、これを可能にするため、統計上、一般会計と特定の特別会計をまとめた、普通会計という用語も用いられる。

(2)　予算と決算

総計予算主義
各会計年度における一切の収入と支出は、すべて歳入歳出予算に編入されなければならず（総計予算主義。地自210条）、

これにより一覧性が高められる。

予算の内容　　地方自治法上、「予算」には、この「歳入歳出予算」のほか、「継続費」（同212条）、「繰越明許費」（同213条）、「債務負担行為」（同214条）等も含まれ（同215条）、総計予算主義の考え方は、これらにも妥当する。予算は単年度を原則とするが、事業の完成に数年度を要する工事など、特に必要がある場合に認められる継続費や、例えば土地買収の難航が予想される場合など当該年度内に支出を終わらない見込みのある場合に認められる繰越明許費などは、その例外となる。

予算の種類　　地方公共団体の長は、毎年度、予算を編成し、年度の開始前に議会の議決を受けなければならない（同211条1項）。予算には、この、いわゆる当初予算が成立すると見込まれるときまでの期間、あるいは、当初予算が成立すると見込まれたときに成立しない場合において当初予算が成立すると見込まれるときまでの期間について編成・議決される「暫定予算」（同218条2項）や、事後に生じた事由に基づき編成・議決される「補正予算」（同項）もある。

決　　算　　各会計年度の収入・支出が予算に基づきなされることの帰結として、決算が必要となる。決算を作成し、長に提出する責務を担うのは会計管理者である（同233条1項）。提出を受けた長は、これを監査委員の審査に付し（同2項）、監査委員の意見とともに議会の認定に付さなければならない（同3項・96条3号）。このとき議会の認定に付された決算の要領は住民に公表される（同233条6項）。もし、議会で決算の認定が否決された場合は、この議決を踏まえ必要と認める措置があるときは、これを講じた措置の内容を議会に報告するとともに、公表しなければならない（同7項）。

(3)　地方財政の健全化の確保

財政健全化法　　地方公共団体の財政の健全化を確保し、健全化や再生が必要な場合の迅速な対応を可能にするための法律として、地方公共団体の財政の健全化に関する法律（健全化法）が制定されている。健全化法は、（1）毎年度、健全化判断比率として、①実質赤字比率、②連結実質赤字比率（全会計の実質赤字等の標準財政規模に対する比率）、③実質公債費比率、

④将来負担比率（公営企業、出資法人等を含めた普通会計の実質的負債の標準財政規模に対する比率）を地方公共団体の長が公表すること、（2）健全化判断比率のいずれかが早期健全化基準以上の場合の早期健全化、（3）再生判断比率（上記（1）の①〜③）のいずれかが財政再生基準以上の場合の財政の再生、（4）公営企業の健全化、について定める。これにより、地方公共団体に財政規律の一層の遵守が期待される一方、この仕組みも、結局は「国の法律」によって作られ「大臣が決定する基準」のもとに国の関与を支柱としてできあがっているのではないかという批判もあり、自治財政権の理念と整合した運用が求められる。

3　歳　　入

(1)　総　　説

歳入の種類

地方公共団体の歳入は、地方税、地方交付税、地方譲与税、国庫補助負担金（国庫支出金）のほか、地方債、分担金、使用料・手数料、事業収入からなる。地方財政の構造を考える際、地方公共団体みずからがその収入額の決定及び賦課徴収を行いうる「自主財源」（地方税、分担金、使用料、手数料など）、あるいは地方公共団体の収入源のうち、あらかじめ使途が特定されずどのような経費にも使用できる財源「一般財源」（地方税、地方交付税など）の割合が高いほど地方公共団体が独自に処理する財政の範囲も広いことになる。しかし、現状はこれらの割合は低く、国または都道府県から交付もしくは割り当てられる「依存財源」（地方交付税、地方譲与税、国庫補助負担金、地方債など）あるいは使途があらかじめ特定されている財源である「特定財源」（地方債、国庫補助負担金など）に大きく依拠している。なお、地方税については、本章2節を参照。

(2)　地方交付税

地方交付税とは

地方交付税は、地方公共団体間の財源の不均衡を是正し地方行政の計画的運営を保障することを目的として、国から地方公共団体に交付される財源である。都市部と過疎地域、平野部と山間部では自治体間の税収に当然格差が生じる。しかし、基本的に全国どこに住も

うが一定水準の行政サービスは提供される必要があり、自治体間の財政力の偏在を調整しようとするものである。国税である所得税、法人税、酒税、消費税、地方法人税の収入額の一定割合をもって交付税とされる（地方交付税 6 条 1 項・ 2 項）。

地方交付税の算定方法
　地方交付税には、普通交付税と特別交付税がある（地方交付税 6 条の 2 第 1 項）。普通交付税は、基準財政需要額（同 2 条 3 号）が基準財政収入額（同 4 号）を超える地方公共団体に対して、その超える額を交付するものである（同10条 1 ～ 2 項）。あるサービスを行うにも、自治体間で、例えば積雪が多い寒冷地では学校の暖房費が多くかかるなど、自然的・社会的・経済的状況によって必要な額に違いがあり、それを需要額に反映させるため複雑な計算がなされている。一方、特別交付税は、普通交付税を補完するもので、普通交付税算定の際の基準財政収入額に算入されなかった特別の財政需要があることなどを基準として交付される（同15条 1 項）。普通交付税を交付されていない自治体を不交付団体というが、それは全自治体のうちのわずかである。

地方交付税の課題
　財政調整といった重要な役割を果たすべき地方交付税制度であるが、いくつかの課題も抱えている。まず第 1 に、交付税の算定方式が極めて複雑化しており、交付税の実態がどうなっているのか住民の目には見えないものとなっている。そして第 2 に、交付税の算定が地方公共団体の自主的財政運営や効率的の運営を促す仕組みになっていない。例えば税収が増えれば交付税が減ってしまうことや、地方債の償還を交付税で補填することが、地方公共団体の地方債に依存する傾向を助長してしまう。

(3)　国庫補助負担金（国庫支出金）

国庫補助負担金の種類
　地方公共団体が行う特定の行政事務の経費に充てるために、国から支出される資金として国庫補助負担金がある。それには、国庫負担金、国庫補助金、国庫委託金等がある。

国庫負担金・国庫補助金
・国庫委託金
　国庫負担金は、地方公共団体と国の双方が責任を負う事業について国の義務的負担として、そ

の全部または一部を負担する経費で、義務教育費や生活保護費の経費など（地財10条など）がその例である。次いで、国庫補助金は、国がその施策を行うため特別の必要があると認めるとき、または地方公共団体の財政上特別の必要があると認めるときに交付するものである（同16条）。国が特定の事業を奨励したり財政援助的意図に基づき支出する。そして、国庫委託金は、もっぱら国の利害に関係のある事務（例えば国会議員の選挙など）が地方公共団体によって実施される場合の経費のために交付される支出金である（同10条の4）。

国庫補助負担金の課題　国庫補助負担金は、全国的見地からみて必要な一定水準の行政サービスの提供・普及に大きな役割を果たしてきた。しかし、他方で、交付手続や補助条件等に基づく国の厳しい条件が及ぶことで、各地方公共団体の創意工夫が阻害されるという側面もある。また、地方公共団体側も、財政力が不十分なゆえに補助金獲得に強く誘導されざるを得ず、結果として補助金獲得のための陳情合戦に至ることもあった。自主財政の確立には、このような性格を伴う国庫補助負担金の改革も課題となる。

(4) 地方債

起債の要件　地方公共団体の歳出は、地方債以外の歳入を財源としなければならない。ただし、例外として、①交通事業、ガス事業、水道事業など地方公共団体が行う公営事業に要する経費の財源とする場合、②出資金・貸付金の財源とする場合、③災害復旧事業費の財源とする場合など、将来世代の住民にも負担させることが適当である場合があると考えられる、これらの場合には地方債をもって財源とすることができる（同5条）。

起債の手続・協議制　起債を行う場合、地方公共団体は、起債の目的、限度額、起債の方法、利率、償還の方法を予算に定めることが必要である（地自230条1〜2項）。また、起債を行うには、総務大臣または都道府県知事との協議が義務づけられ（地財5条の3第1項）、総務大臣または都道府県知事が定める同意の基準を定め、これに基づき同意を行うかにつき判断を行う（同10項）。ただし、同意がなされない場合でも、その旨をあらかじめ議会に報告したうえで起債自体は可能である（同9項）。しかし、同意があ

れば元利償還金を交付税算定の際算入される扱いを認めるなど（同8項）、同意を求めるインセンティブが用意されている。「協議制」とされていることの趣旨が没却されない運用が必要である。

　なお、実質赤字額や実質公債比率が基準以上である地方公共団体等は、起債をするにあたって、総務大臣または都道府県知事の許可を要する（同5条の4）。

　地方債の課題　　地方債の発行については、各地方公共団体がいかに市場から安定的に資金調達を行えるかが鍵を握る。それは、一に当該地方公共団体の市場における信用確保にかかっている。

(5)　その他の財源

　地方譲与税　　例えば航空機燃料譲与税の一定割合が空港に関係する市町村などに配分されるなど、特定の税収入の全部または一部を、一定の基準に従って地方公共団体に譲与する地方譲与税も、地方公共団体の収入となる。

　分担金・使用料・手数料　　その他、一部の住民のみが特別の利益を受けるような場合、その利益を受ける者から、受ける利益の限度において徴収される分担金（地自224条）、行政財産の目的外使用または公の施設の利用に際して徴収される使用料（同225条）、特定の者のためにする事務につき徴収される手数料（同227条）が収入となる。

4　歳　　出

(1)　支　　出

　長と会計管理者　　予算を執行する権限は長に属する（同149条2号）。ただし、適正な執行を図るため、地方自治法は、支出の原因となる行為（これを支出負担行為という。例えば契約を締結する行為がこれに当たる。同232条の3）と、これに基づき支出を行う行為（同232条の4）とを区別し、加えて、実際に支出を行う会計管理者は、長の命令がなければ、これを行うことができないこととするとともに（同1項）、この場合においても、会計管理者は、当該支出の原因となる支出負担行為が法令または予算に違反していないこ

と、及び、当該支出負担行為に係る債務が確定していることを確認したうえでなければ、支出をすることができないこととしている（同2項）。

(2)　支出の制限規定

| 総　　説 |

地方公共団体が違法または不当な支出ができないことはもちろんであるが、例えば、日本国憲法89条のように、支出に関する制限を、特に明文で規定するものがある。以下では、憲法89条のほか、地方自治法上の制限として、給与と補助金を取り上げる。

| 憲法89条 |

日本国憲法89条は、「公金その他の公の財産は、宗教上の組織若しくは団体の使用、便益若しくは維持のため、又は公の支配に属しない慈善、教育若しくは博愛の事業に対し、これを支出し、又はその利用に供してはならない。」とし、国のみならず、地方公共団体も、たとえ議会の意思に基づくものであったとしても、このような公金の支出はできない。前段は、政教分離違反の支出は憲法20条1項によっても違法といえるであろうが、89条において財政面からも禁止を徹底する趣旨である。また、後段は、財政援助の名の下に国がそのような事業に介入して自主性を損なうことを防止するとともに、ここに列記された私的事業に公金が乱費されないよう制約を課する趣旨である。この89条に違反する支出と判断された事例としては、「愛媛玉ぐし料訴訟」（最大判1997（平9）・4・2【自治百選96】）や、「砂川空知太神社訴訟」（判例23）などがある。

| 給　　与 |

給与に関しては、地方自治法204条3項は、「給料、手当及び旅費の額並びにその支給方法は、条例でこれを定めなければならない。」と規定する。これを給与条例主義といい、その趣旨は、職員の給与は財政の根幹を占める重要な事項であるから、住民の代表者で構成される議会によって、行政による「お手盛り」を監視し、適正な額を定めさせようとする点にある。

| 給与条例主義の趣旨 |

給与条例主義が、給与の内容を条例においてどの程度まで定める必要があるかについては、判例は、給与の種類や額に関する基準は条例で定めることを必要としたうえで、下位規範にその具体化を委ねることも認める立場に立っている。特に、非常勤職員の場

217

> **判例17**　鳴門市競艇従事員共済会補助金違法支出事件〈最判2016（平28）・7・15集民253号71頁〉
>
> 　本件は、市の経営する競艇事業の臨時従事員等により組織される共済会から臨時従事員に対して支給される離職せん別金に充てるため、市が共済会に対して補助金を交付したところ、市の住民らが、この補助金交付は給与条例主義に反する違法、無効な財務会計上の行為であるなどとして、市長を相手に、当時の市長の職にあった者に対して損害賠償請求をすることなどを求めた住民訴訟である。
>
> 　最高裁は、「離職せん別金は、……離職時の基本賃金に在籍年数及びこれを基準とする支給率を乗じるなどして算出され、実際の支給額も相当高額に及んでおり、……原資に占める本件補助金の割合は約97％に及んでいたのである。これらの事実に照らせば、本件補助金は、実質的には、市が共済会を経由して臨時従事員に対し退職手当を支給するために共済会に対して交付したものというべきである。……本件補助金の交付当時、臨時従事員に対して離職せん別金又は退職手当を支給する旨を定めた条例の規定はなく、……本件補助金の交付は、裁量権の範囲を逸脱し、又はこれを濫用したものであって……違法なものというべきである。」などとして、原判決中、住民らの請求を棄却した部分を破棄し、原審に差し戻した。

合は、その雇用形態や勤務実態が様々であるという事情がある。

非常勤職員の報酬　非常勤職員の報酬につき、地方自治法203条の2第1項は、「普通地方公共団体は、その委員会の委員、……その他普通地方公共団体の非常勤の職員（短時間勤務職員……を除く。）に対し、報酬を支給しなければならない。」とし、続いて2項で「前項の職員に対する報酬は、その勤務日数に応じてこれを支給する。ただし、条例で特別の定めをした場合は、この限りでない。」と定めている。この点で、形式的な登庁日数が比較的少ない行政委員会委員に月額制の報酬を支払うことを定める条例の規定が、地方自治法203条の2第2項に違反しないか争われた「月額報酬事件」（最判2011（平23）・12・15【自治百選81】）において、最高裁は、報酬制度のあり方は、「諸般の事情を踏まえた政策的、技術的な見地からの裁量権に基づく判断にゆだねたものと解するのが相当」としたうえで、「法203条の2第2項の趣旨に照らして特に不合理であるとは認められず、県議会の裁量権の範囲を超え又はこれを濫用するものとはいえない」とした。

| 補　助　金 |

地方公共団体は、様々な目的において、個人や団体に金銭を補助する場合がある。地方公共団体が補助金を交付することができるのは、「公益上必要がある」場合に限られる（地自232条の2）。補助金の支出が住民の負担に帰する公金を原資に、反対給付を求めずに行う財政援助であるから、これにより特定の者を利するのではなく、住民全体の利益に資するよう行うことを求める趣旨である。しかし、「公益上必要がある」という要件は不明確であり、その判断は困難を来すことも少なくない。「公益上必要がある」に当たるかどうかは住民監査請求及び住民訴訟においてしばしば問題となる。例えば、市や民間企業等の出資により設立された第三セクターに対する市の補助金交付の適法性が争われた「日韓高速船事件」（最判2005（平17）・11・10【自治百選85】）や、町が自然活用施設の運営を委託している団体に対してした補助金交付の適法性が争われた「陣屋の村事件」（最判2005（平17）10・28【自治百選86】）では、いずれも、「公益上必要がある」とした判断は不合理なものとはいえないとされている。

(3) 契　約

| 契約の方法 |

地方公共団体が締結する契約（売買、賃借、請負その他）は、①一般競争入札、②指名競争入札、③随意契約、または④せ

判例18　競争入札指名回避事件〈最判2006（平18）・10・26【行政百選Ⅰ94】、【自治百選52】〉

村の発注する公共工事の指名競争入札に1998（平成10）年度まで継続的に参加していた上告人が、1999（同11）年度から2004（同16）年度までの間、村外業者に当たるとして、まったく指名されず入札に参加できなかったとして、国家賠償法1条1項に基づき、損害賠償請求訴訟を提起した。

最高裁は、「村外業者に当たると判断し、そのことのみを理由として、他の条件いかんにかかわらず、およそ一切の工事につき平成12年度以降全く上告人を指名せず指名競争入札に参加させない措置を採ったとすれば、それは、考慮すべき事項を十分考慮することなく、一つの考慮要素にとどまる村外業者であることのみを重視している点において、極めて不合理であり、社会通念上著しく妥当性を欠くものといわざるを得ず、そのような措置に裁量権の逸脱又は濫用があったとまではいえないと判断することはできない」などとして、原判決を破棄し、原審に差し戻した。

り売りによることとされている（同234条１項）。①一般競争入札は、一定の資格を満たす不特定多数の者が参加する入札の方法によって、最も有利な条件を提示した者と契約を締結する方法であり、これが地方公共団体が契約を締結する際の原則となる。②指名競争入札は、一般競争入札に拠りがたい事由がある場合に、地方公共団体が実績等に基づいてあらかじめ指名した一定の者による入札の方法によって、最も有利な条件を提示した者と契約を締結する方法である。そして、これら競争入札によることが必ずしも適当でない場合（地自令167条の２において列挙された場合）に限って、地方公共団体は、競争の方法によることなく、任意の特定の者との間で③随意契約を締結することができる。なお、④せり売りは、動産の売払いで、契約の性質がせり売りに適している場合にのみ行うことができる（同167条の３）。

5　財産管理

(1)　総　　説

財産の種類　地方公共団体の財産には、公有財産、物品、債権及び基金がある（地自237条１項）。これら財産は、一定の例外は除き、条例または議会の議決によらなければ、交換、出資目的、支払手段としての使用、適正な対価でない譲渡、貸付けが禁じられるほか（同２項）、信託についても制限がある（同３項）。以下では、このうち、公有財産の管理の仕組みを取り上げる。

(2)　公有財産の管理

公有財産の種類　公有財産は、「行政財産」と「普通財産」に区分される。行政財産とは、公用もしくは公共用に供しているもの、または供することと決定された財産をいい、普通財産は、行政財産以外の一切の公有財産である（同238条４項）。

公有財産の制限　行政財産については、公用または公共用に供されるものであるから、一定の例外を除き、貸付け、交換、売払い、譲与、出資の目的とすること、または信託すること、私権を設定すること

が禁じられる（同238条の4第1項）。これに対して普通財産は、直接公の用に供
されるものではないため、貸付け、交換、売払い、譲与ができるほか、出資の
目的とし、私権の設定ができる（同238条の5第1項）。なお、普通財産を貸し付
けた場合において、その貸付期間中に公用又は公共用に供する必要が生じたと
きは、その契約を解除することができ（同4項）、その借受人は損失に対する補
償を求めることができる（同5項）。

行政財産の目的外使用の許可　行政財産においても、例えば食堂の営業を特定の業者
に認める場合のように、私人に一部施設の使用を認め
ることが、その本来の用途・目的には反しない、もしくは行政目的達成のため
にむしろ好ましい場合がある。そのような場合には、本来の用途・目的を妨げ
ない限度において、行政財産の使用を許可することができる（行政財産の目的外
使用の許可、同238条の4第7項）。この使用許可をめぐって、「呉市中学校教研集
会事件」（最判2006（平18）・2・7【行政百選Ⅰ73】、【自治百選59】）は、公立学校
の学校施設の目的外使用を許可するか否かは、原則として、管理者の裁量に委
ねられているとしたが、そのうえで、考慮した事項に対する評価が明らかに合
理性を欠いているなどとして、不許可処分を裁量権を逸脱したものであるとし
た。

6　財政のコントロール

(1)　総　説

財政のプロセス　予算、その執行、決算といった財政のプロセスは、企画
立案、実施、評価、次の企画立案へのフィードバックと
いう一連の流れで捉えられる。すなわち、PLAN-DO-SEE、あるいはPLAN-
DO-CHECK-ACTION のサイクルである。この SEE あるいは CHECK-
ACTION として行われる、監視・評価及びそれを通じて得られる経験・知見
を以後のサイクルにフィードバックさせる作用が「財政コントロール」に当た
る。

**議会による
コントロール**　日本国憲法83条が国の財政について国会中心主義を掲げるように、財政コントロールの本来の担い手は議会である。当該地方公共団体の財政のあり方に当該住民の代表機関が関与することの意味は極めて大きい。しかし、議会は政治的な機関でもあり、非効率な財政支出を伴う政策を好んで選択する傾向もみられる。

**裁判所による
コントロール**　また、法的な拘束力を伴った強力な財政コントロール手段として、裁判所による住民訴訟も挙げられ、住民によるコントロールとして、現実に重要な機能を果たしている。しかし、裁判所は「適法」「違法」の判断しかできない点に加え、財政に関する規範には「内部的」性格が強く、裁判規範としてなじみにくい傾向がある。

コントロールの補完　そこで、これらから抜け落ちる部分をカバーするコントロールも必要になる。この役割を果たしうるものとして、地方自治法は、監査委員による監査、そして外部監査人による監査を予定する。各地方公共団体において様々に行われている行政評価も、財務面の見直しにきめ細かく迅速な対応を期待できる仕組みとして注目しうる。これらの作用それぞれが、相互に有機的に連携・補完しあう仕組みを構築することで、全体として財政コントロールが機能しうる。

コラム⑫　行政評価

　国においては、「その政策について、自ら評価し、企画及び立案」を行うことが義務づけられ（行組２条２項、内閣府５条２項）、この政策の評価に関する基本的事項について、「行政機関が行う政策の評価に関する法律」が制定されている。地方に関して、このような根拠となる法律はないものの、地方においても、業務見直しや経営改善のための評価手法が多用され、「行政評価」「政策評価」「事業評価」「事務事業評価」「業績評価」など、様々なネーミングの下、行政評価が行われている。基本的な仕組みを類型化するとすれば、①行政内部における自己評価として行うか、それとも第三者性を加えて外部的評価とするか、②事後評価として行うか、それとも事前評価あるいは中間評価も含めて行うか、③評価結果を文章で表現する定性的評価として行うか、それとも数値で示す定量的評価として行うか、等の区分が可能である（高田・村上306頁以下参照〔佐藤英世執筆〕）。

　なお、2020（令和2）年の地方自治法改正により、都道府県知事及び指定都市の長は、財務に関する事務について、その管理及び執行が法令に適合し、かつ、適正に行われることを確保するための方針を定めて公表し、必要な内部統制の体制を整備することが義務づけられている（地自150条）。この体制について評価した報告書が毎会計年度作成され、監査委員の監査に付され、監査委員の意見を付した上で、議会に提出され、公表されなければならない（同条）。

(2)　監査委員による監査

監査委員への期待　行政評価との関係では第三者性を期待され、他方、地方公共団体の執行機関として内部に精通した存在であるのが監査委員である。地方自治法の改正による権限、任務の拡大を通じて、監査委員による監査の比重は従来の合規性から経済性にも移り、行財政を取り巻く環境変化の下、住民との「対話」促進といった点からも、「準外部」としての監査委員への期待は高い。専門性、客観性を発揮できる仕組みづくりや人選、加えて監査事務局職員の人事等に特に留意する必要がある。

(3)　外部監査人による監査

包括外部監査と個別外部監査　外部監査人による監査（地自252条の27以下）には、包括外部監査と個別外部監査がある。前者は地方自治法2条14項（「事務を処理するに当つては、住民の福祉の増進に努めるとともに、最少の経費で最大の効果を」）および同条15項（「常にその組織及び運営の合理化に努めるとともに、…その規模の適正化を」）の趣旨達成の観点から財務全般を包括的に監査するもので、都道府県、政令で定める指定都市及び中核市は締結を義務づけられる（地自令174条の49の26）。後者は法所定の請求があったときにこれに応じて個別に行われるものである。

外部監査人　契約締結の資格者は個人（弁護士、公認会計士、税理士、監査等事務経験を有する職員OB）である（地自252条の28）。外部監査人は「外部」の「独立した」監査人として、地方公共団体と対等な立場で契約を結ぶことによって監査を担う。個人としての資格で行うがゆえにその報告の専門性、説得力に意を注がれ、結果として監査委員による監査よりも客観的な監視・評価が期待されうる。

⑷　財政コントロールの意義と課題

財政コントロールの意義　財源は使うこと自体が目的ではなく、何らかの目的を達成するための手段である。この「目的」は、地域の抱える課題の解決を目指すものでもあることに着目すれば、「目的」をいかに効果的に解決するかは、財源をいかに有効に利用するかにほかならない。財政は、適法性や合規則性の点で担保されるべきことはもちろん、目的の達成のために財源がいかに有効に使われているかのコントロールが重要となる。

財政コントロールの課題　その前提として不可欠なのが財政情報の「公開」である。なるほど地方自治法も決算の公表（同233条6項）、財政状況の公表（同243条の3）、監査委員の監査の結果（同199条9項）、住民監査請求に対する監査結果の公表（同242条）など、折にふれ、公表の規定をおいている。財政情報としては、例えば、予算書、予算説明書、決算カード、行政評価結果、バランスシート、行政コスト計算書、財政見通し等が挙げられよう。また、情報公開条例に基づいて開示対象となる情報も多い。財政のあり方が住民自身によって適切に判断されていくためには、財政の全プロセスにわたる情報が、住民にわかりやすく提供され、説明される必要がある。そのためには、単に過去の結果が事後的に公表されるだけでは足りず、まさに現に進行中の情報が「同時進行的に」「助言的に」提供されることが期待される。一般に理解困難な財政情報が住民にどのように提供されるかは、当該地方公共団体において地方自治の本旨、なかんずく住民自治の理念がどれほど浸透しているかのバロメーターともなる。

2 地 方 税

1 地方税の概要

(1) 地方公共団体の課税権等

地方公共団体の課税権の根拠と課税権の制約

地方税は、地方公共団体の課税権に基づいて課される租税であり、基本的には、地方公共団体の行政に要する一般経費を賄うために、当該地方公共団体の住民等に課される。

「地方公共団体は、その財産を管理し、事務を処理し、及び行政を執行する権能を有し、法律の範囲内で条例を制定することができる。」(憲94条)として、地方公共団体の課税権は地方公共団体の固有のものとして承認され、地方公共団体の財源確保の手段として、抽象的な租税の賦課、徴収の権能である課税権が認められている(福岡地判1980(昭55)・6・5【自治百選3】)。

ただ、「普通地方公共団体は、法律の定めるところにより、地方税を賦課徴収することができる。」(地自223条)、「地方団体は、この法律の定めるところによつて、地方税を賦課徴収することができる。」(地税2条)との規定にみられるように、地方公共団体の課税権については、法律によって一定の制約が設けられている。

なお、地方税法は、道府県及び市町村のみを地方団体と定義し、地方団体は地方税を賦課徴収できること(同1条1項1号・2条)、都(特別区)に道府県(市町村)の規定を準用すること(同1条2項)を規定していることから、地方自治法上の地方公共団体の組合及び財産区は課税権を有しない。

(2) 地方税の法的枠組み等

地方税法と条例との関係

地方税の賦課徴収に係る法的枠組みとして、まず、地方税法は、地方団体が課税することので

きる税目、課税客体等に係る準則として、例えば、標準税率（同１項５号）や
最高税率（制限税率）等の一定の枠組みを規定している。

　次に、地方公共団体の議会が議決した条例が、地方税の賦課徴収の直接の根
拠となること（地方税条例主義）から、条例において、税目、課税客体、課税標
準、税率等の賦課徴収に関する具体的な定めである課税要件が規定されている
（地税３条、仙台高秋田支判1982（昭57）・７・23行集33巻７号1616頁参照）。一般的に
地方公共団体の長の権限委任の形式については何ら制約が設けられていない
（地自153条）が、地方税法上の地方団体の長の権限とされている事務について
は、納税者等の権利義務に大きく関わることから、当該事務の委任は条例の定
めるところによること、委任の相手方を条例で設ける税務に関する事務所等の
長とすることが法定されている（地税３条の２）。

　ただ、条例には、地域的限界や課税要件明確主義の原則等による限界があ
り、例えば、地方税法の強行規定の内容に抵触する場合、条例の規定が違法、
無効であると判断される場合がある（**判例19**、東京高判2003（平15）・１・30【自
治百選Ａ１】）。

　なお、「あらたに租税を課し、又は現行の租税を変更するには、法律又は法
律の定める条件によることを必要とする。」とする憲法84条は、国会の法律に
より課税要件を定めなければならないとの租税法律主義を規定しているが、憲
法84条の租税に地方税や公課が含まれるか、法律に条例が含まれるかについ
て、学説は分かれている（宇賀自治175頁）。判例上、形式が税である国民健康
保険税に憲法84条の規定が適用されること、強制徴収される国民保険料は租税
に類似する性質を有することから、憲法84条の趣旨が及び、賦課要件が法律ま
たは条例にどの程度明確に定められるべきかは、当該公課の性質、賦課徴収の
目的、その強制の度合い等を総合考慮して判断すべきとされている（最大判
2006（平18）・３・１【行政百選Ⅰ23】）。

　また、地方税の特性（特色）として、「住民は、法律の定めるところにより、
その属する普通地方公共団体の役務の提供をひとしく受ける権利を有し、その
負担を分任する義務を負う。」（地自10条２項）や都道府県民税（市町村民税）の
均等割にみられるように住民はその地方公共団体の行政に係る経費の負担を分

神奈川県臨時特例企業税事件〈最判2013（平25）・3・21【自治百選32】〉

　神奈川県は、資本金5億円以上の法人に対して、法人事業税の課税標準の計算上、繰越控除欠損金額を損金の額に算入しない等の法定外普通税である神奈川県臨時特例企業税条例（以下「本件条例」という）を施行した。県内に工場を有するXは、本件条例が地方税法の規定に反する等として、県に納付税額の還付等を求めた。第1審判決は認容、第2審判決は請求を棄却。

　最高裁は、「本件条例の規定は、地方税法の定める欠損金の繰越控除の適用を一部遮断することをその趣旨、目的とするもので、特例企業税の課税によって各事業年度の所得の金額の計算につき欠損金の繰越控除を実質的に一部排除する効果を生ずる内容のものであり、各事業年度間の所得の金額と欠損金額の平準化を図り法人の税負担をできるだけ均等化して公平な課税を行うという趣旨、目的から欠損金の繰越控除の必要的な適用を定める同法の規定との関係において、その趣旨、目的に反し、その効果を阻害する内容のものであって、法人事業税に関する同法の強行規定と矛盾抵触するものとしてこれに違反し、違法、無効であるというべきである。」として、本件条例は地方税法の規定に反し、違法、無効であると判断した。

かち合うべきであるとの負担分任原則（負担分任性）、あるいは、法人事業税や固定資産税にみられるように課税主体である地方公共団体から受ける利益に応じて負担を配分するべきであるとの応益（性）原則（応益負担原則）（高田・村上295頁、宇賀自治183頁）が強調される場合がある。

(3) 地方税の規模・種類等（表1参照）

地方税の規模・種類　　地方公共団体全体の歳入の構成は、地方税（39.9%・約41.2兆円：令和元年度決算）、地方交付税（16.2%）、国庫支出金（15.3%）等であり、地方税が歳入において大きな割合を占める。

　地方税の種類として、その税収が一般経費の財源に充当される普通税とその税収が特定の目的（経費）に充当される目的税がある（地税4条等）。

　課税権の主体に係る区分として、都道府県の普通税として、都道府県民税、事業税、地方消費税、不動産取得税等の計10の税目（特例分を含む）、目的税として、狩猟税等の計2の税目が規定されている（同条等）。都道府県税の総額（約18兆3437億円：令和元年度決算）のうち、都道府県民税が30.9%と最も大きな割合を占め、地方消費税が26.1%、事業税が25.1%、自動車税が8.7%となっ

ている。市町村の普通税として、市町村民税、固定資産税等の計6の税目、目的税として、入湯税、事業所税（指定都市等）、都市計画税、国民健康保険税等の計7の税目が規定されている（同5条）。市町村税の総額（約22兆8678億円：令和元年度決算）のうち、市町村民税が46.9％と最も大きな割合を占め、固定資産税が40.6％、都市計画税が5.8％を占める。

　なお、地方税の税目は、「課するものとする。」（同4条2項等）との法定税と「課することができる。」（同3項等）との法定任意税に区分される。

　また、地方公共団体の課税自主権の拡大の観点等から、標準税率を上回る税率である超過課税（同1条1項5号）、各地方公共団体が独自に創設できる法定外税（法定外普通税・法定外目的税）（同259条等）、地域決定型地方税制特例措置（いわゆる「わがまち特例」）（同349の3第28項等、地税附則15条2項等）の活用が認められている。法定外普通税（法定外目的税）の新設または変更は、「国の経済政策に照らして適当でないこと」等の一定の事由に該当する場合を除き、総務大臣は同意をしなければならない（地税261条等）。例えば、法定外普通税として、核燃料税（福井県等）、別荘等所有税（静岡県熱海市）等、法定外目的税として、宿泊税（東京都、大阪府、京都市、金沢市等）、産業廃棄物税（三重県、京都府等）等が設けられている。

　なお、横浜市が可決した法定外普通税である勝馬投票券発売税（2004（平成

表1　地方税の種類（2021（令3）年4月現在）

		普通税		目的税		
		法定税	法定外税	法定税	法定任意税	法定外税
都道府県税 （地税4条等）	道府県民税 事業税 地方消費税 不動産取得税 道府県たばこ税	ゴルフ場利用税 軽油引取税 自動車税 鉱区税 固定資産税（特例分） （地税740条等）	法定外普通税	狩猟税	水利地益税	法定外目的税
市町村税 （地税5条）	市町村民税 固定資産税 軽自動車税	市町村たばこ税 鉱産税 特別土地保有税 （課税停止）（地税附則31条）	法定外普通税	入湯税 事業所税	都市計画税 水利地益税 共同施設税 宅地開発税 国民健康保険税	法定外目的税

※　各市町村は国民健康保険税か国民健康保険料のいずれかを選択。

16年）2月廃止）に係る協議の申出に対する総務大臣の不同意について、国地方紛争処理委員会は、日本中央競馬会が赤字の場合やすべての市町村が課した場合、日本中央競馬会の国の財政資金の確保という施策に重要な負の影響を及ぼすか否かの検討が必要であり、これらの点について、総務大臣と横浜市との間で協議がなされていなかったことが認められるとして、協議を再開することを勧告した（（勧告）横浜市勝馬投票券発売税不同意事件：国地方係争処理委員会2001（平13）・7・24【自治百選123】）。

(4) 地方税の徴収方法等

普通徴収等　徴収方法として、①納税通知書の納税者への交付によって地方税を徴収すること（税額を確定させる行政処分である賦課決定により徴収する方法（普通徴収、地税1条1項7号）、②納税者が納付すべき地方税の税額等を申告し、申告税額を納付すること（賦課決定によらず納税者が自ら税額を計算し、税額を納付する方法（申告納付、同8号）、③地方税の徴収について便宜を有する者を特別徴収義務者として指定し、当該特別徴収義務者に納税義務者から当該納税義務者が負担すべき税金を徴収させ、徴収すべき税金を納入させること（特別徴収、同9号）、④地方団体が発行する証紙をもって地方税を払い込ませること（証紙徴収、同13号）が規定されている。地方税法上、法定税の固定資産税は普通徴収（同364条）、法人の都道府県民税は申告納付（同53条）、給与の支払を受けた個人の市町村民税は特別徴収（同321条の3）等が、条例上、法定外税の宿泊税は特別徴収（京都市宿泊税条例7条）等が規定されている。

　また、個人の都道府県民税は、市町村により、個人の市町村民税の賦課徴収と併せて行われる（地税41条）。課税標準が消費税額（同72条の82）の地方消費税は、消費税の賦課徴収とあわせて行われ（地税附則9条の4等）、消費に関連する指標等に応じて、各都道府県に按分される（地税72条の114）。

(5) 地方税に係る不服審査等の争訟手続

固定資産評価審査委員会等　地方税法上、2つの争訟手続が規定されている。
　まず、「特別の定め」である固定資産台帳に登録された価格に係る固定資産評価審査委員会による特別の不服審査手続が規定されている。固定資産台帳に登録された価格に不服のある納税者は、固定資産の価格等

の登録の公示の日から納税通知書の交付を受けた日後 3 月を経過する日までの間において、固定資産評価審査委員会に審査の申出ができ（同432条）、同委員会の決定に不服があるとき、取消しの訴え（行訴 3 条 3 項）を提起できる（地税434条等）。

　次に、固定資産台帳に登録された価格以外の地方税に係る賦課決定等に関して、行政不服審査法の定めにより、納税者等は、処分があったことを知った日の翌日から起算して 3 月以内に、地方公共団体の長に対して審査請求を行うことができる（行審18条等）。当該処分等の取消訴訟を行ううえで、審査請求前置主義が採用されており（地税19条の12）、原則として、裁決を行ううえで、行政不服審査会への諮問、同審査会の答申を得る必要がある（行審43条等）。

　なお、違法な固定資産税の賦課決定等によって損害を被った納税者は、地方税法上の不服申立手続を経ることなく、国家賠償請求を行うことができる（最判2010（平22）・ 6 ・ 3 【行政百選Ⅱ233】）。

2　地方税の基幹税目の概要と滞納への対応

　地方公共団体の重要な財源である基幹税目の都道府県民税、市町村民税（いわゆる住民税）、固定資産税、事業税の仕組みと滞納への対応を概観する。

(1)　住民税（都道府県税及び市町村税）

　住民税の概要　都道府県民税は、市町村民税とあわせて住民税と呼ばれ、負担分任原則に沿うものである。住民税は、個人住民税、法人住民税及び利子等に課される利子割により構成される（地税23条等）。

　個人住民税の納税義務者は、都道府県・市町村内に住所を有する個人である（同24条等）。個人住民税は均等割と所得割の 2 つの部分から構成され（同292条等）、基礎的な部分とされ均等の額により課される均等割と前年の所得により課される所得割の合計が個人住民税である（同310条等）。

　法人住民税の納税義務者は、都道府県・市町村内に事務所等を有する法人である（同24条等）。法人住民税も均等割と法人税割の 2 つの部分から構成される。法人住民税の均等割の税率は、公共法人等や資本金等の額を有する法人は

資本金等の額等に応じて、一定の金額が課される（同52条等）。

(2)　固定資産税（市町村税）

固定資産税の概要

固定資産税は、資産の保有と市町村の行政サービスとの間の一般的な受益関係に着目して、当該サービスの財源を調達する機能を有しており、資産の取得や保有等に着目して課される税である。固定資産税の納税義務者は、毎年1月1日の土地や家屋等の固定資産の所有者として課税資産台帳に登記または登録されている個人あるいは法人である（地税343条等）。

　固定資産税の課税物件は土地、家屋、償却資産（固定資産）であり（同342条）、課税標準は、固定資産課税台帳に登録された価格である（同349条等）（最判2013（平25）・7・12民集67巻6号1255頁）。固定資産課税台帳に登録される固定資産の価格は、総務大臣の定める固定資産評価基準（同388条）によって、固定資産評価員の作成の評価調書に基づき、毎年3月末、市町村長が決定した価格であり（同411条等）、原則として、3年間評価替えは行われない（同349条）。決定された価格が客観的交換価値を上回る場合、当該決定は違法となる（最判2003（平15）・6・26民集57巻6号723頁）。

(3)　事業税（都道府県税）

事業税の概要

法人事業税は、法人の事業活動と都道府県の行政サービスとの幅広い受益関係に着目して法人の事業に対して課される応益性のある税である。

　納税義務者は、都道府県に事務所等を設けて事業を行う法人である（同72条の2）。課税標準は、①資本金の額等が1億円超の法人の場合、各事業年度の付加価値額である付加価値割、各事業年度の資本金等の額である資本割及び各事業年度の所得である所得割であり、法人の事業活動の規模を示すいわゆる外形標準課税と所得課税が組み合わされている（同1項1号イ）。②資本金の額等が1億円以下の法人や公共法人等の場合、所得割であり（同号ロ）、③電気供給業、ガス供給業等の法人の場合、各事業年度の収入割である（同2号）。

　なお、付加価値額は、使用人に対する報酬等の報酬給与額、支払利子の額から受取利子の額を控除した金額の純支払利子、支払賃借料から受取賃借料を控

除した金額の純支払賃借料（同72条の15等）、各事業年度の益金の額から損金の額を控除した金額である各事業年度の単年度損益（同72条の18）との合計額である（同72条の14）。これらは法人の事業活動の規模を示す外形基準の構成要素とされている。所得割とは、法人税法上の各事業年度の益金の額から損金の額を控除した金額等による（同72条の23第1項1号等）。

　法人事業税と同種の性格を有する個人事業税は、個人の行う物品販売業等の第1種事業、畜産業等の第2種事業、医業等の第3種事業（同72条の2第8項等）に対し、所得を課税標準として課される（限定列挙方式）。納税義務者は、第1種事業等の事業を行う個人である（同3項）。

(4)　滞納への対応

滞納処分の概要　地方公共団体の財源は、地方税の確実な徴収によって現実のものとなる。滞納への対応として、地方税優先の原則（同14条）に基づき、督促、財産の差押等の手続が国税徴収法に規定する滞納処分の例によって行われる（同68条等）。滞納処分等を効果的に進めるため、徴収困難な事案を複数の市町村等が設立した広域連合等（地自284条）に移管することがある。

コラム⑬　「ふるさと納税」をめぐる改正等

　返礼品を地場産品とする等の基準に適合する地方団体を寄附金税額控除の対象として総務大臣が指定する、ふるさと納税指定制度が創設された（地税37条の2）。総務大臣が泉佐野市を不指定としたことから、同市の市長は国地方係争処理委員会の審査を経たうえで、不指定の取消しを求めた。募集適正基準等を定める告示の適法性について、最高裁は、改正規定の施行前の期間における寄附金の募集及び受領を指定の基準として定める点において、地方税法37条の2第2項の委任の範囲を逸脱する違法なものとして無効というべきであるとして、不指定を違法とした　**判例9**。

VIII

地方公共団体の住民

1 住民の意義と地位・権利

1 住民の意義

　住民は、地方自治の運営主体であり、地方公共団体を構成する基本要素である。地方自治法は、地方公共団体の住民について、「市町村の区域内に住所を有する者は、当該市町村及びこれを包括する都道府県の住民とする。」と定めている（地自10条1項）。この規定によれば、市町村の区域内に住所を有するという事実があれば、住民となる。したがって、住民は、年齢、性別、人種等に関係なく、日本人か外国人か、自然人か法人かも問われない。

　住所の意義　地方公共団体の住民であるかどうかは、住所の有無によって判断されることになる。しかし、地方自治法及びそれに関係する法律は住所の意義について何ら定めていない。判例は、「法令において人の住所につき法律上の効果を規定している場合、反対の解釈をなすべき特段の事由のない限り、その住所とは各人の生活の本拠を指す」と判示し（最大判1954（昭29）・10・20民集8巻10号1907頁）、住民が自然人である場合、特段の事由のない限り、民法22条の「各人の生活の本拠をその者の住所とする。」が妥当すると解している。一方、住民が法人である場合、その住所は主たる事務所の所在地（一般法人4条）か、本店の所在地（会社4条）となる。

　住所の認定　住所が「生活の本拠」であるといっても、その意味するところは必ずしも明らかではない。住所については、地方参政権の要件の1つである住所（公選9条2項・10条1項、地自18～19条）の認定をめぐる裁判（前掲、最大判1954（昭29）・10・20、最判1960（昭35）・3・22【行政百選Ⅰ30】など）を通じて、明らかにされてきたといえる。今日、住所とは、「生活の本拠、すなわち、その者の生活に最も関係の深い一般的生活、全生活の中心を指すものであり、一定の場所がある者の住所であるか否かは、客観的に生活の

> **判例20** ホームレス住民票転居届不受理事件〈最判2008（平20）・10・3【自治百
> 選10】〉
>
> 　市が設置・管理している公園でテント生活をしている X が、公園を住所とする転
> 居届を提出したが受理されなかったために、当該不受理処分により参政権等が侵さ
> れているなどと主張して当該処分の取消しを求めた。1 審は、その者が当該場所に
> ついて占有権原を有するか否かは、客観的事実としての生活の本拠たる実体の具備
> とは本来無関係であり、占有権原がないことを理由とする転居届の不受理処分は違
> 法であるとした。2 審は、本件テントにおける X の生活の形態は、健全な社会通念
> に基礎づけられた住所としての定型性を具備してないとして、X の請求を棄却し
> た。そこで X が上告した。
>
> 　最高裁は、X が都市公園法に違反して、都市公園内に不法に設置されたキャンプ
> 用テントを起居の場所とし、公園施設である水道設備等を利用して日常生活を営ん
> でいることなど原審の適法に確定した事実関係の下においては、社会通念上、上記
> テントの所在地が客観的に生活の本拠としての実体を具備しているものとみること
> はできず、本件不受理処分は適法であるとした原審の判断は、是認することができ
> るとして、X の上告を棄却した。

本拠たる実体を具備しているか否かにより決すべきもの」（最判1997（平 9）・
8・25集民184号 1 頁）と解されている。この定式によれば、住所は、住民登録
地等の形式的基準ではなく（形式主義）、客観的な生活の本拠の実体により実質
的に認定されることになる（実質主義）。また、住所は、本人の主観的意思では
なく、定住の事実により客観的に決まることになる。その後、国民健康保険法
上の国民健康保険の被保険者の要件である住所が問題となった事案でも、この
基本的立場は維持されている（最判2004（平16）・1・15【自治百選11】）。また、
住所の認定にあたり、占有権原が問題となった **判例20** がある。

　生活形態を重視した 2 審や上告審よりも 1 審判決のほうが、論理的には明解
であると思われる。

住民の記録　　住民に関する記録を適正に管理するために、住民基本台帳法
に基づく住民基本台帳制度がある。住民基本台帳は、個人を
単位とする住民票を世帯ごとに編成したものである（住基 6 条 1 項）。これは、
市（指定都市にあっては区及び総合区）町村（特別区を含む）において、住民の居

住関係の公証となるほか、選挙人名簿への登録、国民健康保険・介護保険・国民年金の被保険者資格、児童手当の受給資格など住民に関する事務処理の基礎となるものである（同1条・7条・38条1項）。住民票には、氏名、生年月日、性別、住所、世帯主の氏名・世帯主との続柄などが記載される（同7条）。ここでいう住所は、地方自治法でいうそれと異ならない（同4条）。この記載事項からもわかるように住民基本台帳法上の住民は、自然人を意味し、法人は除かれる。

住民票への記載等　住民票への記載、その修正及び消除は、住民からの届出に基づきまたは市町村長の職権で行われる（同8条）。例えば、引越し等により住所を移す住民は、引越前の市町村に転出届を、引越先の市町村に転入届を、それぞれ提出することが義務づけられている（同22条・24条）。同一市町村内での住所変更の場合には、転居届の提出が必要となる（同23条）。一方、市町村長は、常に、住民基本台帳を整備し、住民に関する正確な記録が行われるように努めなければならず（同3条）、そのため市町村長には住民票に記載すべき事項について調査権が与えられている（同34条1〜2項）。このほか、1967（昭和42）年の住民基本台帳法の制定当初から、何人でも、住民基本台帳の一部（住所、氏名、生年月日、性別）の写しの閲覧を請求できた。しかし、個人情報保護に対する国民の意識の高まりを受けて、同法の改正により、2006（平成18）年11月から、何人でも閲覧できる制度は廃止され、公用または公益性が高いと認められる場合などにのみ前記住民基本台帳の一部の写しを閲覧できる制度となった（同11条・11条の2）。

　住民票の作成をめぐり、宗教団体アレフ（旧オウム真理教）の信者が、転入届を提出したが受理されなかったために、不受理処分の取消し等を求めた事件では、最高裁は、市町村の区域に住所を定めた事実があれば、法定の届出事項に係る事由以外の事由を理由とした転入届の不受理は許されず、地域の秩序が破壊され住民の生命や身体の安全が害される危険性が高度に認められるという理由で不受理処分をすることは、実定法上の根拠を欠き違法であるとした（最判2003（平15）・6・26【自治百選15】）。

住基ネット　住基ネットとは、住民基本台帳ネットワークシステムの略称であり、1999（平成11）年の住民基本台帳法の改正により導入された。この制度は、行政事務の効率化と住民サービスの向上を図るために、市区町村、都道府県、国の機関を専用回線で結び、全国民に住民票コード（11桁の番号）をつけ、氏名・生年月日・性別・住所・住民票コード及びその変更情報（これらを「本人確認情報」という）をオンライン化したものである。これにより、住民は全国どこの市町村でも住民票の写しが取得でき、転出入の手続も簡素化されるとともに、国や地方公共団体の行政機関は一定の事務処理のために本人確認情報を利用できるようになった。

外国人と住民登録　外国籍の住民の居住関係や身分関係は、外国人登録法に基づき管理されていた。しかし、外国人住民の利便の増進及び市町村等の行政の合理化を図るため、2009（平成21）年の住民基本台帳法等の改正（2012（平成24）年施行）で、外国人も、中長期在留者、特別永住者など一定の要件を満たす者は、新たに住民基本台帳法の適用を受ける住民に加えられ、日本国籍をもつ住民と同様に住民票が作成されることとなった（住基30条の45〜30条の51）。2013（平成25）年からは、住基ネット上の運用も開始されている。

住基ネットと救済　住基ネットの導入当初から、個人情報の流出等に対する懸念から、住基ネットに反対する声も少なくなく、これに関する訴訟も各地で提起された。例えば、東京都Yに対し、東京都杉並区が本人確認情報のYへの通知を受諾した区民の本人確認情報の通知を受信する義務があることの確認を求める訴え等を提起したところ、最高裁は、当該訴えが法規の適用の適正ないし一般公益の保護を目的とするものであって、裁判所法3条1項の「法律上の争訟」に当たらないとした（東京高判2007（平19）・11・29判例地方自治299号41頁。その1審、東京地判2006（平18）・3・24【自治百選4】参照）。また、最高裁は、住民が市に対し自己の本人確認情報が住基ネットに提供されることなどによりプライバシーの権利等が侵害されると主張して、自己の住民票コードの削除等を求めた事件では、住基ネットによる本人確認情報の管理・利用は憲法13条の保障する個人情報をみだりに第三者に開示または

公表されない自由を侵害するものではないと判示した（最判2008（平20）・3・6【自治百選20】）。

　ただ、地方公共団体から個人情報が流出した場合に、地方公共団体が国家賠償責任を負う可能性がある。住基ネット施行前の事案であるが、地方公共団体が住民基本台帳のデータを使用したシステム開発業務を委託した会社の従業員を通じてデータが流出した事件では、地方公共団体の国家賠償責任が認められている（大阪高判2001（平13）・12・25【自治百選21】）。

2　住民の権利

住民の権利の意義　住民は、住民としての地位を有することにより各種の権利をもち、義務を負うことになる。地方自治法10条2項は、住民が、一般に、法律の定めるところにより、その属する普通地方公共団体の役務の提供をひとしく受ける権利を有し、その負担を分任する義務を負う、と定めている。地方自治法の定める住民の権利についてみてみると、実際には、すべての住民に保障される権利だけでなく、国籍の有無や年齢などに

コラム⑭　外国人の地位
　外国人も、市町村の区域内に住所を有すれば住民としての法的地位・権利をもつことになる。しかし、参政権や直接請求権のように国籍要件により外国人住民に保障されない権利も少なくない。外国人である住民がどのような権利を有するかは、権利の性質により判断されることになる（権利性質説。マクリーン事件：最大判1978（昭53）・10・4【行政百選Ⅰ76】）。これまで、外国人の住民としての法的地位との関係で、東京都の保健婦の管理職選考試験の受験資格の有無（判例6）、地方参政権の有無（最判1995（平7）・2・28【自治百選14】）が争われてきた。最高裁は、前者では、資格を日本国民に限定していることに合理性があるとした。地方参政権については、それを付与することが、憲法上禁止されているとする禁止説、憲法上許容されているとする許容説、憲法上要請されているとする要請説がある。最高裁は許容説に立つが、地方参政権を付与するかどうかは立法政策の問題であるとした。最近では、2002（平成14）年の滋賀県米原町（現米原市）など住民投票条例で外国人である住民の投票権を認める地方公共団体が増えている。

より制限される権利もある。前者の例として、役務の提供をひとしく受ける権利、公の施設の利用権、住民監査請求権・住民訴訟を提起する権利（地自242条・242条の２）、請願権（憲16条、地自124条）がある。後者の例として、選挙権・被選挙権（地自11条・17〜19条）、直接請求権（同74〜88条）などがある。

　住民の法的地位との関連では、住民に行政事件訴訟を提起する法律上の利益があるか否かも問題になりうる。住民が市町村合併を争った事案では、合併そのものの適否について、住民は訴えを提起する法律上の利益を有しないとされた（最判1955（昭30）・12・2【自治百選12】）。また、住民が町名（住居表示）の変更の決定等の取消しを求めた事案でも、住民の現在の町名をみだりに変更されないという利益は法的に保障されていないとして、住民の原告適格を否定している（最判1973（昭48）・1・19【自治百選13】）。

　本節では、役務の提供をひとしく受ける権利、公の施設の利用権、選挙権・被選挙権のみを取り上げることとする。

(1)　役務の提供をひとしく受ける権利

　前記のように住民は、法律の定めるところにより、その属する普通地方公共団体の役務の提供をひとしく受ける権利を有する（地自10条2項）。「役務の提供」とは、公の施設等の設置・運営、事業の経営、各種の公的扶助、経済的支援など各種のサービスの提供をすべて包含し、普通地方公共団体の処理する事務・事業の全般を意味する（松本140頁参照）。また、この規定は、サービスの内容にもよるが、役務の提供を住民以外のものに利用させることを妨げるものではないと解されている。

(2)　公の施設の利用権

　地方自治法は、包括的な役務の提供をひとしく受ける権利とは別に、個別に公の施設の利用権を保障している（同244〜244条の4）。公の施設とは、「住民の福祉を増進する目的をもつてその利用に供するための施設」をいい（同244条1項）、地方公共団体が設置する公園、道路、運動場、公立学校、文化会館、図書館、児童福祉施設などがこれに当たる。地方公共団体の設ける施設であれば、その所有権の有無は問題にならない。他方、地方公共団体の設ける施設であっても、住民の利用に供することを目的としない試験研究機関等は公の施設

ではない。法律またはこれに基づく政令に特別の定めがあるものを除くほか、公の施設の設置・管理に関する事項は、条例で定める必要がある（同244条の2第1項）。地方公共団体は、正当な理由がない限り、住民の公の施設の利用を拒むことはできず（同244条2項）、その利用について不当な差別的取扱いも禁止されている（同3項）。

公の施設の利用権は、住民の権利であるが、施設の利用が住民以外の者に供されることも少なくない。町内に別荘を所有する者（別荘給水契約者）の水道の基本料金を住民のそれより高額に設定する条例改正等につき、町の水道施設を公の施設とみなしたうえで、別荘給水契約者の条例による基本料金の改定が、不当な差別的取扱いに当たるとした判例がある（最判2006（平18）・7・14【自治百選16】）。

指定管理者制度　2003（平成15）年の地方自治法の改正により、それまでの管理委託制度に替えて、地方公共団体が、公の施設の管理をその指定する指定管理者に委託できる指定管理者制度が導入された（同244条の2第3項）。指定管理者の指定手続、管理基準、業務の範囲その他必要な事項は条例で定める必要がある（同4項）。地方公共団体は、指定管理者の指定を期間を定め（同5項）、議会の議決を経て行う必要がある（同6項）。この指定により公の施設の使用許可権限が指定管理者に委ねられることになるため、指定行為は処分と解される（横浜地決2007（平19）・3・9判例地方自治297号58頁参照）。

公の施設の利用と救済　公の施設の利用権に関する処分（指定管理者がする処分を含む）について不服がある者は、不服申立て（同244条の4）のほか、抗告訴訟や国家賠償請求訴訟で争うことができる。公の施設については、その使用（利用）不許可処分を争うものが多い。公の施設の管理等に関する条例では、使用不許可の事由として、①施設の「管理上支障があると認められる」ときや、②「公の秩序をみだす（または公共の福祉を阻害する）おそれがある」とき、といった趣旨の規定が設けられるのが通例である。②を根拠にした使用不許可処分を適法とした判例がある（泉佐野市市民会館事件：最判1995（平7）・3・7民集49巻3号687頁）一方で、①を理由とする使用

不許可処分が違法とする判例もある（上尾市福祉会館事件：最判1996（平8）・3・15【自治百選57】）。後者について、最高裁は、公の施設の利用を拒むことができるのは、警察の警備等によってもなお混乱を防止することができないなど特別な事情がある場合に限られ、①の事態が生ずることが、客観的な事実に照らして具体的に明らかに予測されたものということはできない、と判示している。このほか、村道の排他的妨害占有者に対する村民の妨害排除請求権を認めたもの（最判1964（昭39）・1・16【行政百選Ⅰ17】）や、交通妨害行為を繰り返す者に対し市が占有の妨害予防を求めた事案で、当該道路が市の事実上の支配に属するものと認められる場合、市は道路法上の道路管理権を有するか否かにかかわらず、当該道路を構成する敷地の占有権を有するとしたもの（最判2006（平18）・2・21【自治百選56】）がある。

(3)　選挙権・被選挙権

参政権（選挙権・被選挙権）は、国政と同様に、地方自治の基礎をなす重要な権利である。日本国憲法は、地方公共団体の長、議員、法律の定めるその他の吏員の住民による直接公選制を定めている（憲93条2項）。

選挙権・被選挙権の要件　憲法15条1項は、「公務員を選定し、及びこれを罷免することは国民固有の権利である」とのみ規定し、選挙権・被選挙権の具体的な要件は公職選挙法及び地方自治法が定めている。

地方公共団体の議員及び長の選挙権を有するのは、日本国民で年齢満18年以上の者で引き続き3カ月以上市町村の区域内に住所を有するもの（住民）である（地自11条・18条、公選9条2～3項）。周知のように、2015（平27）年6月に公職選挙法等の一部を改正する法律が成立し（翌年6月施行）、年齢要件が満20年以上から18年以上に引き下げられた。一方、議員の被選挙権は、議員の選挙権を有する者で満25年以上のものが有する（地自19条1項、公選10条1項3号・5号）。また、都道府県知事の被選挙権は日本国民で年齢満30年以上のものが、市町村長のそれは日本国民で年齢満25年以上のものが、それぞれ有する（地自19条2～3項、公選10条1項4号・6号）。長について住民の要件がないのは、広く人材を登用する趣旨である。

選挙人名簿　　市町村の選挙管理委員会が管理する選挙人名簿に登録されている住民が、選挙権を行使することができる。選挙人名簿に登録されるのは、市町村に住所をもつ年齢満18歳以上の日本国民で、その住民票がつくられた日（他の市町村からの転入者は転入届をした日）から引き続き３カ月以上、当該市町村の住民基本台帳に記録されている住民である（公選21条１項）。

選挙に関する争訟　　選挙に関する争訟として、国政選挙の場合と同様に（同204条・208条）、地方公共団体の選挙についても、選挙の効力に関する争訟（選挙争訟）と当選の効力に関する争訟（当選争訟）がある。前者の例として、議員定数不均衡に関するものがあり（最判2000（平12）・４・12【自治百選72】）、後者の例として、被選挙権の要件に関するものがある（大阪高判2016（平28）・４・13判例地方自治413号18頁）。

2　住民参加の多様な形態

1　住民参加

　現行法が定める住民参加の方式について、①主として参政権を根拠とし、その行使として行われる住民の地方政治、行政への参加（例、選挙権、条例の制定改廃請求権等）、②地方公共団体の違法な公金支出について、住民の個人的利害とは無関係に、主として納税者の立場で是正を求める住民監査請求、③請願、陳情、④行政上の苦情申立て、⑤個別的な行政決定過程への参加手続（例、公聴会、意見書の提出等）に分類し、住民参加には権利保護と民主制ないし民主主義のモメントがあり、この問題に対する行政法学的アプローチは前者に傾斜した行政手続法論として把握しようとし、政治学的アプローチは後者に傾斜した住民運動論として考察しようとする一般的な傾向があったのではないかと指摘されている（小高剛「住民参加」成田頼明編『行政法の争点（新版）』（有斐閣、1999年）114－115頁）。

　現行法制度の下での広義の住民参加制度を整理すると、表1のとおりになる。大きく分けて、選挙、直接請求、争訟等、住民投票、直接参加、その他の住民参加制度に分けることができるが、ここでは、直接請求、住民投票、ワークショップ、自治基本条例について解説する。

2　直接請求

　日本国憲法は、「主権が国民に存する」（憲前文）、「主権の存する日本国民」（同1条）と規定し、国民主権を宣言する一方で、「日本国民は、正当に選挙された国会における代表者を通じて行動し、……その権力は国民の代表者がこれを行使し」（同前文）、国会を構成する「両議院は、全国民を代表する選挙され

表 1　広義の住民参加制度一覧　2021年 4 月 1 日現在

種　類	方　法	根拠法令など
選　挙	長及び議員等の選挙	憲93条、地自17条
直接請求	条例の制定または改廃の請求	地自74条～74条の 4
	事務監査の請求	地自75条
	議会の解散請求	地自76～79条・85条
	議員の解職請求	地自80条・82～85条
	長の解職請求	地自81～85条
	役員（主要公務員）の解職請求	地自86条
	教育長または委員の解職請求	地教行 8 条
争訟等	住民監査請求	地自242条
	住民訴訟	地自242条の 2 ～242条の 3
	選挙に関する争訟（選挙の効力、当選の効力）	公選202～203条・205～207条等
住民投票	一の地方公共団体のみに適用される特別法に関する住民投票	憲95条
	合併協議会設置に関する住民投票	合併特例 4 ～ 5 条等
	都構想に関する住民投票	特別区設置 7 条
	条例の規定に基づく住民投票	（高浜市住民投票条例ほか）
直接参加	町村総会	地自94条
その他の住民参加制度	公聴、陳情、請願	公聴会	地自115条の 2
			都計16条 1 項ほか
			（石狩市行政活動への市民参加の推進に関する条例ほか）
		陳情	請願に準じた取扱い等（地自109条 2 ～ 3 項）
		請願	憲16条、地自124～125条、請願法
		審議会及び委員等の市民公募	（箕面市市民参加条例ほか）
		ワークショップ	（西東京市市民参加条例ほか）
		パブリックコメント	（横須賀市市民パブリック・コメント手続条例ほか）
		提案・提言制度	（和光市市民参加条例ほか）
	苦情処理等	苦情処理制度	（逗子市市民参加条例ほか）
		（簡易監査制度）	（京都府府民簡易監査規程）
		市民オンブズマン制度	（川崎市市民オンブズマン条例ほか）
	会議等の公開	議事の公開原則	地自115条
		審議会等の公開	（町田市審議会等の会議の公開に関する条例ほか）
	地域自治区等	地域自治区・地域協議会の設置	地自202条の 4 ～202条の 9
		地域事業提案制度	（池田市地域分権の推進に関する条例ほか）
		地域協議会委員の準公選	（上越市自治基本条例・上越市地域協議会委員の選任に関する条例ほか）
	是正請求	市の行為等に関する是正請求制度	（多治見市自治基本条例・多治見市是正請求手続条例ほか）
	その他	説明会・懇談会・フォーラム・シンポジウム等	
		各種住民アンケート調査	

出典：（財）社会経済生産性本部住民参加有識者会議報告書「地方議会と住民参加」（2003年）40頁を参考にして作成

た議員で、これを組織する」（同43条1項）として、代表（間接）民主制をとることを明示している。

　さらに日本国憲法は第8章に「地方自治」という独立の章を設け、93条1項で議会の設置を定め、同条2項で長及び議員の直接選挙を規定していることから、憲法は地方政府についても代表民主制を採用したと考えられている。

　一方で、戦後の地方自治制度の大きな特徴の1つとして、法律や条例等の規定により地方公共団体における政治に対する住民参加が大幅に認められたことが挙げられる。その程度の最も著しいものが、直接請求の制度である。

　憲法92条で、「地方公共団体の組織及び運営に関する事項は、地方自治の本旨に基いて、法律でこれを定める」と規定し、地方自治の本旨は、住民自治と団体自治の2つの要素からなり、住民自治とは、地方自治が住民の意思に基づいて行われるという民主主義的要素であり、憲法は直接民主制的制度を否定しているとは考えられないとするのが一般的な見解である。一方、団体自治とは、地方自治が国から独立した団体に委ねられ、団体自らの意思と責任の下でなされるという自由主義的・地方分権的要素であるといわれている。

　戦後、地方自治法は、日本国憲法と同じく、1947（昭和22）年5月3日に施行され、第2章において「住民」に関する規定を設け、住民としての地位に基づく直接請求を規定している。より具体的には、条例の制定または改廃の請求（地自74条、以下「条例の制定改廃請求」という）、事務監査の請求（同75条）、議会の解散請求（同76条）、議員や長などの解職請求（同86条）といった国政レベルでは認められていない4種類の直接請求の制度が設けられた。

　この制度の利用は、地方自治法施行後10年間に、総計で1057件（うち条例の制定改廃請求が93件）、その後の10年間では、652件（同325件）、572件（同348件）と全体的には減少傾向があるものの、条例の制定改廃請求だけは増加しており、近年においてもその傾向が続いている（高寄昇三『住民投票と市民参加』（勁草書房、1980年）25頁）。

　2016（平成28）年4月1日から2018（平成30）年3月31日までの総務省の調査（地方自治月報59号）でも、条例の制定改廃請求は、38件（4件は証明書の交付のみ）あり、そのうち32件が否決、2件が可決（2件とも修正可決）されている。

表2　地方自治上の直接請求一覧

種類		地自法上の根拠	必要な署名数	請求先	請求後の手続等
条例の制定改廃請求		74条	有権者の50分の1以上	長	20日以内に議会を招集し、その結果を公表
事務の監査請求		75条		監査委員	監査を行い、その結果を公表
議会の解散請求		76条	有権者の3分の1以上 ※参照	選挙管理委員会	住民投票で過半数の賛成があれば議会を解散
解職請求	議員	80条			住民投票で過半数の賛成があれば失職
	長	81条			
	主要公務員	86条		長	定数の3分の2以上の出席で、4分の3以上が同意すれば失職

※　その総数が40万を超え80万以下の場合にあつてはその40万を超える数に6分の1を乗じて得た数と40万に3分の1を乗じて得た数とを合算して得た数、その総数が80万を超える場合にあつてはその80万を超える数に8分の1を乗じて得た数と40万に6分の1を乗じて得た数と40万に3分の1を乗じて得た数とを合算して得た数。

その内容は、住民投票に関するものが23件（修正可決が1件、否決が22件）と1番多く、議員等の定数に関するものが5件であった。

　そのほかは、静岡県河津町で、町民への説明責任を果たさないまま、多額の財政負担を伴う複合施設の建設を進めようとしたとして、町長のリコール（解職請求）が成立し、住民投票の結果、解職賛成が反対を上回り、町長が失職した事例が1件あった。

条例の制定改廃請求　「日本国民たる普通地方公共団体の住民は、この法律の定めるところにより、その属する普通地方公共団体の条例（地方税の賦課徴収並びに分担金、使用料及び手数料の徴収に関するものを除く。）の制定又は改廃を請求する権利を有する」（地自12条1項）とされ、長や議員以外にも住民に条例の制定又は改廃に関する議案提出権を認めている。

　地方自治法制定の当初、この請求についてはなんらの制限もなかったが、1948（昭和23）年の改正により、括弧書の制限が設けられた。その理由は、地方自治法制定直後から1948年改正の施行日直前（1948（昭和23）年7月31日）ま

での間、電気ガス税を中心とした地方税の減税を求める税条例の改廃請求が多数行われ、そのほとんどが否決されたこと等の事情を踏まえて行われたものである（松本264頁）。

その後、地方税をはじめとする地方公共団体の収入に関する事項について住民の意思が適確に反映されることは、住民自治の観点から極めて重要であるとし、第30次地方制度調査会において見直しの検討が行われたものの、制度化の時期については、今後の経済状況の推移や改革の実施状況等を十分見極めて検討する必要があるとして見送られた。

一方で、地方公共団体が国に先行する形で、逗子市市民参加条例、伊達市市民参加条例、北広島市市民参加条例のように、市民参加の対象事項に、使用料等の徴収など金銭徴収に関する事項を含める地方公共団体もあらわれてきている。

なお、条例の制定改廃請求の手続の流れ（地自令91〜99条まで）については、以下のとおりである。

① **請求代表者証明書の交付申請**（同91条１項）　　請求代表者は、請求の要旨など必要な事項を記載した請求書を添え、長に対し、文書で請求代表者証明書の交付を申請する。

② **請求代表者の資格確認及び請求代表者証明書の交付**（同２項）　　交付申請があったときは、長は直ちに選挙管理委員会に対し、請求代表者が選挙人名簿に登録されている者かを確認し、登録されている場合は、請求代表者に証明書を交付し、その旨を告示する。

なお、それまですべての公務員は請求代表者となり得なかったが、最大判2009（平21）・11・18【行政百選Ⅰ49】を受けて、2011（平成23）年に地方自治法が改正され、当該地方公共団体の選挙管理委員会の委員または職員である者以外は、代表者になることができるようになった（地自74条６項）。

③ **署名の収集**（地自令92条）　　請求代表者は、請求署名簿に①の請求書と②の請求代表者証明書（両方とも写しで可）を添付して、議会の議員及び長の選挙権を有する者に対し、署名を求めることになる。署名の収集期間は、都道府県及び指定都市にあっては２カ月以内、市町村にあっては１カ月以内となってい

る。

　請求代表者は、自ら署名を収集するほか、選挙権を有する者に対して委任して署名の収集をさせることもできる。この場合には、受任者の氏名等を長及び選挙管理委員会に届け出なければならない。

④　**署名簿の提出**（同94条）　　請求代表者は、署名簿を選挙管理委員会に提出して、選挙人名簿に登録されている者であることの証明を求める。署名簿の提出は、署名収集期間の満了の日の翌日から、都道府県及び指定都市にあっては10日以内、市町村にあっては5日以内となっている。

⑤　**署名簿の審査及び署名の証明**（地自74条の2第1項）　　選挙管理委員会は、署名簿を受理したときは、その日から20日以内（起算は翌日）に署名簿について審査し、署名の有効・無効を決定し、その旨を証明する。また、署名した者の総数及び有効署名総数を告示する（同6項）。

⑥　**署名簿の縦覧**　　選挙管理委員会は、署名簿の証明が終了した翌日から7日間、指定した場所において、署名簿を関係人の縦覧に供する（同2項）。署名に関し異議がある人は、縦覧期間中に異議の申出をすることができる（同4項）。

　選挙管理委員会は、異議の申出を受けたときは、その日から14日以内（起算は翌日）にこれを決定し、⑤の証明の修正、通知などの措置をする（同5項）。

⑦　**署名簿の返付**　　選挙管理委員会は、異議の申出がまったくないときまたはすべての異議を決定したときは、有効署名数を告示し、署名簿を請求代表者に返付する（同6項）。

⑧　**本請求及び受理**（同74条1項・3項、地自令96〜98条）　　本請求は、署名簿の返付を受けた日またはその効力が確定した日から、都道府県及び指定都市にあっては10日以内、市町村に関する請求にあっては、5日以内（起算は翌日）に、条例制定改廃請求書に50分の1以上の有効署名があることを証明する書面及び署名簿を添えて、長に対して条例制定改廃請求をする。

　長は、署名簿の署名数が法定署名数以上か、請求が期間内に提出されたかを審査し、受理するか否かを決定し、受理したときは、その旨を請求代表者に通知し、告示する（地自令97〜98条）。

⑨　**本請求受理後の措置**（地自3項）　　長は、請求を受理した日から20日以内

（起算は翌日）に議会を収集し、意見を付して議会に付議する。

⑩ **議会における審議**（同4項）　議会は、審議を行うにあたっては、代表者に意見を述べる機会を与えなければならない。

事務監査の請求　住民は、普通地方公共団体の監査委員に対し、当該普通地方公共団体の事務の執行に関し、監査の請求をすることができる（同75条1項）。その請求の手続等は、基本的に条例の制定改廃請求と同じである。異なる点は、請求の相手方が長ではなく、監査委員であることである。また、「当該普通地方公共団体の事務」とは、自治事務だけではなく法定受託事務、議会に関する事務も含み、地方公共団体の事務全般に及ぶ。

事務監査の請求があったときは、監査委員は、直ちに請求の要旨を公表し（同2項）、請求に係る事項につき監査し、監査の結果に関する報告を決定し、これを同項の代表者に送付し、かつ、公表するとともに、これを関係機関等に提出しなければならない（同3項）。なお、監査の結果に関する報告の決定は、監査委員の合議による（同4項）。

また、住民監査請求（同242条）は、1人でも請求できるが、その請求の対象が財務会計上の行為に限られ、請求の期限が原則1年である点で、事務監査の請求と区別される。

議会の解散請求　選挙権を有する者は、政令の定めるところにより、その総数の3分の1（その総数が40万を超え80万以下の場合にあってはその40万を超える数に6分の1を乗じて得た数と40万に3分の1を乗じて得た数とを合算して得た数、その総数が80万を超える場合にあってはその80万を超える数に8分の1を乗じて得た数と40万に6分の1を乗じて得た数と40万に3分の1を乗じて得た数とを合算して得た数）以上の者の連署をもって、その代表者から、普通地方公共団体の選挙管理委員会に対し、当該普通地方公共団体の議会の解散の請求をすることができる（同76条1項）。

議会の解散請求の手続も、条例制定改廃請求と同様であり、その違いは、請求に必要な署名数の要件と、請求先が選挙管理委員会であることである。

選挙管理委員会は、請求があったときは、直ちに請求の要旨を公表（同2項）し、これを選挙人の投票に付さなければならない（同3項）。解散の投票に

おいて過半数の同意があったときは、解散するものとし（同78条）、解散の投票のあった日から１年間は、これをすることができない（同79条）。

議員・長・主要公務員の解職請求　議員の場合は議会の解散請求手続とほぼ同様（同80条）であり、長の場合はまったく同様（同81条）で、主要公務員の解職請求は、条例の制定改廃請求と同様である。ここでいう主要公務員とは、副知事または副市町村長、指定都市の総合区長、選挙管理委員、監査委員、公安委員会委員のことである（同86条１項）。教育長または教育委員会委員の解職請求については、地方教育行政の組織及び運営に関する法律８条に同様の規定が設けられている。

3　ワークショップ

　西東京市市民参加条例21条には、「実施機関は、課題、問題点等の抽出と選択を通して、複数の市民との一定の合意形成を図る必要がある場合は、市民と市及び市民同士の自由な議論により市民意見の方向性を見出すことを目的とする集まり（以下「市民ワークショップ」という。）を開催する」、京都市市民参加推進条例９条１項には、ワークショップとは、「市及び市民による自由な議論により、政策、施策又は事業の方針、内容等に関する意見を集約するための会合」と規定しているように、参加者が集まって、創造的な作業をとおして、相互の合意形成を重ね、具体的な成果物を形作る集まり・活動ということができる。

　行政側が作成した素案を提示して、住民から意見を聴取するという方法ではなく、素案を作成する段階から住民に参加してもらい、案そのものを住民と行政とが共同して作成するという作業には、このワークショップ手法が有効であるといわれている。最近では、自治基本条例策定の取組み等いろいろな分野で、このワークショップが取り入れられているが、あらゆる場面に適用できるわけではない。時間と労力がかかるうえ、構成員の選び方や運営の仕方をあやまると合意形成に失敗することがあり、反対者が少なく目的が明確な場合は機能しやすいが、個々の利害関係が交錯する場面ではうまく機能しない場合が多

いといわれている。

　また、ワークショップで取りまとめられた結論が必ずしも住民を代表するものではなく、どうしても参加者の属性に偏りが生じやすいといわれている。

4　住民投票

(1)　現行法制度下での住民投票

　わが国では、現行法令上、住民投票に付することが制度として定められているものとしては、一の地方公共団体のみに適用される特別法制定の住民投票（憲95条）と、議会の解散請求（地自76条）、議員の解職請求（同80条）、長の解職請求（同81条）、市町村の合併の特例に関する法律（以下「合併特例法」という）４条10項及び11項の規定による合併協議会設置に関する住民発議・住民投票制度、大都市地域における特別区の設置に関する法律７条の規定による住民投票がある。

　しかしながら、基本的には日本の地方自治制度において住民投票制度はなく、住民投票を行うには、各地方公共団体が住民投票条例を制定し、これに基づき実施するしか方法がないのが現状である。もっとも、過去には、①地方自治法上は、条例で特に定める重要な財産・営造物の独占的な利益付与や独占的な使用許可についての住民投票制度（1948（昭和23）年から1964（昭和39）年、旧地自213条）や戦時中の強制合併市町村の分離の住民投票制度（1948（昭和23）年から２年間）、②個別法では、自治体警察の廃止（1951（昭和26）年から1954（昭和29）年、旧警40条の３）、市町村の境界変更（1956（昭和31）年新設、旧市町村建設促進27条）についての住民投票制度、等があった（辻山幸宣「住民投票の制度的概観」森田朗・村上順編『住民投票が拓く自治』（公人社、2003年）189頁）。

　アメリカの住民投票制度として、イニシアティブ（initiative）、レファレンダム（referendum）、リコール（recall）があるが、イニシアティブ、レファレンダムは、日本の一般的な制度としての直接請求による条例の制定改廃請求が提案にとどまるのに対し、有権者による「直接立法」を意味するものである。

　イニシアティブとは、条例などの制定を一定の法定数の有権者によって請願

> **コラム⑮　地方制度調査会と住民投票制度法制化の検討**
>
> 　古くは、第16次地方制度調査会の「住民の自治意識の向上に資するための方策に関する答申」（1976（昭和51）年6月）の中で、住民の自治意識の向上のためにとるべき方策の1つとして、住民投票制度の拡張を取り上げ、①地方公共団体の廃置分合、②特定の重大な施策、③事業を実施するために必要となる経費に係る住民の特別の負担、④議会と長との意見が対立している特に重要な案件、等を例示している。その後、第26次地方制度調査会の「地方分権時代の住民自治制度のあり方及び地方税財源の充実確保に関する答申」（2000（平成12）年10月25日）では、市町村合併についてのみ住民投票制度の導入が提言され、2002（平成14）年3月31日から「合併協議会」設置に関する住民投票制度が施行されている。
>
> 　直近では、第30次地方制度調査会で、大規模な公の施設の設置等に係る拘束的住民投票制度について検討が行われたが、「地方自治法改正案に関する意見」（2011（平成23）年12月15日）で、拘束的住民投票制度の導入は、住民投票を実施する場合の対象のあり方や要件等についてさらに詰めるべき論点があることから、引き続き検討すべきであるとして、見送りとなった。
>
> 　2010（平成22）年10月総務省自治行政局住民制度課調べでは、1982（昭和57）年7月の高知県窪川町での住民投票以降の投票実施数は、467件にも上り、このうち445件が市町村合併に係るものであった（解散・解職の投票を除く）。合併以外の住民投票の例としては、産業廃棄物処分場設置についての住民投票や可動堰建設計画の賛否を問う住民投票などがある。1991（平成3）年から1993（平成5）年まで、市町村合併に関する住民投票が数多く実施されて以降、その後は急速に減少するものの、現在でも文化施設の建設の是非、庁舎の移転（補修）等の是非を問う住民投票が実施され、間接民主制を補完し、民意を問う制度として、一定程度定着してきている。

し、それが受理されて、一般選挙または特別選挙に際して投票が行われ、否決されたり、可決されたりすることで、議会が拒んでいる条例案等を有権者が直接立法できるところにその意義がある。

　これに対して、レファレンダムは、議会等によって制定された条例等を発効前に、一定数以上の有権者の投票をもって承認または、阻止することを目的としている（牧田義輝「アメリカの住民投票制度」森田朗・村上順編『住民投票が拓く自治』（公人社、2003年）91頁）。

　日本においても、これまで幾度となく地方制度調査会等で住民投票制度につ

> 判例21　名護ヘリポート住民投票条例事件〈那覇地判2000（平12）・5・9【自治百選25】〉
> 　「本件条例は、住民投票の結果の扱いに関して……『市長は、ヘリポート基地の建設予定地内外の市有地の売却、使用、賃貸その他ヘリポート基地の建設に関係する事務の執行にあたり、地方自治の本旨に基づき市民投票における有効投票の賛否いずれか過半数の意思を尊重するものとする。』と規定するに止まり、……市長が、ヘリポート基地の建設に関係する事務の執行に当たり、右有効投票の賛否いずれか過半数の意思に反する判断をした場合の措置については何ら規定していない。そして、仮に住民投票の結果に法的拘束力を肯定すると、間接民主制によって市政を執行しようとする現行法の制度原理と整合しない結果を招来することにもなりかねないのであるから、右の尊重義務規定に依拠して、市長に市民投票の賛否いずれか過半数の意思に従うべき法的義務があるとまで解することはできず、右規定は、市長に対し、ヘリポート基地建設に関係する事務の執行に当たり、本件住民投票の結果を参考とするよう要請しているにすぎない」とし、住民投票条例の法的拘束力を否定した。

いて種々の検討が行われたものの（コラム⑮参照）、制度の導入までには至らない中、地方公共団体が先行する形で、条例に基づく住民投票が数多く実施されてきた。条例に基づく住民投票をめぐっては、あくまでも諮問型であり、その結果については、法的拘束力がなく、尊重義務しかないとされている（判例21参照）。

(2)　合併特例法の規定に基づく住民投票

　合併特例法4条1項の規定により、選挙権を有する者は、政令で定めるところにより、その総数の50分の1以上の者の連署をもって、その代表者から、市町村の長に対し、当該市町村が行うべき市町村の合併の相手方となる市町村の名称を示し、合併協議会を置くよう請求することができる。

　この直接請求に対して議会が否決した場合、長による投票に付する旨の請求があった場合、住民投票が行われる。また長が投票に付さない場合でも、有権者の6分の1の規定によって住民投票を請求することができる。

　ただ、この請求は、あくまで合併協議会設置の請求であって、合併そのものについては関係市町村の議会の議決が必要である。

⑶　大都市地域における特別区の設置に関する法律に基づく住民投票

　大都市の区域内において特別区を設置する場合、特別区が設置される道府県の議会及び特別区が設置されることとなる市町村（以下「関係市町村」という）の議会の承認を経たうえで、関係市町村で選挙人の投票を実施しそれぞれの市町村で有効投票の過半数の賛成を要することとされている。この法律に基づいて、2015（平成27）年5月17日、2020（令和2）年11月1日と2回にわたって、大阪市において住民投票が実施されたがともに否決されている。

⑷　自治基本条例

　自治基本条例は、一言でいうと「自治体の憲法である」といわれている。自治基本条例の嚆矢といわれているニセコ町まちづくり基本条例（以下「ニセコ町条例」という）は、その前文で「まちづくりは、町民一人ひとりが自ら考え、行動することによる『自治』が基本です。わたしたち町民は『情報共有』の実践により、この自治が実現できることを学びました」とあり、同条例55条で、「他の条例、規則その他の規程によりまちづくりの制度を設け、又は実施しようとする場合においては、この条例に定める事項を最大限に尊重しなければならない」と規定し、また、同条例56条で、「町は、この条例に定める内容に即して、教育、環境、福祉、産業等分野別の基本条例の制定に努めるとともに、他の条例、規則その他の規程の体系化を図るものとする」と規定して、同条例が同町の法体系において最高規範に位置するものである、としている。

　ニセコ町条例の制定以降、自治基本条例が、全国的に一種のブームを引き起こしている。NPO法人公共政策研究所調べでは、2021（令和3）年4月1日現在で、397の地方公共団体で制定されている。これほど多くの地方公共団体で自治基本条例が制定されているのはなぜなのか。その大きな理由の1つに地方分権改革を挙げることができる。いままでの中央集権的な機構の中で、機関委任事務をはじめとして、3割自治といわれる中で、地方公共団体が独自に行える政策は、法律的にも財政的にも極めて限られていたのである。2000（平成12）年4月1日に地方分権の推進を図るための関係法律の整備等に関する法律（地方分権一括法）が施行され、住民に身近な行政は、できる限り住民に近い基礎的な地方公共団体に委ねることを基本として、国と地方の役割分担を見直

し、自己決定・自己責任の下、一種の独立した地方政府の誕生が可能となったのである。こうした状況の中で、地方政府においても、国政レベルの憲法と同様の機能を持つ「自治体の憲法」が必要となったのである。

　住民の立場から具体的に自治基本条例制定の意義を述べると、①行政分野における政策の理念や基本方針を示すもので、普遍的かつ長期的な意義をもつ政策の基本事項について、住民の総意として意思決定される（住民の意思の表明）、②単なる宣言ではなく、政策の理念や基本方針を定めるものなので、その行政分野に係る個々の条例や計画等の策定指針や解釈指針としての意義を有する。住民の総意・意思として制定されることから、毎年作られる施策概要の基本方針等とは異なる（個別条例や政策の策定指針、解釈指針としての役割）（木佐・逢坂166頁）。このように自治基本条例は、それぞれの地方公共団体が実現しようとする理念、住民が地方公共団体に対して行使できる権利や担うべき義務、分権時代の自治行政のあり方を構築する役割が期待されており、条例という法形式を採用することで、たとえ長が変わっても、議会の審議を経て廃止されたり、改正されたりするまでは、その趣旨は生き続けることになる。

IX

住民監査請求と住民訴訟

1 　住民監査請求

　住民監査請求と住民訴訟は、地方公共団体の住民が、地方公共団体の長・委員会・委員・職員によって財産的損害を被るのを予防・是正し、地方公共団体の適正な財務運営を確保するための制度である。

　1948年の地方自治法改正によって創設された当初は、住民監査請求と住民訴訟（当時は納税者訴訟）が１つの条文の中に規定されていたのであるが（1963年の法改正前の旧地自243条の２）、現在では住民監査請求については同242条、住民訴訟とその提起については同242条の２、そして同242条の３において規定されている。

1　住民監査請求の意義

　住民監査請求とは、住民が監査委員に対して、地方公共団体の違法もしくは不当な財務会計上の行為または怠る事実について、その防止・是正や損害の回復などを求めて行う監査請求である。地方公共団体は監査請求されることにより、自ら内部的に違法または不当な財務会計上の行為を統制することになる。

　直接請求の１つである事務監査請求（地自12条・75条）は、当該地方公共団体の事務全般についての監査請求であるが、住民監査請求は、事務全般ではなく、違法もしくは不当な財務会計上の行為または怠る事実に限定しての監査請求である。前者は監査結果の公表で終わり、後者は、監査結果に不服がある場合は、住民訴訟を提起することができる（同242条の２）。さらに、事務監査請求は、選挙権を有する者の総数の50分の１以上の者の連署を要するのに対し、住民監査請求は選挙権の有無と関係なく、住民であれば１人でも請求できるという点でも事務監査請求とは異なっている。

　地方自治法242条は、普通地方公共団体を適用対象としている。特別地方公共団体については、同条が準用される旨の規定があるものと、規定がなく監査

請求が可能かどうかについて見解が分かれるものとがある。この点に関しては
住民訴訟のところで扱う。

2　住民監査請求の要件

請求の対象　　　監査対象となるのは、当該地方公共団体の長・委員会・委
員・職員の、違法もしくは不当な財務会計上の行為または怠
る事実である（同242条１項）。住民訴訟が財務会計上の行為または怠る事実が
違法な場合のみを対象とするのに対し、住民監査請求は、不当な場合をも対象
とする。

　違法とは法令の規定に違背することをいい、不当とは、違法ではないが行政
上実質的に妥当性を欠くことまたは適当でないことをいう（松本1045頁）。

　具体的な監査対象は、①公金の支出、②財産の取得、管理もしくは処分、③
契約の締結もしくは履行、④債務その他の義務の負担、⑤公金の賦課もしくは
徴収を怠る事実、⑥財産の管理を怠る事実、である。①〜④については、その
行為がなされることが相当の確実さをもって予測される場合が含まれる。

①　公金の支出　　　公金の支出は、支出負担行為、支出命令、そして公金の支
払いといった一連の行為からなる。これらは「公金支出のために行われる一連
の行為であるが、互いに独立した財務会計上の行為」である（最判2002（平
14）・７・６【自治百選89】）。

②　財産の取得、管理もしくは処分　　　ここでいう「財産」とは、地方自治法
237条第１項に規定する財産であり、「公有財産、物品、債権及び基金」に限定
される。したがって、監査請求対象となる「財産」の範囲はこの同法237条１
項が規定する財産の範囲に限定される（東京地判1986（昭61）・３・４行集37巻３
号257頁、東京高判1987（昭62）・４・９行集38巻４・５号360頁など）。

③　契約の締結もしくは履行　　　契約については地方自治法234条以下をはじ
め、法令等による様々な制約があり、それとの関係で違法または不当が議論と
なる。

④　債務その他の義務の負担　　　債務その他の義務の負担とは、地方公共団体

に財産上の義務を生じさせる行為をいう。例としては、条例と違った退職手当の決定や議会の議決のない負担付寄付の受領などがある（松本1046頁、高田・村上121頁）。

⑤ 公金の賦課もしくは徴収を怠る事実　　この場合の怠る事実とは、徴収金の賦課または徴収に関する作為義務があるにもかかわらず、不作為を継続していることをいう。

⑥ 財産の管理を怠る事実　　この場合の怠る事実とは、財産の管理につき作為義務があるにもかかわらず、不作為を継続している状態をいう。

　これら①〜⑥の財務会計上の行為または不作為によって損害が発生している、あるいは損害が発生するおそれがあるときに請求ができる。

　　財務会計上の
行為の主体　　財務会計上の行為または怠る事実の主体は、当該地方公共団体の長・委員会・委員・職員である。議会の行為（議決等）は請求対象ではない。条例制定や予算その他の議決等の議会の行為が違法または不当であったとしても、それだけでは住民監査請求はできず、執行機関が具体的にそれを実施する段階に至って初めて請求が可能となる。「地方公共団体の職員」とは、地方公共団体の議会の議員を除いて、すべての一般職の職員と特別職の職員を包含すると一般的には解されている（松本1045頁）。もっとも、議員に対する公金の支出（出張費、政務活動費等）は財務会計上の行為である。

　　請求権者　　住民監査請求の請求権者は、地方公共団体の「住民」である。行為能力者であれば、日本国籍は必要ではないし、自然人であるか法人であるかも問われない。「住民」であれば、「住民全体の利益のために、いわば公益の代表者として」（最判1978（昭53）・3・30【自治百選95】）、地方公共団体の財務会計行為の適正を期すべく、1人でも請求することができる。

　住民監査請求の審査中に請求人が転居等により住民ではなくなった場合や死亡した場合には、監査請求は却下されることとなる（最判1980（昭55）・2・22判時962号50頁）。同じ住民が先に自らが監査請求をしたのと同一の財務会計上の行為につき、再度監査請求をすることは許されない（訴訟の終了につき、最判

1987（昭62）・2・20【行政百選Ⅰ130】、【自治百選94】）。しかし、適法な住民監査請求を却下された住民は、同一の財務会計上の行為を対象として再度住民監査請求をすることができる（最判1998（平10）・12・18【自治百選97】）。

監査請求期間　住民監査請求は、当該行為のあった日または終わった日から1年を経過したときはできないが、正当な理由があるときには例外的に請求が認められる（同2項）。この期間は、請求人の知不知に関わらない客観的請求期間である。

　このような期間制限が設けられているのは、「地方公共団体の機関、職員の行為である以上、いつまでも争いうる状態にしておくことは法的安定性の見地から見て好ましいことではないので、なるべく早く確定させようという理由によるものである」（松本1047頁）。

　当該行為とは、請求対象となる行為（①～④）である。一時的な行為については、「当該行為のあった日」から起算し、当該行為の効力が相当の期間継続性を有するものである場合は「終わった日」、すなわち、当該行為又はその効力が終了した日から起算する（松本1048頁）。

　住民監査請求の対象となる財務会計上の行為には、行為（①～④）のみではなく怠る事実（⑤、⑥）も含まれている。行為すなわち作為に関しては、期間制限の適用があるが、怠る事実すなわち不作為に関しては期間制限の適用はない。

　怠る事実については、違法な財務会計上の行為に基づかずに発生した実体法上の請求権の不行使（真正怠る事実）と、財務会計上の行為が違法または無効であることに基づき発生した実体法上の請求権の不行使（不真正怠る事実）とがある。前者については監査請求の期間制限規定は適用されず（**判例22**）、後者については期間制限規定が適用される。監査請求の対象となる「行為」について、これを違法な財務会計上の「行為」を放置しているという不作為、すなわち「怠る事実」であると捉え直すと、これも期間制限の適用を受けないことになるのでは、行為についての監査請求に期間制限を設けた法の趣旨が没却されてしまうためである（前掲、最判1987（昭62）・2・20）。

> **判例22** 怠る事実監査請求事件〈最判2002（平14）・7・2【自治百選90】〉
>
> 　Yが県の指名競争入札により受注した水道施設工事の請負契約が、談合によるものであったことから、県住民Xらが、談合がなければ形成されたであろう価格と落札価格との差額相当額の損害を県が被っており、にもかかわらずこの請求権行使を県が怠っているとして監査請求した。
>
> 　最高裁は、「当該行為が財務会計法規に反して違法であるか否かの判断をしなければならない関係にない場合には、……当該怠る事実を対象とされた監査請求は本件規定の趣旨を没却するものとはいえず」、本件の監査請求には期間制限の規定の適用がないと解するのが相当であると判示した。

正当な理由　　住民監査請求の期間制限につき、「正当な理由があるときはこの限りではない」との例外が規定されている（同但書）。「正当な理由があるとき」とは、当該行為が「きわめて秘密裏に行われ、1年を経過した後はじめて明るみに出たような場合」や「天災地変等による交通手段との絶」による請求期間徒過のような、期間を経過しても特に請求を認めるだけの相当な理由がある場合をいう（松本1048頁）。

　「正当な理由」の有無は、特段の事情がない限り、住民が「相当の注意力をもって調査したときに客観的にみて当該行為を知ることができたかどうか」、また、住民が「当該行為を知ることができたと解されるときから相当な期間内に監査請求をしたかどうか」により判断される（最判1988（昭63）・4・22判時1280号63頁、最判2002（平14）・9・12【自治百選92】）。当該財務会計上の行為に係る公文書の情報公開請求による開示後に住民監査請求がなされた場合、「相当な期間の起算点につき、請求者が違法または不当な点があると考えて監査請求をするに足りる程度にその存在及び内容を知ることができた」時点を相当な期間の起算点とする（最判2008（平20）・3・17【自治百選93】）。

3　監査請求手続

　住民監査請求は、請求の対象となる財務会計上の行為または怠る事実（単に以下「財務会計行為」とする）について、「これらを証する書面」を添えて「監査

委員」に対して請求する。

住民監査請求の請求先と方法　請求の対象となる財務会計上の行為または怠る事実について、「これらを証する書面」を添えて「監査委員」に対して請求する（同242条1項）。この書面については、特段の形式を要せず、該当すべき事実を具体的に指摘すれば足りる（行実昭23.10.12）。なお、請求書の内容を地方自治法施行令172条と同施行規則13条が定めており、誰に関する請求かを記した請求の要旨と請求者の住所、氏名が記載されていなければならない。実際上、請求が適法か否かを審査するために、対象となる財務会計上の事実、違法または不当の理由、地方公共団体に生じている損害、請求する措置の内容、財務会計行為から1年以上経過している正当な理由（経過していない場合は不要）が記載されることが実務上は求められる。

住民監査請求の請求内容　請求人は、「当該行為を防止し、若しくは是正し、若しくは当該怠る事実を改め、又は当該行為若しくは怠る事実によつて当該普通地方公共団体の被つた損害を補塡するために必要な措置を講ずべきことを」求めることができる（同項）。

請求対象の特定　住民監査請求を行う際に、請求対象の財務会計行為がどの程度特定されている必要があるかという問題がある。

　請求対象の特定につき、大阪府水道部会議接待事件（最判1990（平2）・6・5民集44巻4号719頁）で最高裁は、請求対象となる行為等を「他の事項から区別して特定認識できるように個別的、具体的に摘示することを要し、また、当該行為等が複数である場合には、当該行為等の性質、目的等に照らしこれらを一体とみてその違法又は不当性を判断するのを相当とする場合を除き、各行為等を他の行為等と区別して特定認識できるように個別的、具体的に摘示することを要する」とした。それに対しては、当該行為等の違法または不当を知る端緒となったものを示せばたりうるとする園部逸夫裁判官の反対意見がある。学説の多くは、こうした考え方（端緒説、監査の端緒説などと呼ばれる）を支持している（宇賀自治373頁）。織田が浜訴訟（最判1993（平5）・9・7【自治百選A23】）で最高裁は、「特定の工事の完成に向けて行われる一連の財務会計上の行為」につき、「複数の行為を包括的にとらえて差止請求の対象とする場合、その一

263

つ一つの行為を他の行為と区別して特定し認識することができるように個別、具体的に摘示することまでが常に必要とされるものではない」と判示している。

　その後も最高裁は、従来の個別的・具体的摘示を要するとしつつも、その特定の程度として、「監査請求書及びこれに添付された事実を証する書面の各記載、監査請求人が提出したその他の資料等を総合して、住民監査請求の対象が特定の当該行為等であることを監査委員が認識することができる程度に摘示されているのであれば、これをもって足り、上記の程度を超えてまで当該行為を個別的、具体的に摘示することを要するものではない」と判示している（最判2004（平16）・11・25民集58巻8号2297頁、最判2006（平18）・4・25【自治百選88】）。対象となる行為が複数である場合についても、「当該行為の性質、目的等に照らしこれらを一体とみてその違法性又は不当性を判断するのを相当とする場合には、対象となる当該行為を逐一摘示して特定することまでが常に要求されるものではない」とした（【自治百選88】）。

4　監査実施手続

　住民監査請求がなされたとき、監査委員は、まず当該住民監査請求が、適法要件を充足しているかどうかを審査する。その結果、監査を実施するとしたときには、監査を行い、請求対象の財務会計上の行為が違法または不当であるかどうかを審査する。監査の結果については請求に理由がなく棄却する場合（この場合は理由を付してその旨を書面により請求人に通知するとともに公表する）と、請求に理由があるとして勧告等を執行機関に行い、その内容を請求人に通知し、公表する場合とがある（同5項）。

　監査期間は、請求があった日から60日以内である（同6項）。この期間を過ぎても監査が終了しない場合、請求人は結果を待たずに住民訴訟を提起することができる（同242条の2第1項）。

請求要旨の通知　2017年の地方自治法改正により、住民監査請求があったときは、監査委員は直ちに当該請求の要旨を当該普通地方公共団体の議会及び長に通知しなければならないこととなった（同3項）。

| 請求人に対する証拠提出と陳述の機会の付与 |

監査委員は、監査を行うにあたっては、請求人に証拠の提出及び陳述の機会を与えなければならない（同7項）。

| 関係職員の陳述の聴取と請求人の立会 |

請求人からの陳述の聴取を行う場合または関係のある当該普通地方公共団体の長その他の執行機関もしくは職員の陳述の聴取を行う場合において、必要があると認めるときは、関係のある当該普通地方公共団体の長その他の執行機関もしくは職員または請求人を立ち会わせることができる（同8項）。

| 暫定的な停止勧告 |

住民監査請求が受理された場合、①財務会計上の行為が違法であると思料するに足りる相当な理由があること（違法な場合に限られている）、②その行為により当該普通地方公共団体に生ずる回復の困難な損害を避けるため緊急の必要があること、そして③当該行為を停止することによって人の生命または身体に対する重大な危害の発生の防止その他公共の福祉を著しく阻害するおそれがないこと、これら①～③の要件を満たした場合、監査委員は、地方公共団体の長その他の執行機関または職員に対し、理由を付して監査の手続が終わるまでの間、その財務会計上の行為を停止すべきことを勧告することができる（同4項）。

この暫定的停止勧告は、行為の停止を義務づけるわけではないが、勧告の旨は請求人に通知され、公表もされる（同項）。外部監査人が住民監査請求の監査を担当した場合、外部監査人にはこの暫定的停止権限は認められていない（同252条の43第5項）。

| 議会による請求権放棄の議決 |

普通地方公共団体の議会は、請求があった後に、請求に係る財務会計行為または怠る事実に関する損害賠償または不当利得返還の請求権等の権利の放棄に関する議決をすることができる。この場合、議会はあらかじめ監査委員の意見を聴かなければならない（同242条10項）。なお、議会による請求権放棄の議決については本章2節を参照。

5　監査の結果

監査結果の決定　2017年の地方自治法改正により、暫定的停止勧告や、監査結果に対する決定、そして権利の放棄に関する議決についての意見決定は、監査委員の合議によってなされる（同242条11項）と規定された。

監査結果の通知　監査委員は、監査を行い、請求に理由がないと認めるときは、理由を付してその旨を書面により請求人に通知するとともに、これを公表する（同5項）。請求に理由があると認めるときは、当該普通地方公共団体の議会、長その他の執行機関または職員に対し期間を示して必要な措置を講ずべきことを勧告するとともに、当該勧告の内容を請求人に通知し、かつ、これを公表しなければならない（同項）。

措置結果の通知　監査委員の監査及び勧告は、監査の請求があった日から60日以内に行わなければならない（同6項）。

勧告に対する措置　監査委員の勧告があったときは、当該勧告を受けた議会、長その他の執行機関または職員は、当該勧告に示された期間内に必要な措置を講ずるとともに、その旨を監査委員に通知しなければならない。この場合において、監査委員は、当該通知に係る事項を請求人に通知するとともに、これを公表しなければならない（同9項）。

外部監査人による住民監査請求制度　住民監査請求に対する監査を、監査委員の監査に代えて、外部監査契約を締結した外部監査人が行う制度がある。外部監査人による住民監査請求監査は、当該地方公共団体が条例によってこれを行えることを定めていなければならない（同252条の43第1項）。

2 住民訴訟

1 住民訴訟の意義

　住民監査請求をした普通地方公共団体の住民は、監査委員による監査結果等に不服があるときは、裁判所に住民訴訟を提起することができる（地自242条の2第1項柱書）。住民訴訟は、普通地方公共団体の執行機関または職員による財務会計上の違法な行為等を防止するため、地方自治の本旨に基づく住民参政の一環として、住民に対しその予防または是正を裁判所に請求する権能を与え、もって地方財務行政の適正な運営を確保することを目的としている（最判1978（昭53）・3・30【自治百選95】）。住民訴訟は、普通地方公共団体の財務の適正な運営を確保することを目的とする客観訴訟の1つであり、行政事件訴訟法でいう民衆訴訟（行訴5条）に当たる。

監査請求前置主義　住民訴訟では、監査請求前置主義が採用されており、住民監査請求を経なければ、住民訴訟を提起することはできず、両者の請求対象は同じでなければならない。住民訴訟を提起できるのは、①監査委員の監査の結果・勧告、普通地方公共団体の議会、長その他の執行機関・職員の措置に不服があるとき、②監査委員が監査または勧告を監査請求があった日から60日以内に行わないとき、③議会、長その他の執行機関・職員が監査委員の勧告で示された期間内に必要な措置を講じないときである（地自242条の2第1項柱書）。また、住民監査請求では財務会計上の行為の不当性も問題にしうるが、住民訴訟では違法性の問題しか争えない。さらに、監査請求が適法に却下されれば、監査請求を経たことにはならず、監査請求前置の要件を満たさないことになる。これに対し、監査委員が適法な住民監査請求を不適法であるとして却下した場合、当該請求をした住民は、適法な住民監査請求を経たものとして、直ちに住民訴訟を提起することができるのみならず、当

該請求の対象とされた行為を対象として再度の住民監査請求をすることも許される（最判1998（平10）・12・18【自治百選97】。本章１節の２参照）。

出訴権者　住民訴訟の出訴権者は、住民である。住民は、訴えの提起時だけでなく、訴訟係属中も当該地方公共団体の住民たる資格を要すると解されており、訴訟係属中に住民の資格を失った場合には、原告適格を欠くことになる（大阪地判1988（昭63）・10・14行集39巻10号997頁）。また、住民訴訟を提起する権利は、一身専属的なものであって、原告が死亡した場合には訴訟は終了することとなる（大阪高判1996（平８）・６・26行集47巻６号485頁）。

このほか、特別地方公共団体の住民の原告適格も問題になる。特別区、地方公共団体の組合、合併特例区の区域内の住民にも住民訴訟の原告適格は認められる（地自283条・292条、合併特例47条）。財産区については明文の規定がなく、財産区の区域内の住民にのみ認める立場と財産区の所在する市区町村の住民にも認める立場がある。裁判例は、財産区の財産の管理・処分等が財産区の所在する市区町村の住民にも影響を及ぼすとの理由で、後者の立場に立つ（神戸地判2006（平18）・６・15判例地方自治294号70頁、前掲、大阪高判1996（平８）・６・26など）。

なお、住民訴訟が係属しているとき、当該地方公共団体の住民は、別訴により同一の請求をすることはできない（地自242条の２第４項）。これは、いわば公益の代表者として住民が提起する住民訴訟の性質に鑑みて、複数の住民による同一の請求については、必ず共同訴訟として提起することを義務づけたものである。そのため、住民訴訟の判決の効力は、当事者である住民だけでなく、当該地方公共団体の全住民に及ぶことになる。例えば、複数住民が提起した住民訴訟において、提起後に誰かが上訴を取り下げても、判決の効力等には何ら影響を及ぼさない（最大判1997（平９）・４・２【自治百選96】）。

出訴期間　住民訴訟の出訴期間は、監査結果等により異なる。①監査結果または勧告に不服がある場合は、監査結果または勧告の内容の通知があった日から30日以内（同２項１号）、②監査委員の勧告を受けた議会、長その他の執行機関または職員の措置に不服がある場合は、当該措置に係る監査委員の通知があった日から30日以内（同２号）、③監査委員が請求をした

日から60日を経過しても監査または勧告を行わない場合は、当該60日を経過した日から30日以内（同3号）、④監査委員の勧告を受けた議会、長その他の執行機関または職員が措置を講じない場合は、当該勧告に示された期間を経過した日から30日以内（同4号）である。出訴期間遵守の有無は訴状提出時が基準となる。また、住民訴訟提起後に原告から請求趣旨・被告を変更する趣旨訂正申立書が裁判所に提出された場合には、当初の訴状提出時ではなく、申立書の提出時に出訴期間が守られているかどうかが判断されることになる。したがって、訴状提出が出訴期間内になされても、申立書の提出時には出訴期間を徒過してしまうことがある（最判1983（昭58）・7・15【自治百選98】）。

2　住民訴訟の請求類型

　住民訴訟には、4つの請求類型があり、地方自治法242条の2第1項が1号ないし4号で定めている（1号～4号請求）。①1号請求は、当該執行機関または職員に対する当該行為の全部または一部の差止めを求める請求である。②2号請求は、行政処分たる当該行為の取消しまたは無効確認の請求である。③3号請求は、当該執行機関または職員に対する当該怠る事実の違法確認の請求、④4号請求は、当該職員または当該行為もしくは怠る事実に係る相手方に損害賠償または不当利得返還の請求をすることを当該普通地方公共団体の執行機関または職員に対して求める請求である。なお、住民訴訟は、当該地方公共団体の事務所の所在地を管轄する地方裁判所に提起することになる（同5項）。

住民訴訟の対象　　住民訴訟の対象は、財務会計上の違法な行為または怠る事実であるが、そもそも財務会計行為（前節参照）に該当するか否かが問題となる場合がある。例えば、判例は、市の職員が請負人をして森林法に違反する道路建設工事をさせる旨の工事施行決定書を決裁してこれに関与した行為は、道路建設行政の見地からする道路行政担当者としての行為であって、土地の森林としての財産的価値に着目し、その価値の維持、保全を図る財務的処理を直接の目的とする財務会計上の財産管理行為には当たらないとした（最判1990（平2）・4・12民集44巻3号431頁）。一方、判例は、市の施行

する土地区画整理事業において市が取得した保留地を随意契約の方法により売却する行為は、住民訴訟の対象となる財務会計行為（「財産の処分」と「契約の締結」）に当たるとしている（最判1998（平10）・11・12【自治百選104】）。

被告適格　　1号請求の被告は、差止めが求められている行為主体である「当該執行機関又は職員」である。「職員」とは、職員個人ではなく、機関を意味している。1号請求では、当該行為について「権限を有する」ことが要件とされ、また、権限の委任がなされている場合には、受任者が被告適格を有することになる。この場合に、委任者も被告適格を有するかについては争いがある。この点、1号請求が「組織体としての違法行為」の差止めを図る訴訟であること、委任者に指揮監督権があることに着目して、これを肯定する見解が有力である。さらに、専決方式においては、当然対外的に本来権限を有する者が被告となる。有力説のように考えるのであれば、専決権者も被告となる可能性がある。

　これに対して、2号請求については、被告適格者について特別の定めがなく、地方自治法242条の2第11項に基づき、取消請求も無効確認請求も普通地方公共団体が被告となる。

　3号請求の被告は、公金の賦課徴収、財産の管理を怠っている機関を被告とすべきであるから、それらについて権限を有する機関である。

　4号請求の被告は、機関としての「執行機関又は職員」であり、「当該職員又は当該行為若しくは怠る事実に係る相手方に損害賠償又は不当利得返還の請求をすること」について権限を有する機関である。

　議事機関である議会（の議長）は、被告とはならない。地方公共団体の議会の議長による交際費等の支出の違法性が争われるような場合でも、予算の執行権は長に専属し（同149条2号）、議長の統理する事務（同104条）に予算の執行に関する事務・現金の出納保管等の会計事務は含まれていないからである（最判1987（昭62）・4・10【自治百選99】）。

1号請求　　1号請求は、違法な財務会計行為の差止めを求めるものであるが、財務会計行為の係属中であっても、当該行為が行われる前であっても、この請求をすることができる。ただ、この場合には、当該行

為がなされることが相当の確実性をもって予測しうる場合（行為の蓋然性）でなければならない（同242条1項括弧書参照）。また、差止請求では、請求対象の特定の程度が問題になる。この点、織田が浜埋立事件で、最高裁は、「複数の行為を包括的にとらえて差止請求の対象とする場合、その一つ一つの行為を他の行為と区別して特定し認識することができるように個別、具体的に摘示することまでが常に必要とされるものではない」と判示し（最判1993（平5）・9・7【自治百選A23】。本章1節の3参照）、対象の特定に厳格さを要求していない。

　2002（平成14）年の地方自治法改正前の1号請求には、財務会計行為により地方公共団体に「回復の困難な損害を生じるおそれがある場合」（旧地自242条の2第1項1号但書）という要件が課されていた。改正では、この要件が削除され、緩和されることとなった。他方で、新たに「当該行為を差し止めることによって人の生命又は身体に対する重大な危害の発生の防止その他公共の福祉を著しく阻害するおそれがあるとき」には、差止請求はできないこととされた（地自242条の2第6項）。また、2002（平成14）年改正では、住民訴訟における仮処分が明示的に排除されたため（同10項）、住民は、差止請求を求めても、訴訟係属中に対象行為が行われることを停止、中止させることができない。したがって、訴訟係属中に財務会計行為が終了した場合には訴えの利益がなくなり、訴えは却下される場合がある。こういった事態への対応策としては、1号請求に4号請求を追加的に併合して請求することなどが考えられる（行訴19条1項）。

2号請求　　2号請求では、財務会計行為が行政処分に該当するものでなければならない。通説は、ここでいう行政処分が抗告訴訟の対象となる処分（同3条）と同義と解している。財務会計行為が処分とみなされる例は多くない。学校施設の目的外使用許可処分と使用料免除処分の無効確認請求につき、許可処分については学校施設の財産的価値に着目し、その価値の維持、保全を図る財務的処理を直接の目的とする財務会計行為としての財産管理行為には当たらないとしたものの、施設使用料免除処分を財務的処理を直接の目的とする財産管理行為に該当するとした（東京地判2010（平22）・3・30判時2087号29頁）。普通財産については、県が作成した海洋調査の結果（報告書）

を普通財産とし、県が要綱に基づき電力会社にその使用を承諾したことの処分性を否定したもの（金沢地判1991（平3）・3・22行集42巻3号398頁）がある。また、固定資産税と都市計画税の減免措置の取消しを求める2号請求を認容したものとして、神戸地判2010（平22）・11・2判例集未登載がある。このほか、地方公共団体の補助金交付については、条例により交付決定が処分として構成されていれば、2号請求の対象になるが、法規の性質をもたない要綱や要領に基づく補助金交付（決定）の処分性を否定するのが裁判所の立場である（神戸地判2014（平26）・4・22判例集未登載、札幌高判1997（平9）・5・7行集48巻5・6号393頁など）。

3号請求　これは、公金の賦課・徴収または財産管理を怠る事実の違法確認を求める請求である。この請求に係る訴えでは、訴訟係属中に財務会計上の行為がなされ、怠る事実が解消されれば、訴えの利益がなくなり、訴えは却下されることとなる。また、怠る事実の違法性との関係で、**判例23**のように違法行為を解消させる手段が問題となることがある。

なお、政教分離原則違反を住民訴訟で争う例は少なくない。例えば、津地鎮祭訴訟（最大判1977（昭52）・7・13民集31巻4号533頁）、愛媛玉串料訴訟（前掲、

判例23　空知太神社事件〈最大判2010（平22）・1・20【自治百選102】〉

　市がその所有する土地を無償で神社施設の敷地として利用させていることについて、住民が、土地の無償利用提供行為は憲法の定める政教分離（憲20条1項・89条）に違反し、敷地の使用貸借契約を解除しないこと、施設の撤去を請求しないこと、土地の明渡しを請求しないことが、違法に財産の管理を怠るものだと主張して、市長を被告として3号請求に係る住民訴訟を提起した。

　最高裁は、本件利用提供行為は違憲であるが、違憲状態の解消には、神社施設を撤去し土地を明渡す以外にも適切な手段がありえ、市長には違憲性を解消するため相当と認められる方法を選択する裁量権があり、他に選択できる合理的な手段が存在する場合に、請求に係る手段を講じていないことが違法とされるのは、他の手段の存在を考慮してもなお市長において撤去・土地明渡請求をしないことが市長の財産管理上の裁量権を逸脱・濫用するものと評価される場合に限られるとして、本件利用提供行為の違憲性を解消するための他の手段の存否等についてさらに審理を尽くさせるため、本件を原審に差戻した。

最大判1997（平9）・4・2）、白山比咩神社事件（最判2010（平22）・7・22【自治百選110】）がある。

このほか、やや特殊な事例として、県が教員採用試験における職員らの不正のため不合格となった受験者らに損害賠償金を支払ったことにより取得した求償権（国賠1条2項）の一部を知事において行使しないことが財産の管理を違法に怠るものであるか否かが争われたものがある。最高裁は、求償権のうち返納に係る額に相当する部分を行使しないことが違法な怠る事実に当たらないとした原審の判断には、法令違反があるとした（最判2017（平29）・9・15集民256号77頁）。

**4号請求
（第1次訴訟）**　2002（平成14）年の法改正前の旧4号請求では、地方公共団体が職員等の行為により損害等を被った場合、住民が、請求権を有する地方公共団体に代わって（代位して）違法な財務会計行為を行った個人としての職員または相手方を直接被告として損害賠償等を請求することができた。そこで、旧4号請求は代位請求と呼ばれた。これに対して、現行の4号請求は、機関としての執行機関または職員を被告として、違法な財務会計行為を行った個人としての職員または当該行為・怠る事実に係る相手方に損害賠償請求または不当利得返還請求をすることを義務付ける判決を求める訴え（第1次訴訟）に変更された。ただし、個人としての「職員」または「相手方」が地方自治法243条の2の2第3項の規定による賠償の命令の対象となる者である場合にあっては、当該賠償の命令をすることを求める請求となる（地自242条の2第1項4号但書）。現行の4号請求は、一種の義務付けを求めるものといえる。

**損害賠償等の支払請求と
第2次訴訟**　住民が勝訴し、第1次訴訟が確定した場合、地方公共団体の長は、判決が確定した日から60日以内の日を期限として、個人としての職員または相手方にその支払いを請求しなければならず（同242条の3第1項）、それが所定の期限までに支払われないときは、地方公共団体は、その支払いを求めて訴訟（第2次訴訟）を提起しなければならなくなった（同2項）。この訴訟で支払請求の相手が個人としての長であるときは、代表監査委員が地方公共団体を代表することになる（同5項）。

　地方公共団体の長または代表監査委員が第2次訴訟を提起しないときの対応について、明文の規定はない。第2次訴訟提起の義務付けを求める住民訴訟を提起できるかどうかが問題になった事案で、裁判例は、住民訴訟が法律で定められた場合にのみ提起できる民衆訴訟であることを理由に、義務付けを求める住民訴訟を不適法であるとしたが、第2次訴訟を提起することを3号請求で争うことは認められるとした（東京地判2013（平25）・1・23判時2189号29頁。宇賀自治382頁）。

3号請求と4号請求の併合提起　　2002（平成14）年の地方自治法改正前は、旧4号請求により個人としての職員または相手方に対し直接損害賠償等を求めることができたために、請求権の行使を怠る事実の違法確認を求める3号請求訴訟と4号請求訴訟を併合提起することの是非について争いがあった。この点、最高裁は、地方自治法242条の2第1項が、両請求の間に優先順位を定めていないことや、4号請求との関係において3号請求を補充的なものと解する根拠がないという理由で両請求の併合提起を肯定した（六価クロム鉱さい事件：最判2001（平13）・12・13【自治百選101】）。現行法の下では、3

コラム⑯　住民訴訟の変容

　住民訴訟制度は、アメリカ法における納税者訴訟を範としたものとされるが、住民に訴権が与えられ、監査請求前置主義が採用されていることなどからすると、むしろわが国独自の制度として発展してきたといえる（松本1057頁参照）。

　2002（平成14）年の地方自治法改正により、1号請求と4号請求が変更された。特に4号請求は、住民の側からすると、旧4号請求（代位請求）よりも迂遠な制度に改変された。また、住民訴訟の係属中に地方議会が長に対する損害賠償請求権を放棄する旨の議決をするという事態が生じたことなどを受けて、2017（平成29）年の地方自治法改正で、長等の賠償責任を軽減する規定が新設された（地自243条の2）。

　とはいえ、住民訴訟は、住民による地方財務行政の適正化に大きく貢献してきたといえよう。一方で、国の財政統制は基本的に国会及び会計検査院によって行われるが、住民訴訟のような制度はなく、国民は直接国の違法な財務会計行為と怠る事実を裁判の場で争うことができない。財務行政の適正化が求められるのは、地方に限られることではないはずである。

号請求と４号請求の被告が同一になったことなどから、請求権の行使を怠る事実について、一応、請求権が損害賠償請求権または不当利得返還請求権である場合には４号請求、それ以外の請求権である場合には３号請求をすることになると考えることができる。ただ、学説では、３号請求の独自の意義を重視し、今日でも、両請求の併合提起と４号請求ができる場合の３号請求だけの提起も許されるとする見解も有力である。

権限の委任等と賠償責任　予算の執行権限は長が有しており（同149条２号）、違法な公金の支出により地方公共団体に損害を与えた場合、長が賠償責任を負うことが多い。しかし、公金の支出に関する権限が職員に委任されることがある。裁判でも、資金前渡を受けた職員が違法な公金の支出をした場合に当該職員だけでなく、長も賠償責任を負うかどうかが争われた。なお、資金前渡とは、特定の経費について会計管理者が職員に概括的に経費の金額を交付して現金支払いをさせることをいう（松本880頁）。最高裁は、住民訴訟においてその適否が問題とされている財務会計上の行為を行う権限を法令上本来的に有する長も長から権限の委任を受けるなどして権限を有するに至った資金前渡職員も、旧４号請求にいう「当該職員」に当たるとしたうえで、「資金前渡職員が個別債務負担行為をした場合においては、普通地方公共団体の長は、当該資金前渡職員が財務会計上の違法行為をすることを阻止すべき指揮監督上の義務に違反し、故意又は過失により同資金前渡職員が財務会計上の違法行為をすることを阻止しなかったときに限り、自らも財務会計上の違法行為を行ったものとして、普通地方公共団体に対し、上記違法行為により当該普通地方公共団体が被った損害につき賠償責任を負う」と判示した（最判2006（平18）・12・１【自治百選100】）。この考え方に従えば、現行の４号請求においても権限の委任を受けた職員だけでなく、長も賠償責任を負う可能性がある。

職員の賠償責任　地方自治法243条の２の２第１項は、会計管理者やその補助職員等（以下「会計管理者等」）の賠償責任を定めている。すなわち、会計管理者等が、故意または重大な過失により（現金については、故意または過失により）その保管する現金や物品等を亡失または は損傷したと

きは、それにより生じた損害を賠償しなければならない（地自243条の2の2第1項前段）。また、支出負担行為、支出・支払等をする権限を有する職員等で地方公共団体の規則で指定されたものが、故意または重大な過失により法令に違反して当該行為をしたことまたは怠ったことにより地方公共団体に損害を与えたときも同様に損害賠償責任を負うことになる（同項後段）。この規定の趣旨は、民法上の債務不履行または不法行為による損害賠償責任よりも責任発生の要件及び責任の範囲を限定して、これら職員がその職務を行うにあたり萎縮し消極的となることなく、積極的に職務を遂行することができるよう配慮することにある（最判1986（昭61）・2・27【自治百選108】）。また、この判例では、ここでいう職員に長は含まれないとの立場であったが、次に述べるように長等の賠償責任を軽減する規定が設けられることとなった。

長等の賠償責任の軽減

従来、地方公共団体を代表する長（個人）が損害賠償責任を負う場合、その賠償金が高額になることも少なくないことから、地方公共団体サイドから長等の損害賠償責任の見直し措置が求められてきた。そこで、2017（平成29）年の法改正により、地方公共団体は、条例で、長、委員会の委員、委員、職員（以下「長等」）の当該地方公共団体に対する損害賠償責任を軽減する措置をとることができるようになった。すなわち、長等が職務を行うにつき善意でかつ重大な過失がないときは、長等が賠償責任を負う額から、長等の職責その他の事情を考慮して政令で定める基準を参酌して、政令で定める額以上で当該条例で定める額を控除して得た額について免れさせる旨を定めることができることとなった（同243条の2第1項）。また、議会がこの条例の制定改廃に関する議決をしようとするときは、あらかじめ監査委員の意見を聴かなければならず、当該意見の決定は、監査委員の合議によることとされた（同2～3項）。

債権不行使と4号請求

地方公共団体の長は、債権についてその保全・取立てに関し必要な措置をとらなければならない（同240条2項）。したがって、客観的に有する債権を理由もなく、放置したり免除したりすることは許されず、原則として地方公共団体の長にその行使または不行使について裁量はないと考えられている（はみ出し自販機事件：最判2004（平

16)・4・23【自治百選114】)。しかし、例外的に債権について、その徴収停止、履行期限の延長または当該債権にかかる債務を免除することができる（同3項、地自令171条の5～171条の7）。指名競争入札における談合により地方公共団体が損害を被るような場合に、談合をした業者に対する損害賠償請求権の不行使の違法性が4号請求で争われることが多い（最判2009（平21）・4・28【自治百選103】、最判2002（平14）・7・18【自治百選111】など）。判例では、損害賠償請求権の成立を認めたものの、地方自治法施行令171条の5第3号（「債権金額が少額で取立てに要する費用に満たないと認められ」、かつ、「これを履行させることが著しく困難又は不適当であると認めるとき」）を適用し、債権の不行使に違法性はないと判断したものがある（前掲、はみ出し自販機事件）。

先行行為の違法と財務会計行為　住民訴訟では、しばしば財務会計行為の原因となった先行行為の違法が、後行行為である財務会計行為の違法を導くかどうかが争われる。この問題は、住民訴訟における違法性の承継ともいわれる。2002（平成14）年の法改正後であっても、同様の問題は生ずる。学説では一定の要件の下で違法性の承継を肯定する立場が多数説であると思われる。判例でも、一定の要件の下でこれを肯定する。その際問題となるのは、一定の要件（違法性の承継の判断基準）である。以下、この問題に関する主な裁判例をみてみることとする。

判例の動向　住民が、市主催の市体育館の起工式（地鎮祭）に公金を支出したことの違憲性（政教分離原則違反）が争われた事件で、原因行為が憲法に違反し許されない場合には公金支出もまた違法になるとされた（前掲、津地鎮祭訴訟：最大判1977（昭52）・7・13）。町長が、町職員を採用し、同人を森林組合に出向させ、同人の給与を町が負担した事件では、町長の出向命令と町長による給与支払いを一体的に捉え違法とみなした（最判1983（昭58）・7・15民集37巻6号849頁）。市長が、収賄容疑で逮捕起訴された職員を懲戒免職処分ではなく、分限免職処分に付し退職金を支給した事件では、財務会計行為が違法となるのは、単にそれ自体が直接法令に違反する場合だけでなく、その原因となる行為が法令に違反し許されない場合の財務会計行為もまた違法になるとした（最判1985（昭60）・9・12集民145号375頁）。**判例24**は、先行行為と後行

> **判例24**　1日校長事件〈最判1992（平4）・12・15【自治百選105】〉
>
> 　東京都教育委員会は、勧奨退職に応じた都立学校の教頭職にある者29名を1日だけ校長に任命し、名誉昇給制度を利用し昇給させたうえで、退職承認処分をし、これを受けて都知事が同人らに退職手当を支給したところ、住民がこれら昇格処分は違法であるから、退職手当の支出決定も違法であるとして、都知事個人に対し旧4号請求により損害賠償を請求した。
>
> 　最高裁は、①当該職員の財務会計行為をとらえて損害賠償責任を問うことができるのは、先行する原因行為に違法が存する場合であっても、原因行為を前提としてされた当該職員の行為自体が財務会計法規上の義務に違反する違法なものであるときに限られるとしたうえで、②長から独立した教育委員会がした人事に関する処分について、長は当該処分が著しく合理性を欠きそのためこれに予算執行の適正確保の見地から看過し得ない瑕疵の存する場合でない限り、当該処分を尊重しその内容に応じた財務会計上の措置をとるべき義務がある、として住民らの請求を棄却した。

　行為の行為者が相互に独立した地位にある場合の違法性について、かなり厳格に判断している。その後、議長による違法な旅行命令と長の旅費支給との関係が争われた事件でも、**判例24**と同様に、長が議会の自律的行為を是正する権限を有しないとして、その損害賠償責任を否定している（最判2003（平15）・1・17【自治百選70】）。

　比較的最近の事案でも、基本的に**判例24**の立場に立つものがみられる。委託契約の違法が売買契約の違法を導くか否かが争われた事件で、**判例2**は、**判例24**の①の部分を引用したうえで、先行取得の委託契約が私法上無効ではないものの、これが違法に締結されたものであって、地方公共団体がその取消権や解除権を有しているときや、委託契約が著しく合理性を欠きそのためその締結に予算執行の適正確保の見地から看過し得ない瑕疵が存し、かつ、客観的にみて地方公共団体が委託契約を解消することができる特殊な事情があるときにも、地方公共団体の契約締結権者は、これらの事情を考慮することなく、漫然と違法な委託契約に基づく義務の履行として買取りのための売買契約を締結してはならないという財務会計法規上の義務を負っていると解すべきであり、契約締結権者がその義務に違反して買取りのための売買契約を締結すれば、そ

の締結は違法なものになる、と判示している。

住民訴訟に関する訴額等　住民訴訟を提起するには、手数料を納付する必要がある。民事訴訟費用等に関する法律によれば、民事訴訟等（行政事件訴訟を含む）の手数料は、財産上の請求については基本的に訴訟の目的の価額（訴額または訴訟物の価額）に応じて算定される（地自1条・2条1号・3条1項・4条1項）。そして、財産権上の請求でない請求に係る訴えについては、訴訟の目的の価額は160万円とみなされており、財産権上の請求に係る訴えで訴訟の目的の価額を算定することが極めて困難なものについても、同様である（同4条2項）。住民訴訟の訴額をどのように考えるべきか争いがあった。判例は、旧4号請求に係る訴訟の訴額について、専ら原告を含む住民全体の利益のために、地方財務行政の適正化を主張する、住民訴訟の特殊な目的及び性格に鑑み、算定が極めて困難であるとみなし、また、複数の住民が共同で出訴した場合も、一括して35万円（現在は160万円）とすべきとした（前掲、最判1978（昭53）・3・30）。このような立場は、現行の4号請求のみならず、1号から3号請求にも妥当すると考えられる。

弁護士報酬　地方自治法242条の2第12項は、住民「訴訟を提起した者が勝訴（一部勝訴を含む。）した場合において、弁護士又は弁護士法人に報酬を支払うべきときは、当該普通地方公共団体に対し、その報酬額の範囲内で相当と認められる額の支払を請求することができる」、と定めている。この弁護士報酬額の支払請求は、2002（平成14）年改正前は4号請求についてのみ認められていたが（旧地自242条7項）、現行では1号から4号まですべての請求に適用される。

　この規定の解釈をめぐって、いくつか争いがある。まず、「勝訴（一部勝訴を含む。）」の意義である。旧4号請求に係る損害賠償請求につき、被告が請求を認諾し、これを履行した場合に、この認諾が「勝訴（一部勝訴を含む。）した場合」に含まれるとした判例（最判1998（平10）・6・16【自治百選115】）がある。しかし、個人を被告とする代位請求から機関を被告とする義務付け請求に構造が変化した現行法の下で、この立場を維持することは困難であろう。その後、同じく旧4号訴訟の第1審係属中に、被告が住民の請求する損害額（弁護士費

用相当額を除く）を町に全額支払ったため、住民が訴訟を取り下げた後に、町に弁護士報酬の支払請求をした事案がある。最高裁は、地方公共団体に対して弁護士報酬相当額の支払を請求するには、その者が当該訴訟につきその完結する時において勝訴（一部勝訴を含む。）したということができることを要し、訴えの取下げがあった部分については、初めから係属していなかったものとみなされる（民訴262条1項）のであるから、「勝訴（一部勝訴を含む。）した場合」には当たらないと判示している（最判2005（平17）・4・26集民216号617頁）。次に、地方自治法242条の2第12項でいう「相当と認められる額」の認定も問題となる。最高裁は、「相当と認められる額」とは、「当該訴訟における事案の難易、弁護士が要した労力の程度及び時間、認容された額、判決の結果普通地方公共団体が回収した額、住民訴訟の性格その他諸般の事情を総合的に勘案して定められるべきもの」、と判示した（最判2009（平21）・4・23【自治百選116】）。この認定基準は、現行法の下でも先例としての意義を有するといえる。

**損害賠償請求権の
議会による放棄**　　地方自治法96条1項10号は、法律、これに基づく政令または条例に特別の定めがある場合を除くほか、権利を放棄することを、議会の議決事件として定めている。最近、この規定を根拠に、議会が住民訴訟の対象とされている損害賠償請求権等の債権を放棄する議決をすることができるか否かが問題となった。下級審では、この債権放棄議決は、住民訴訟制度の趣旨に反する、議決権の濫用に当たる、裁判所の認定判断を覆すことになり三権分立の趣旨に反する（東京高判2009（平21）・12・24判例地方自治335号10頁など）との理由でこれを違法とするものと、権利放棄できないとする特別な定めがない、権利を放棄するかどうかは議会の判断に委ねられる（東京高判2000（平12）・12・26判時1753号35頁など）との理由でこれを適法とみなすものに分かれていた。

　そのような中で、最高裁は、債権放棄の適否の実体的判断は、基本的に議決機関である議会の裁量に委ねられていることを前提に、債権放棄の適否の判断基準を示した（最判2012（平24）・4・20【行政百選Ⅰ5】、【自治百選113】）。すなわち、債権放棄の議決がされた場合、「個々の事案ごとに、当該請求権の発生原因である財務会計行為等の性質、内容、原因、経緯及び影響、当該議決の趣旨

及び経緯、当該請求権の放棄又は行使の影響、住民訴訟の係属の有無及び経緯、事後の状況その他の諸般の事情を総合考慮して、これを放棄することが普通地方公共団体の民主的かつ実効的な行政運営の確保を旨とする同法の趣旨等に照らして不合理であって上記の裁量権の範囲の逸脱又はその濫用に当たると認められるときは、その議決は違法となり、当該放棄は無効となるものと解するのが相当である」としている（最近のものとして、最判2018（平30）・10・23集民260号1頁）。

X

情報公開と個人情報保護

1 情報の公開と管理

1 情報公開制度

(1) 情報公開制度の形成と理念

情報公開制度の形成　　情報公開制度はスウェーデンにおいて18世紀に始まったとされ、アメリカの1966年の連邦情報自由法を契機として、1980年代以降世界各国に広がった。わが国においては、「知る権利」の理論的承認とともに、1970年代以降情報公開制度の検討が始まり、1982（昭和57）年の山形県金山町、神奈川県（1983（昭和58）年施行）等を皮切りに多くの地方公共団体が導入していった。制度化が遅れていた国レベルでも、1991（平成3）年に閣議決定により行政情報公開基準を決定されて事実上の文書公開制度が始まり、1996（平成8）年に行政改革委員会行政情報公開部会が公表した情報公開要綱案をもとに、1999（平成11）年に行政機関の保有する情報の公開に関する法律（行政機関情報公開法）が成立した。国の行政機関情報公開法の制定後、地方公共団体の情報公開制度も行政機関情報公開法にあわせた制定・改正が続き、制度の普及と成熟化が進んだ。総務省の平成29年調査では、全都道府県、全市区町村で情報公開制度（条例・規則・要綱）が制定されている（一部事務組合と広域連合は62.5％）。以下、行政機関情報公開法を基礎として情報公開制度について解説する。なお、国の場合、情報公開を義務づけられるのは「行政機関」（行政情報公開2条1項）と独立行政法人等（独行情報公開2条1項）であるが、地方公共団体の情報公開制度の中には、議会や地方公社を実施機関に含める例もある。

情報公開制度の理念　　行政機関情報公開法1条は、政府の国民に対する説明責任（アカウンタビリティ）を制度理念として掲げている。これは、国民主権の理念に基づき、主権者たる国民に対して政府が説

明する責務を負うとするものである。同法の制定に際しては、先行した地方公共団体の条例（大阪府情報公開条例前文等）において規定する例がみられた知る権利を明示するかどうかが議論となったが、知る権利の性質や範囲について争いがあることを考慮して知る権利の明示は回避され、説明責任を理念とすることにより、知る権利と同様に、情報公開制度は民主主義により基礎づけられることを示した。説明責任という政府の責務の裏面として国民には情報公開請求権が認められ、法令の範囲内の請求である限り、これが具体的権利であることに疑問の余地はないものの、法令の解釈を超える情報公開請求権が憲法上認められるかどうかという問題は残されている。

(2)　情報公開制度の基本構造

請求権者　　行政機関情報公開法3条は情報公開を行いうる者を「何人」と規定していて、請求対象の情報に対して法律上の利益を有する者に限定していない。これは、国民主権に基づく説明責任を情報公開制度の理念として据えたことと連動しており、国民に限らず誰もが情報にアクセスすることを保障することにより、国民に対する説明責任の履行になるとされる。情報公開請求権は、行政過程における情報の監視という観点から、私人が行政過程の統制において有する権利としては最も広く請求権が認められる統制手段ということができる。

公開対象　　行政機関情報公開法は公開対象となる行政文書を行政機関の職員が職務上作成し、または取得した文書、図画及び電磁的記録であって、当該行政機関の職員が組織的に用いるものとして、当該行政機関が保有しているものと定義する（同2条2項）。したがって、決裁を経た文書に限らず、決裁に至る過程で組織的に共有された文書も公開対象となるが、公務員が個人的に有しているメモ書きは、その内容が組織的に共有されない限り公開対象ではない。この関連では、電子メールによる部内外のやりとりの記録やオンライン会議の記録も、対面による会議・協議に代わる場合は組織的に共有されたといえる場合がありうる。また、会議を録音・録画した電磁的記録も公開対象となる。

　行政文書に非開示情報が含まれる場合は、それを除いた部分が公開対象とな

る（部分開示)。この場合、非開示部分を除いた結果、有意な情報と言えない場合は公開対象にならない（同6条1項但書)。何をもって有意な情報と解するかについて、独立一体説（階層単位論）を採用し、独立した一体的な情報を細分化して非公開部分を除いて公開することは義務づけられないとする判例（最判2001（平13)・3・27民集55巻2号530頁、最判2002（平14)・2・28民集56巻2号467頁）があり、非開示とする範囲が広がりすぎるとする批判があったが、その後の最高裁判決（2007（平19)・4・17【行政百選Ⅰ37】)は、平成14年判決を引用した原審を破棄した。平成19年判決は、藤田宙靖裁判官の「ある文書上に記載された有意情報は、本来、最小単位の情報から、これらが集積して形成されるより包括的な情報に至るまで、重層構造を成すのであって……行政機関が、そのいずれかの位相をもって開示に値する情報であるか否かを適宜決定する権限を有するなどということは、およそ我が国の現行情報公開法制の想定するところではない」とする補足意見が付されていることから、実質的に独立一体説を排除したものとみられる。

　なお、行政機関情報公開法6条1項は、不開示情報の部分を「容易に区分」して除くことができる場合に部分開示を命じているが、いわゆる大量請求について、黒塗り作業が煩瑣になることが「容易に区分」できない理由となるとは解されていない。行政を停滞させることを意図していると解される大量請求等に対しては、権利の濫用を禁止する規定を設ける例（千葉県情報公開条例6条等）や、権利の濫用と解される場合の基準を設ける例（神奈川県等）もある。

開示のルール　　**① 第三者照会手続（同13条)**　　文書中に非開示情報に関わる第三者情報（個人情報、法人情報、他の行政機関との審議情報等）が含まれる場合は、公開請求の判断に際して当該第三者に対して意見書を提出する機会を与えることができる。これは義務規定ではないが、人の生命、健康、生活又は財産を保護するため、公にすることが必要であると認められる情報として開示する場合（同5条1号ロまたは5条2号但書）と次項の裁量的開示を行う場合には第三者に対して意見書を提出する機会を与えなければならない（同13条2項)。

② 裁量的開示（同7条)　　不開示情報であっても公益上特に必要があると行

286

政機関の長が認めるときは裁量により開示することが許される。

③ **存否応答（グローマー）拒否（同8条）**　　行政文書が存在しているか否かを答えるだけで不開示情報を開示することとなる場合は（虐待から逃避している児童生徒の学齢簿の写しの開示請求等）、当該文書の存否を明らかにしないで開示請求を拒否することができる。

④ **理由の提示**　　情報公開請求に対して全部非公開・部分公開等の不利益な決定を行う場合は行政手続上、理由の提示が義務づけられる。その趣旨は、理由の提示原則一般と共通し、「非開示理由の有無について実施機関の判断の慎重と公正妥当を担保してそのし意を抑制するとともに、非開示の理由を開示請求者に知らせることによって、その不服申立てに便宜を与える」（最判1992（平4）・12・10判時1453号116頁）ことにあるから、提示すべき理由は、開示請求者において、非開示事由のどれに該当するのかをその根拠とともに了知しうるものでなければならず、単に非開示の根拠規定を示すだけでは十分でない。

　決定に際して非開示事由該当性が根拠と共に示された場合は、後に決定を争う訴訟において決定とは異なる非開示事由に該当すると行政側が主張することは妨げられない（最判1999（平11）・11・19【行政百選Ⅱ189】）。

⑤ **法定受託事務に係る公開に関する国の処理基準**　　法定受託事務に係る文書の公開について国が処理基準を定めている場合、地方公共団体が従わなければならないとする例（宗教法人から提出された書類の公開請求に係る文部科学省の処理基準に関して、広島高松江支判2006（平18）・10・11【自治百選18】）があるが、学説上は、法定受託事務に係る処理基準は、機関委任事務の場合とは異なり、地方公共団体において従う義務はないとする考え方が多数説である。

| 救済手続 |　情報公開制度が法令によって定められている場合、情報公開請求に対する決定は行政争訟により争うことができる処分となる。この場合、決定について審査請求があったときは、審査庁が情報公開審査会に諮問することを定める例が多い（国の場合は行政情報公開19条）。審査会の審理方法としてヴォーン・インデックスとインカメラ審理が定められている（情報審9条）。前者は、文書に含まれる情報の内容を審査会の指定する方法により分類または整理した資料を作成し、審査会に提出することを求めるもので

あり（同３項）、文書が大量である場合や文書を非公開とする理由の当否を審理しやすくするために用いられる。後者は、審査会に公開請求に係る文書の提示を求めるもので（同１項）、非公開部分を審査会が検分したうえで非公開の是非を判断するためのものである。

　インカメラ審理は審査会が非公開決定の検証を行ううえで極めて有効な手段であるが、司法審査において裁判所もインカメラ審理を行うことはできるかという問題がある。民事訴訟法232条６項は文書提出命令の可否の判断においてインカメラ審理を認めているが、情報公開請求の対象文書について裁判所によるインカメラ審理を認めた直接的な規定は存在しない。この問題について、判例25 は、情報公開訴訟において証拠調べとしてのインカメラ審理を行うこ

判例25　宜野湾市米軍ヘリコプター墜落事故情報公開不開示事件〈最決2009（平21）・１・15【行政百選Ｉ39】〉
　沖縄県宜野湾市内へのアメリカ軍ヘリコプター墜落事故に関する行政文書の公開請求に対する不開示決定の取消訴訟の控訴審において、裁判所が不開示文書のインカメラ審理を行うことができるようにするため、原告が、不開示文書を目的物とした検証物提示命令の申立てを行うと共に、検証の立会権を放棄し、不開示文書の記載内容の詳細が明らかになる方法での検証調書の作成を求めない旨陳述したところ、申立てを認める決定（福岡高決2008（平20）・５・12判時2017号28頁）がなされたことに対する抗告が許可された。
　最高裁は、情報公開訴訟において裁判所が証拠調べとしてインカメラ審理を行った場合、裁判所は不開示とされた文書を直接見分して本案の判断をするにもかかわらず、原告は当該文書の内容を確認したうえで弁論を行うことができず、被告も当該文書の具体的内容を援用しながら弁論を行うことができないこと、裁判所がインカメラ審理の結果に基づき判決をした場合、当事者が上訴理由を的確に主張することが困難となるうえ、上級審も原審の判断の根拠を直接確認することができないまま原判決の審査をしなければならないことになることから、訴訟に用いられる証拠は当事者の吟味、弾劾の機会を経たものに限られるという民事訴訟の基本原則に反するとした。本判決には、情報公開訴訟にインカメラ審理を認める立法は、裁判を受ける権利を充実させるから裁判の公開原則に反しないとする泉徳治裁判官補足意見、インカメラ審理の存在は行政機関の適切な対応を担保する機能を果たすとする宮川光治裁判官補足意見がある。

とは、民事訴訟の基本原則に反するから、明文の規定がない限り許されないとした。

　この問題については、裁判の公開の原則、当事者の主張立証の機会の確保、法律審の役割等の観点から検討されなければならないが、インカメラ審理が可能な審査会と不可能な裁判所との間で審査密度に差が生じ、結論に影響を与えうる現状は問題があろう。

(3) 情報公開制度における非開示情報

　行政文書は公開が原則であり、その例外として非開示情報の類型が定められている。このルールは情報公開制度に共通しており、地方公共団体の条例ごとに表現の差はあるが、行政機関情報公開法5条の類型を標準形として説明する。

　個人に関する情報　個人に関する情報は情報公開制度に共通して規定される非開示情報の第1であるが、規定の仕方には、行政機関情報公開法が採用する個人識別型（特定の個人を識別することができる情報）のほかに、大阪府情報公開条例9条のようにプライバシー情報に限定する規定例（「一般に他人に知られたくないと望むことが正当であると認められるもの」）がある。限定がない場合に個人識別可能な情報をすべて非開示とすべきかどうかに関して、限定しないことを認める裁判例がある（最判2003（平15）・11・11【行政百選 I 35】）。個人の識別可能性は、他の情報と照合することにより可能になる場合（モザイクアプローチ）を含み（行政情報公開5条1号）、マイナンバーのような個人を識別する符号も非開示情報である（同5条1号の2）。

　個人に関する情報であっても、例外的に開示されうるものがある。行政機関情報公開法5条1号はこれを法令によりに何人も閲覧可能な情報、公表することを目的として作成取得された情報、人の生命等の保護のため公にすることが必要な情報、公務員の職及び当該職務遂行の内容に係る情報と規定する。

　非開示とすることが認められた個人に関する情報の例として、知事交際費の相手方の氏名と具体的な費用、金額がある（最判1994（平6）・1・27【行政百選 I 34】）。これはプライバシー限定型をとる大阪府条例に係る事例である。

　行政が行う会議に出席した行政側の公務員以外の者に関する情報の個人情報

該当性について、前記平成15年最判は、法人その他の団体の従業員が職務の遂行として行った行為に関する情報は、当該行為者個人にとっては自己の社会的活動としての側面を有するとして、個人情報に含まれるとした。ただし、この判決では、法人等の代表者又はこれに準ずる地位にある者が当該法人等の職務として行う行為に関する情報と、その他の者の行為に関する情報のうち、権限に基づいて当該法人等のために行う契約の締結等に関する情報については、個人情報ではなく、法人情報としての非開示情報に当たるとされている。また、国及び地方公共団体の公務員が職務の遂行として会議に出席したことに関する情報は、当該公務員個人の私事に関する情報が含まれる場合を除き、個人情報に当たらないと判断している。これは、公務員の職務と職務遂行に関する情報を非開示情報としての個人情報から除外する考え方に沿ったものといえる。

本人情報の開示　　個人情報は非開示となるルールであるが、個人情報（教育情報や医療情報）を本人が開示を求めることができるかどうかという問題がある。この問題については、情報公開制度では誰が請求するか、何のために請求するかは問われないことを理由に、本人であっても個人情報の開示を認めるべきではなく、本人情報の開示は個人情報保護制度の問題であるとする否定説と、個人情報が非開示とされるのは本人に対する不利益を避けるためであることを理由に、情報公開制度の枠内でも本人に対しては個人情報の開示を認めるべきとする肯定説がある。

　最高裁は、個人情報保護制度が未整備の段階の本人開示について、個人に関する情報が情報公開制度において非公開とすべき情報とされるのは、個人情報保護制度が保護の対象とする個人の権利利益と同一の権利利益を保護するためであると解されることを根拠に、当該個人の権利利益を害さないことが請求自体において明らかなときは、個人に関する情報であることを理由に請求を拒否することはできないとした（最判2001（平13）・12・18【行政百選Ⅰ38】）。この判断は、個人情報保護制度がない場合に情報公開制度が代替しうるとするものであるが、個人情報保護制度があっても自己情報が開示されない場合に応用されうるのかは課題である。

法人情報　法人情報が非開示となるのは、権利、競争上の地位を害するおそれがある場合（同5条2号イ）と合理的と解される非公開の条件付きで任意に提供された情報の場合（同号ロ）である。ただし、人の生命、健康、生活または財産を保護するために公にする必要があるときは、その必要性が優先する（同号但書）。2号イの該当例としては、法人（またはその代表者）の印影や見積書における積算額等がある。

　法人情報のうち公にすることにより法人の権利利益が侵害されるおそれがある典型は行政に提出された図面の著作者公表権であるが、行政機関情報公開法の制定時に著作権法の改正により、立法的に解決された（著作18条3項）。

警察・治安情報　行政機関情報公開法制定前は、情報公開条例において警察治安情報は開示対象から外されていたが、同法において開示対象として認められた。ただし、同法においては、他の非開示情報の類型と異なり、国の安全・外交情報と共に、不開示とすべき情報に当たるかどうかについて行政機関の長に判断権が認められている（行政情報公開5条3号・4号）。したがって、この類型に関しては、公にすることにより、犯罪の予防、鎮圧又は捜査、公訴の維持、刑の執行その他の公共の安全と秩序の維持に支障を及ぼすおそれがあるとする行政側の裁量的な判断に合理性があるかどうかが問われることになる。

意思形成過程情報（審議・検討・協議情報）　率直な意見交換・意思決定の中立性の確保、国民の混乱の回避、特定人の利益不利益の回避を根拠に、意思形成過程にある情報を不開示とする類型である。行政過程の中途の段階における情報をどこまで公開できるかは、最終決定に至るまでの決定過程の透明性を確保する要請と決定が中立的・専門的かつ公正に行われることを確保する要請との衡量により決せられる。最高裁判例には、同じくダム建設に関わって問題となった情報の成熟度において差がある2つの対照的な事例がある。

　最判1994（平6）・3・25【行政百選Ⅰ36】では、京都府土木建築部河川課が鴨川流域において貯水が可能な地形を1/25000の地形図から読み取り、流域図に示したものにすぎず、ダムサイト候補地選定の重要な要素となる地質・環

境等の自然条件や用地確保の可能性等の社会的条件についての考慮をまったく払うことなく作られたと認定された文書の公開について、府または国等の意思形成の過程における情報であって、公開することにより、当該または同様の意思形成を公正かつ適切に行うことに著しい支障が生じるおそれが認められた。

これに対し、最判1995（平7）・4・27判例集未登載は、原審（大阪高判1994（平6）・6・29判タ890号85頁）の、安威川ダム建設のための調査報告書について、専門家が調査した自然界の客観的、科学的な事実、及びこれについての客観的、科学的な分析であると推認され、その情報自体において、安威川ダム建設に伴う調査研究、企画などを遂行するのに誤解が生じるものとは考えられず、また全体調査の途中における調査結果であることからも誤解を生じるものとは認め難いとして公開を認めた判断を是認した。

事務事業情報 事務または事業の性質上、公開が適正な執行に支障を及ぼすものを非開示情報とする類型である。行政機関情報公開法5条6号においては、5つの範疇が掲げられているが、包括的な例示にすぎず、非公開事由の一般条項として位置づけられる。それゆえに厳格な解釈が求められ、具体的な支障を行政の側で主張・立証する責任がある。最高裁判例では、最判1994（平6）・2・8民集48巻2号255頁は、大阪府水道部が外部の飲食店を利用して行った懇談会等の支出伝票について、当該懇談会等が企画調整等事務または交渉等事務に当たり、それが事業の施行のために必要な事項についての関係者との内密の協議を目的として行われたものであり、かつ、文書に記録された情報について、その記録内容自体から、あるいは他の関連情報と照合することにより、懇談会等の相手方等が了知される可能性があることを主張、立証されない限り、文書を公開することにより当該または同種の事務の公正かつ適切な執行に著しい支障を及ぼすおそれがあると認められないとした。これに対して、前述した最判1994（平6）・1・27では、知事交際費の支出の内容を示す文書について、相手方を識別しうるような文書の公開によって相手方の氏名等が明らかにされれば、相手方との間の信頼関係等を損なうおそれがあり、交際それ自体の目的に反し、交際事務の目的が達成できなくなるおそれがあると認められた。

2　情報の管理

公文書管理法　情報公開制度は、公開対象となる文書が存在して初めて機能するから、文書が適正に管理保存されていることが必要である。しかし、行政機関情報公開法が制定された当時は、文書管理については、行政機関情報公開法において付随的に、公文書を適正に管理するものとするとの規定が置かれたにとどまり（旧行政情報公開37条）、同法施行令16条において管理に関する統一的基準が定められるとともに、行政文書の管理方策に関するガイドラインが規定されていた。そして、廃棄期限が満了し非現用となった文書については、国立公文書館法15条と行政機関情報公開法施行令16条が、内閣総理大臣と国の機関の協議により、廃棄するものを除き国立公文書館に移管すると定めていた。その際、国立公文書館において保存される歴史的文書の利用については、国立公文書館の利用規則に拠るものとされていた。したがって、当時の仕組みでは、現用文書の管理に関する法的規律が厳格なものではなく、国立公文書館移管後の非現用文書の利用についても、明確な法的請求権は確立していなかった（大阪大学アーカイブズ編『アーカイブズとアーキビスト』大阪大学出版会、2021年、26頁以下）。

　2009年に制定（2011年に施行）された公文書等の管理に関する法律は、それまで現用文書と非現用文書で別個に規律されていた公文書の扱いについて、公文書を国民の共有の知的資源と宣言し、国民主権の理念に基づき、現在及び将来の国民に対する説明責任の観点から、現用文書の作成・管理から非現用文書の廃棄または国立公文書館への移管・保存に至る公文書のライフサイクルを統一的に規律する公文書の基本法となった。

　公文書等の管理に関する法律により、まず、現用文書については、行政機関の職員に、意思決定過程と事務事業の実績を合理的に跡付け・検証できるように文書を作成することが義務づけられ（公文書管理4条）、行政機関の長はこれを行政文書ファイルに整理して、名称と保存期間を設定して保存し（同5条・6条）、行政文書ファイル管理簿に記載すること（同7条）、そして、保存期間

満了時に、歴史公文書に該当するものは国立公文書館に移管し、それ以外のものは廃棄することが義務づけられる（同8条）。また、以上のことが適正に行われることを確保するために、行政機関の長は、公文書管理規則を定めることを義務づけられ（同10条）、そのための指針として、内閣総理大臣が定める公文書の管理に関するガイドラインにおいて、保存期間基準と廃棄・移管の基準が規定されている。さらに、内閣総理大臣には公文書の管理状況を監督する権限が与えられており、行政機関の長は管理状況を内閣総理大臣に毎年度報告することが義務づけられ、内閣総理大臣は報告を徴取し、実地調査をさせることができる（同9条）。加えて、内閣総理大臣が必要と認めるときは、国立公文書館による報告徴取または実地調査も可能である（同4項）。

　一方、国立公文書館に移管された非現用文書は、独立行政法人または行政機関以外の国の機関から移管を受けた文書とあわせて、特定歴史公文書として国立公文書館により永久に保存され、一般の利用に供される（国立公文書館11条）。特定歴史公文書に対する利用請求があった場合、国立公文書館は、行政機関情報公開法及び独立行政法人等情報公開法において不開示情報として定められている情報のうちの一定の類型のもの（公文書管理16条1項1～2号）を除いて利用を認めなければならない。この場合、利用を認めるかどうかの判断にあたって、当該文書が作成または取得されてからの時の経過を考慮することと、利用

コラム⑰　認証アーキビスト

　2020（令和2）年度から、独立行政法人国立公文書館においてアーキビストの認証制度が開始された。これは図書館司書や博物館学芸員のような法律に基づく国家資格ではないものの、公的資格化に向けた第1歩と位置づけられる。認証要件は、2018（平成30）年に国立公文書館が定めたアーキビストの職務基準書に準拠しており、大学院修士課程相当の修了、認められた専門課程の履修、3年以上の実務経験、1点以上のアーカイブズに係る調査研究実績（修士課程相当を修了していない者は、そのほかに紀要の論文等を1点以上）という要件とは別に、これまでアーカイブズの業務に携わってきた人のために、実務経験5年以上とアーカイブズに係る調査研究実績2点以上と紀要の論文等1点以上（修士課程相当の修了者は紀要の論文等は不要）という要件が定められている。

の制限に関する意見が行政機関の長または独立行政法人等から付されている場合は、当該意見を斟酌することが規定されている（同2項）。これは現用文書の情報公開制度においてはみられない特有の規定である。部分の利用が可能な場合はこれを認めて全部の利用を拒否しないこと、第三者の情報が含まれている場合は当該第三者に意見を述べる機会を与えうることは、情報公開制度と同様に規定されている。また、利用請求に対する決定に対しては、行政不服審査法に基づく審査請求ができ、審査請求があったときは公文書管理委員会に対して諮問が行われる。公文書管理委員会による不服審査とその答申を経る裁決が行われる仕組みは、情報公開制度と同様である。

　さらに、2020（令和2）年からは、公文書館法において「歴史資料として重要な公文書等についての調査研究を行う専門職員」（公文書館4条）と規定された専門職（アーキビスト）の制度化を目指す認証アーキビストの制度が開始された。

　以上のような公文書管理法のシステムは、直接に地方公共団体を規律するものではないが、公文書管理法34条は、地方公共団体が同法の趣旨にのっとり公文書管理制度を整備することを求めている。

　なお、2021（令和3）年に成立した地方公共団体情報システムの標準化に関する法律は、政府が地方公共団体の情報システムの標準化の推進に関する基本方針（5条）、標準化のための基準（同6条）、各地方公共団体の情報システムに共通する基準（同7条）を定めることを規定し、地方公共団体の情報システムが標準化基準に適合することを義務づける（同8条）。また、国と都道府県は、地方公共団体の情報システムの標準化のために必要な助言、情報の提供等を行うことができる（同9条）。さらに、地方公共団体は、国により整備されたクラウド環境を活用するよう努めなければならない（同10条）。これまで、各地方公共団体において統一されていなかった地方公共団体の情報システムによる文書管理への影響が注目される。

2 個人情報保護

1 個人情報保護制度の意義

　行政主体には、個人に関する情報が収集・管理される。これらの情報は、以後の行政活動の情報的基盤を形成する。さらに、電子計算機によるデータ処理を施し、集積個人情報を検索可能とすることにより、行政活動の効率は飛躍的に向上する。

　他方、個人情報の収集管理が不適切に行われ、特に本来の行政目的外に利用・提供されると、個人の権利利益を損なうおそれがある。現在「自己情報コントロール権」と解されているプライバシー権にとって、これは重大な脅威となる。

　この問題に対処する国際的な動き（1980年のいわゆる OECD 8 原則の提示など）、国レベルでの個人情報保護法制の整備（2003（平成15）年「個人情報の保護に関する法律（個人情報保護法）」「行政機関の保有する個人情報の保護に関する法律」「独立行政法人等の保有する個人情報の保護に関する法律」などの成立）を受け、地方公共団体でも個人情報保護制度の整備が進んだ（個人情報保護法は地方公共団体および地方独立行政法人に対し「保有する個人情報の適正な取扱いが確保されるよう必要な措置」を行う努力義務を規定する（個人情報保護12条））。現在、すべての普通地方公共団体・特別区において個人情報保護条例が制定施行されている。

　2021（令和 3）年 5 月「デジタル社会の形成を図るための関係法律の整備に関する法律（以下「デジタル社会形成整備法」と略）」が制定・公布された。この法律により、これまで民間・国の行政機関・独立行政法人各々に別法律で規律されていた個人情報保護制度が「個人情報保護法」に一元化され、さらに、地方公共団体の個人情報保護制度についても同法に共通ルールが設けられることになった（デジタル社会形成整備法制定のもたらす影響の概要については 7 を参照）。

2　個人情報保護条例に関する基本事項

条例の目的　個人情報保護制度は憲法上基本的人権として保障されるプライバシー権保護が目的であり、条例の中にはプライバシー権保護目的を明示するものもある。しかし多くの条例は、個人情報保護法と同じく、個人情報の適正な管理により「個人の権利利益の保護」を図ることを目的として定める。

個人情報　個人情報については、個人情報保護法の「当該情報に含まれる氏名、生年月日その他の記述等により特定の個人を識別できるもの（他の情報と容易に照合することができ、それにより特定の個人を識別することができることとなるものを含む）」（個人情報2条1項1号）という個人識別情報型の定義が条例でも用いられている。

　なお、個人情報保護法は、「生存する個人の情報」を保護の対象としており、死者の情報を個人情報から除外する。条例には、「生存する」という形容詞をつけず、死者の個人情報も保護する趣旨のものも存在する。

実施機関　普通地方公共団体・特別区の長、地方公共団体に置かれる各委員会、地方公共団体が設立した地方独立行政法人が共通して挙げられる。都道府県の場合は警察本部長も実施機関となる。また一部の条例において、議会議長を実施機関に加えることで、地方議会の保有する個人情報も保護の対象とする事例がみられる。

3　個人情報取扱事務の内部的把握と公開のための制度

　OECD「公開の原則」によれば、個人情報の運用について公開政策がとられなければならない。その前提として、個人情報保有主体は、自らが行う個人情報取扱事務を事前に把握する必要がある。

　多くの条例では、個人情報を取り扱う事務ごとに、必要事項を記載した個人情報取扱事務登録簿の作成を実施機関に義務づけ、これを一般の閲覧に供させ

ることで上記の要請に対応している。

　さらに、一部の条例では国の行政機関と同様（個人情報75条）、個人情報ファイル簿の作成・公表を実施機関に義務づける例もみられる。

4　個人情報の収集・利用・提供の制限

　利用目的の特定　　実施機関による個人情報の保有については、その事務遂行に必要な場合に限り、かつ利用目的をできるだけ特定し、個人情報の保有は目的達成に必要な範囲にとどめ、利用目的の変更は変更前の目的と相当な関連性を有すると合理的に認められる範囲内でなければならない。OECD「目的明確化の原則」に対応する利用目的特定に関する規律は、すべての条例に共通する。

　収集の制限──直接収集の原則・利用目的明示の原則　　OECD「収集制限の原則」を受け、さらにそれを発展させる形で、条例では、個人情報収集は、本人から直接に、適正かつ公正な手段で行わなければならないと規定する。そしてその例外を列挙する方式をとっている。本人の同意がある場合、人の生命、身体または財産の安全を確保するため緊急かつやむを得ない場合、犯罪の捜査その他の公共の安全秩序の維持目的での個人情報収集の場合、既公表情報である場合、他の行政主体からの提供情報である場合などが例外とされる。

　また、本人から個人情報を収集する場合には、原則としてその利用目的を本人に明示しなければならない。人の生命、身体または財産の保護のため緊急に必要な場合、利用目的明示により本人または第三者の生命・身体・財産その他の権利利益を害するおそれがある場合、行政機関等の事務事業の適正な遂行に支障を及ぼすおそれがある場合、取得の状況から利用目的が明らかな場合、は例外とされる。

　正確性の確保　　OECD「データ内容の原則」は、個人データを利用目的に必要な範囲で正確、完全かつ最新な状態に保つことを求めている。条例においても、実施機関に保有個人情報の正確性確保措置を行う努

力義務が規定される。

安全確保の措置　OECD「安全保護の原則」は改ざん・漏えいその他の危険に対する合理的なセキュリティ確保措置により個人データが保護されることを要請している。条例上も、実施機関に個人情報の安全確保措置を義務づけている。さらに、実施機関の職員に職務上知り得た個人情報の他者への通知・不当な目的のための利用を禁止する規定を設ける条例もみられる。

　実務上問題となるのは、個人情報取扱事務を外部委託する場合の安全確保措置である。実施機関以外の者に個人情報を提供する場合、実施機関は提供先に対し安全確保のために必要な措置を求めることを義務づけるのが通例である。なお、市から個人情報取扱事務を委託された者の従業員による個人情報漏えい事案について、民法715条の使用者責任による市の不法行為責任を肯定した判例がある（大阪高判2001（平13）・12・25【自治百選21】）。

要配慮個人情報に関する規制　人種、信条、社会的身分、病歴、犯罪歴などの要配慮個人情報は、差別の要因となることもあり、秘匿要請が強く働き、その取扱には慎重を要する。指定都市の区長が弁護士の照会に応じ個人の前科等を漫然と報告した行為が、違法な公権力の行使に当たるとして市の国家賠償責任を認めた判例もある（最判1981・（昭56）4・14【行政百選Ⅰ42】）。

　条例において要配慮個人情報について規定する場合、その収集を原則として禁止し、法令や条例に基づく場合、公共の安全・秩序維持の目的で収集する場合、個人情報取扱事務の性質上必要である場合に限り、認めるものが多い。

利用及び提供の制限　OECD「利用制限の原則」によれば、個人データは目的明確化の原則により明確化された目的以外の目的のために開示、利用その他の利用に供されてはならない。

　条例でも目的外利用・提供を原則として禁止し、例外を列挙する規定を置く。本人の同意がある場合、法令の定めがある場合、実施機関内部または他の行政主体に提供する場合でその事務業務に必要な限度で提供しかつ個人情報の利用に相当の理由がある場合、などが例外とされる。

**オンライン
（電子計算機）結合**　　保有個人情報を他の行政主体などに提供することが認められる場合であっても、提供手段としてオンライン結合が用いられる場合、ネットワークのセキュリティ上の脆弱性などから個人情報漏えい等の問題が生ずる可能性がある。

　条例において、個人情報のオンライン結合による提供を制限し、法令の定めがある場合、本人の同意がある場合、公益上の必要性や事務遂行上の必要性がある場合、などに限って認める規定が置かれる例がある。

　住基ネットによる本人確認情報の提供や、マイナンバー法の情報提供ネットワークシステムによるマイナンバー等の特定個人情報の提供もオンライン結合に該当する。住基ネットの運用によりプライバシー権が侵害されるおそれがあるとして住民基本台帳から住民票コードの削除が求められた事案で、最高裁は本人確認情報が秘匿性の高い情報ではなく法令に基づき他の行政機関等に提供されていたこと、住基ネットによる本人確認情報の管理・利用も法令の規定に基づき正当な目的の範囲内で行われていること、住基ネットにシステム技術上または法制度上の不備があり個人に関する情報が不当に開示公表される具体的危険があるとは認められないとして、原告の請求を棄却している（最判2008（平

コラム⑱　住基ネットとマイナンバー

　2008年最高裁判決【自治百選20】は、住基ネットによる本人確認情報の管理利用を合憲と判断した。その際、原告や下級審が懸念した住民票コードを悪用した情報集積（データマッチング）によるプライバシー権侵害については、システム上も法制度上もその具体的なおそれはないと判断している。

　マイナンバー法による情報提供ネットワークとそこでの個人番号の管理利用は、住基ネットとは異なり、ネットワークに接続された行政機関などが情報照会者・情報提供者となり、データマッチングを行うこととなる。同法で規定される情報照会者と情報提供者は広汎に及ぶため（マイナンバー19条7号、同別表第二）、それによる個人情報集積の危険は住基ネット以上に懸念される。そこで、個人番号利用事務の限定や個人情報の分散管理の徹底が必要となる。地方公共団体も条例により個人番号をその事務に利用できる（同9条）一方、個人番号を含む特定個人情報の保護の適正な取扱を確保するために必要な措置を講ずる義務を負うこととなっている（同32条）。

20)・3・6【自治百選20】)。また、いわゆる横浜方式（希望者のみ住基ネットにより本人確認情報を送付する）での住基ネット接続を希望する特別区が都に対し同方式による住基ネット受信義務確認を求めた訴訟について、この訴訟は機関訴訟に該当し法律の規定がない以上不適法であるとする判例がある（東京地判2006（平18）・3・24【自治百選4】)。

| その他の個人情報管理に関する規制 |

いくつかの条例では、実施機関に保有の必要のなくなった個人情報の消去を義務づけている。この場合、公文書管理制度との調整が必要となる。歴史公文書における個人情報は消去義務の対象外とされる。

5　個人情報の本人に保障される権利

OECD「個人参加の原則」は個人データ管理者に対し、個人が自己のデータの開示・消去・訂正などを求める権利があることを内容としている。これを受け、個人情報保護法制においては、次の3つの権利を個人情報の本人に保障している。

| 本人情報開示請求権 |

条例上、何人も自己を本人とする個人情報の開示請求権を有する旨規定している。自然人が権利主体であり、法人は除外される。

従来、国の個人情報保護法制では、行政機関に対する開示請求については未成年者または成年被後見人にのみ法定代理人による請求を認めてきたが、デジタル社会形成整備法制定により、任意代理人による請求を認める改正が行われた（個人情報76条2項）。条例では以前から任意代理人による開示請求を容認するものがあったが、その場合、本人の病気など「やむを得ない場合」に限定する例、任意代理人をいわゆる「士業」資格保有者に限定する例などがみられる。

個人情報保護制度の保護対象を生存個人の情報に限定している場合、死者の個人情報は、生存個人の本人情報にも該当する場合には開示請求の対象となる。条例上、こうした限定を設けない場合、死者の一定範囲の親族に死者の個

人情報開示請求権を認めるものがある。その際、一定範囲の親族（配偶者と子、それがない場合に父母等）に包括的に死者個人情報の開示請求権を認める例と、死者の親族ごとに類型的に開示請求対象となる死者個人情報を定める例（相続人には被相続人の相続関係情報、親には死亡した子の情報すべて）、などがある。

　実施機関は、開示請求がなされたときには、条例に列挙されている非開示情報に該当する場合を除き、開示請求者に個人情報を開示する義務がある。非開示情報については、ほぼ当該地方公共団体の情報公開条例における非開示情報類型と共通する規定となり、実質的には行政機関の保有する情報の公開に関する法律5条各号と同じ内容が定められている（本章1節参照）。判例上非開示情報該当性が争点となったものとして、開示請求者の小学校児童指導要録に記録された情報が条例上の非開示事由である「指導、診断、判定又は評価に関する情報」に該当するかが争点となったものがある（最判2003（平15）・11・11【自治百選19】。最高裁は、評価者である教師の主観的要素に左右される記載部分（所見欄）について、開示により指導要録の記載が形骸化し、指導教育を困難にするおそれがあるとして非開示事由該当性を認めた）。

　非開示情報に関して情報公開制度と異なるものとして、以下の二点を指摘することができる。

　①個人に関する情報のうち、開示請求者本人の個人識別情報に関する部分は、非開示情報から除外される。

　②代理人等と本人等の利益が相反し、開示により本人等の権利利益が損なわれる場合について、個人情報保護法では「開示請求者…の生命、健康、生活又は財産を害するおそれのある情報」（個人情報78条1号）の適用により対処することになる。条例では代理人等による開示請求について、利益相反情報を独自の非開示情報として規定する例もみられる（本人が反対の意思を表示する場合には代理人の開示請求を認めない旨規定する条例もある）。

　非開示情報を除いた情報の部分開示、公益上の理由による裁量開示、個人情報の存否に関する情報、などについては情報公開制度と同趣旨の規定が設けられている（本章1節参照）。

訂正請求権　　本人情報の開示を受けた者に限り、正確性を欠く保有個人情報の訂正を請求できる。訂正請求には期間制限が設けられている（個人情報90条3項と同じく、個人情報開示実施日から90日以内とする条例が多い）。

　訂正請求に理由がある場合には、実施機関は訂正請求に係る個人情報の利用目的達成に必要な範囲で、個人情報を訂正する義務がある。

　訂正義務に関して、実施機関により職務上取得された第三者作成文書記載個人情報の訂正の可否が争われた判例がある。市が国民健康保健団体連合会から取得した国民健康保健診断報酬明細書（レセプト）につき、原告が実際の診療内容と異なる記載部分の訂正請求を行った事案について、最高裁は、訂正するための実施機関の対外的調査権限には限界があり、診療内容を訂正することは保険医療機関が請求した療養の給付に関する費用内容等を明らかにするというレセプトの文書としての性格になじまず、レセプト情報は実際に原告が受けた診療内容を直接明らかにするために実施機関により管理されていたものとは認められない、として訂正請求を認めた原判決を破棄し原告の請求を棄却した（最判2006（平18）・3・10【行政百選Ⅰ40】）。

利用停止請求権　　条例の規定に違反した個人情報の収集・利用・提供がなされている場合、何人も個人情報の利用停止等を請求できる。個人情報の収集・利用・提供に直接関係する規定に違反した利用のみが利用停止請求対象となる。例えば正確性確保義務違反を理由に、個人情報の利用停止を求めることはできない。

　利用停止請求に理由がある場合、実施機関は実施機関における個人情報の適正な取扱いを確保するため必要な限度で、個人情報の利用の停止、消去または提供の停止を行う義務がある。ただし、利用停止により、個人情報の利用目的に係る事務の性質上、当該事務の適正な遂行に著しい支障を及ぼすおそれがある場合には、請求を拒否することができる。

各請求に関する決定に対する審査請求の特例　　本人情報開示請求などに関する決定に不服を有する当事者が、行政不服審査法に基づく審査請求を行った場合、審査庁は当該地方公共団体に置かれる個人情報保護審査会等への諮問が原則義務づけられる。この場合、行政不服審査法9条1項但書の適用を

受けるために、条例に審理員規定の適用除外規定を設け、その上で個人情報保護審査会が実質的に審査請求手続を担う形をとるのが通例である。

個人情報保護審査会の審査権限（インカメラ審理、ヴォーン・インデックス作成）、審査請求人の権利（口頭意見陳述権、提出資料閲覧請求権）は、情報公開審査会におけるものと共通する（本章1節参照）。

6 罰 則

個人情報の適正な管理を確保するため、実施機関の職員（であった者も含む）や実施機関から個人情報取扱事務を委託された者を対象に、条例に罰則規定が設けられている。

①不正目的個人情報ファイル提供罪（実施機関の職員等が、正当な理由なく個人の秘密に属する事項が記録された個人情報ファイルを提供する行為）、②図利目的での個人情報提供盗用罪（業務上知り得た個人情報を自己または第三者の利益を図る目的で提供または盗用する行為）、③職務目的外での個人の秘密事項記載行政文書収集罪（職権を濫用して、職務目的外の目的に供する目的で個人の秘密に属する事項が記録された行政文書、図画または電磁的記録を収集する行為）の3つの罰則規定が置かれるのが通例である。

①の罪には、地方公務員法所定の秘密漏洩罪（地公60条2号）よりも重い罰則が設けられている。なお、①と③の罪については、個人の秘密に属する情報の範囲が問題となるが、国家公務員法上の秘密漏洩罪に関する最高裁判例（最決1977（昭52）・12・19【行政百選 I 41】）が示すように、「非公知の事項であって、実質的にも秘密として保護するに価すると認められるもの」（実質秘）である必要があると解するのが相当であろう。

また、条例においては個人情報保護審査会委員（であった者も含む）の守秘義務違反に対する罰則も規定されている。

偽りまたは不正な手段により個人情報の開示を受けた者には過料制裁が規定されている。

7 デジタル社会形成整備法制定と、地方公共団体の個人情報保護制度への影響

1で紹介したように、2021（令和3）年5月にデジタル社会形成整備法が制定・公布され、個人情報保護法において地方公共団体の個人情報保護制度に関する共通ルールが規定されることとなった（地方公共団体に関する規律については公布後2年以内に施行される予定）。

今後、個人情報保護法の定める共通ルールと、独自かつ多様な展開を示してきた地方公共団体の個人情報保護条例との関係が問題となる。地方公共団体ごとに異なる個人情報保護制度に由来する問題を解消するために共通ルールを設けた法律の趣旨・目的を重視するのか、地方分権改革の流れの中、条例制定権の範囲を広く解し条例独自の個人情報保護制度形成の余地をなお認めるのか、今後の条例論の展開にとっても重要な論点となろう（Ⅴ章1節参照）。

条例独自の展開がみられるものとして、具体的には、①個人情報の定義（死者情報を含める）、②実施機関の範囲（地方議会の扱い）、③国の法律にはない個人情報収集の制限（直接収集原則・利用目的明示原則・実施機関による要配慮個人情報収集の制限）、④オンライン結合への規制、などを挙げることができる。

個人情報保護法を所管し、地方公共団体を含めた行政機関に対する指導助言権限を有することとなった（個人情報154条）個人情報保護委員会は、2021（令和3）年6月に「公的部門（国の行政機関等・地方公共団体等）における個人情報保護の規律の考え方（令和3年個人情報保護法改正関係）」を公表した。その中では、死者情報・地方議会の扱い・要配慮個人情報への規律（法律が規定する条例要配慮個人情報（個人情報60条5項）に関するものを除く）・オンライン結合規制などに関し、条例独自の規律設定をほぼ認めない方向が示されている。その内容の是非を含め、今後この問題に関する検討が必要となろう。

判 例 索 引

　＊「百選」の後に記した番号は、『行政判例百選Ⅰ（第7版）』・『同Ⅱ（第7版）』ならびに『地方自治判例百選（第4版）』の掲載番号を示している。

事　項　索　引

事項索引

■編著者紹介

【編　者】

高橋　明男（たかはし　あきお）　大阪大学大学院法学研究科教授

　　　　　　　　　　　　（I-1、II-2-1（1）（4）（5）・2（1）、IV-2、X-1）

佐藤　英世（さとう　えいせい）　東北学院大学法学部教授　　　　（I-3-2、VIII-1、IX-2）

【執筆者】（執筆順）

浅川　千尋（あさかわ　ちひろ）　天理大学人間学部教授　　　　　　　　　　　　　（I-2）

矢切　努（やぎり　つとむ）　中京大学法学部准教授　　　　　　　　　　　　　（I-3-1）

田中　孝和（たなか　たかかず）　福岡大学法学部准教授　　　　　　　　　　　　（I-4-1）

安田　理恵（やすだ　りえ）　名古屋大学未来社会創造機構モビリティ社会研究所特任講師

　　　　　　　　　　　　　　（I-4-2、II-2-1（2）（3）・2（2））

的場かおり（まとば　かおり）　大阪大学高等共創研究院・大学院法学研究科教授　（I-4-3）

國井　義郎（くにい　よしろう）　名古屋学院大学法学部准教授　　　　　（I-4-4、V-2）

松塚　晋輔（まつづか　しんすけ）　京都女子大学法学部教授　　　　　　　　　　（II-1）

駒林　良則（こまばやし　よしのり）　立命館大学法学部特任教授　　　　　　　　（III-1）

南川　和宣（みなみがわ　かずのぶ）　岡山大学大学院法務研究科教授　　　　　　（III-2）

吉川　正史（よしかわ　まさし）　近畿大学法学部准教授　　　　　　　　　　　　（III-3）

北見　宏介（きたみ　こうすけ）　名城大学法学部准教授　　　　　　　　　　　　（III-4）

折登　美紀（おりと　みき）　福岡大学法学部教授　　　　　　　　　　　　　　　（IV-1）

荒木　修（あらき　おさむ）　関西大学法学部教授　　　　　　　　　　　　　　　（V-1）

牛嶋　仁（うしじま　ひとし）　中央大学法学部教授　　　　　　　　　　　　　　（VI-1）

森口　佳樹（もりぐち　よしき）　和歌山大学経済学部教授　　　　　　　　　　　（VI-2）

恩地紀代子（おんち　きよこ）　神戸学院大学法学部教授　　　　　　　　　　　　（VI-3）

石森　久広（いしもり　ひさひろ）　西南学院大学法学部・法科大学院教授　　　　（VII-1）

野一色直人（のいしき　なおと）　京都産業大学法学部教授　　　　　　　　　　　（VII-2）

藤島　光雄（ふじしま　みつお）　福知山公立大学地域経営学部教授　　　　　　　（VIII-2）

青田テル子（あおた　てるこ）　帝塚山大学法学部准教授　　　　　　　　　　　　（IX-1）

井坂　正宏（いさか　まさひろ）　東北学院大学法学部講師　　　　　　　　　　　（X-2）

Horitsu Bunka Sha

地方自治法の基本

2022年1月25日　初版第1刷発行

編　者　　高橋明男・佐藤英世
　　　　　たかはしあきお　さとうえいせい

発行者　　畑　　　光

発行所　　株式会社 法律文化社

　　　　　〒603-8053
　　　　　京都市北区上賀茂岩ヶ垣内町71
　　　　　電話 075(791)7131　FAX 075(721)8400
　　　　　https://www.hou-bun.com/

印刷：亜細亜印刷㈱／製本：㈱藤沢製本
装幀：仁井谷伴子

ISBN 978-4-589-04180-7

中川義朗・村上英明・小原清信編

地方自治の法と政策

A 5 判・248頁・2970円

地方自治に関する法・制度の基本的な知識と理論、最新の政策や判例の動向をコンパクトに解説。理解を深めるための文献ガイドやコラムも各章末に配置した内容充実の入門テキスト。分権・自治の原理(本旨)に照らしつつ、課題解決の方途を探る。

白藤博行・榊原秀訓・徳田博人・本多滝夫編著

地方自治法と住民
―判例と政策―

A 5 判・248頁・2750円

地方自治法と地方自治関連法の一般的・抽象的な理論の解説にとどまらず、判例をもとに行政領域ごとの政策課題を提示。学習課題や具体的判例・事例を掲げることで基礎知識の習得とともに、地方自治の政策立案力の涵養をめざす。

北村和生・佐伯彰洋・佐藤英世・高橋明男著

行政法の基本〔第7版〕
―重要判例からのアプローチ―

A 5 判・372頁・2970円

各種公務員試験受験者を念頭に重要判例から学説を整理した定番テキスト。最新法令・判例の追加を行うとともに、各章冒頭の導入部分や新聞記事、コラムなどを大幅に刷新し、行政法の現在の動向がわかるように工夫。

市橋克哉・榊原秀訓・本多滝夫・稲葉一将
山田健吾・平田和一著

アクチュアル行政法〔第3版〕

A 5 判・386頁・3410円

基本的な原理と仕組みをおさえたうえで、制度変化や担い手の多様化を視野にいれて、判例を中心に行政法運用について解説。行政法を「社会科学の『理論・枠組み』の中にいれた」視角で分析した骨太の教科書。

大島義則著

行 政 法 ガ ー ル Ⅱ

A 5 判・234頁・2530円

平成26年～令和元年司法試験論文試験の解き方を指南。裁量基準、原告適格など受験生が悩みがちな論点を掘り下げて解説。個別の処分根拠法規だけでなく、実質的な処分根拠法規の意味内容を探究する「仕組み解釈」の技術を会得できる。

——法律文化社——

表示価格は消費税10％を含んだ価格です